A·세계사로 배우는·Z

교양 영단어

나가이 타다타카 지음 | 곽범신 옮김

로그인

서문

　이 책은 고등학생과 대학생, 성인이 주된 독자층인 영단어 학습서입니다. 각각 180 단어 전후로 구성된 본문 안에 중요 단어가 포함되어 있습니다. 본문을 읽으면서 중요한 단어와 더불어 교양을 익히는 것이 이 책의 목적입니다. 교양에는 다양한 종류가 있지만 이 책에서 주로 다루는 것은 세계사입니다.

　이 책은 150개의 소단원으로 구성되어 있습니다. 각 소단원에서는 역사상의 인물, 사건, 종교 등을 다루고 있습니다. 각 소단원에서 다루는 주제는 고등학교 세계사에서 배우는 내용이 중심입니다. 고등학교에서 세계사를 배운 분이나 현재 배우고 있는 분이라면 각 소단원의 내용을 통해 세계사 교과서에 간단히 실린 사건을 한층 자세히 알 수 있을 겁니다. 물론 모두가 세계사 교과서에 실려 있는 내용은 아닙니다. 저의 관심사에 맞춰 '이러한 내용도 알아주었으면 좋겠다' 싶은 마음에 넣은 항목도 적지 않습니다.

　이 책의 첫 번째 목적은 영단어를 익히는 것입니다. 이 책에서는 꼭 익혀야 할 영단어를 '교양 단어'와 '학교 단어'의 두 종류로 구분하고 있습니다.

　교양 단어란 다음의 두 가지 요건 중 하나를 충족하는 단어입니다.

　① 각종 영어사전에서 '성인에게 필요하다 생각되는 단어'로 분류되는 단어

　② TOEFL, IELTS에서 주제와 관련된 핵심 단어로서 지난 20년간 3회 이상 사용된 단어

　한편 학교 단어는 위의 교양 단어의 요건을 충족하지 않는, 고등학교까지의 학습 과정에서 사용되는 단어입니다.

　각 소단원에서는 본문 아래쪽에 본문에 등장하는 교양 단어나 그와 관련된 8~10개의 단어가 소개됩니다. 아래쪽에 소개된 교양 단어를 확인하며 본문을 읽으면 본문을 매끄럽게 이해할 수 있습니다.

한편 본문에 등장하는 학교 단어는 이 책의 후반부에 정리해 두었습니다. 여기서 학교 단어를 확인한 뒤, 혹은 확인하면서 본문을 읽으면 고등학생이나 학교 단어를 익히는 데 자신이 없는 사람이라도 이 책으로 단어를 학습할 수 있습니다.

이 책으로 영단어를 배워서 교양을 몸에 익힘과 동시에 독서의 재미에 눈뜨게 하는 것이 이 책의 또 다른 목적입니다. 각 소단원의 본문은 필자가 인터넷의 각종 자료를 통해 수집한 사실들을 가능한 한 많은 교양 단어를 집어넣어 영문으로 정리한 것입니다. 따라서 전문가의 전문적인 해설이 아니라 이해도를 한층 높이기 위한 첫걸음이라 생각해주시면 감사하겠습니다. 그리고 이 책을 읽은 후에는 스스로 각 소단원의 내용과 관련된 책을 읽어보고 독서의 중요성, 재미를 느껴보셨으면 합니다.

이 책의 출간에 많은 분의 도움을 받았습니다. 동료인 사토 도루 선생님, 오미치 지호 선생님은 이 책의 기획 초기 단계에서 집필에 도움을 주셨습니다. 주식회사 엘인터페이스의 다카하시 신고 님은 이 책의 기획을 현실로 옮기는 데 도움을 주심과 동시에 TOEFL, IETLS의 어휘 자료를 제공해주셨습니다. 주식회사 시 렙스의 이오 요시코 님을 비롯한 직원 분들은 편집과 현지인 체크를 맡아주셨습니다. 다이아몬드 사의 이마키이레 겐이치 님은 이 책을 출판까지 이끌어주셨습니다. 이 자리를 빌려 모든 분께 감사의 말씀을 올립니다.

2023년 4월
나가이 타다타카

CONTENT

CHAPTER I   고대 ⁓⁓⁓⁓ Ancient Period

CHAPTER II 중세·근세

CHAPTER III 근대

CHAPTER IV

현대

이 책의 구성

이 책은 시대 순으로 'CHAPTER I 고대', 'CHAPTER II 중세·근세', 'CHAPTER III 근대', 'CHAPTER IV 현대'의 4장으로 이루어져 있습니다. 각 장은 36~40개의 소단원으로 구성되어 있으며, 본문과 교양 단어가 실려 있습니다.

① 제목

각 소단원에서 취급하는 사건이나 인물입니다. 각 장의 첫머리에는 CHAPTER에서 다루는 인물이 활약했던 장소가 세계 지도에 표시되어 있습니다(특정 시대의 위치 관계를 나타내지는 않습니다).

② 본문

약 180단어가 사용된 영문이 게재되어 있습니다. 빨간 글자로 쓰인 단어는 해설이 실린 교양 단어이거나 그와 연관된 단어입니다.

③ 우리말 해석

본문에 대응하는 우리말 해석입니다.

④ 교양 단어(표제어)

본문에서 빨간 글자로 쓰인 교양 단어 및 관련어가 출현 순서대로 해설되어 있습니다. 하나의 소단원 당 8~10개의 교양 단어 및 그와 연관된 단어 및 어구가 다뤄지게 됩니다. 또한 각 교양 단어의 발음기호 및 품사, 의미가 나타나 있습니다.

<품사>

🔲자 자동사 　🔲타 타동사 　🔲명 명사 　🔲형 형용사 　🔲부 부사

<기호>

⇒🔲파 파생어 　⇐🔲파 파생어의 기원 　⇔🔲반 반의어 　≒🔲유 유의어

( ) 　• 불규칙 변화 (복수형이 -s 형이 아닌 명사의 복수형, 불규칙 동사의
　　　　과거형·과거분사형)
　　　• 표제어와 함께 사용되는 전치사 등
　　　• 그 외 보충 설명

〔 〕 　• 바꾸어 쓸 수 있는 경우

〈 〉 　• 용법상 주의할 점

cf. 　• 본문 안에 있는 표제어의 용례 및 본문을 읽는 데 도움이 되는
　　　　관련어구

☞ 　• 각 단어 및 파생어나 관련어에 관해 참조할 수 있는 소단원의 번호

⑤ Glossary

　본문을 읽고 이해하는 데 도움이 되는 배경지식이나 역사적 사건, 고유명사, 전문용어, 혹은 어구 및 표현이 본문 속 단어의 위치와 함께 게재되어 있습니다.

학교 단어 800

　CHAPTER I~IV의 각 소단원에 등장하는 학교 단어 및 그와 관련된 단어·어구가 각 소단원별로 알파벳 순서에 따라 게재되어 있습니다. 둘 이상의 소단원에서 등장하는 단어나 어구는 가장 먼저 등장하는 소단원에서 해설하며, '☞ 소단원 번호' 표시로 참조할 부분을 나타내고 있습니다.

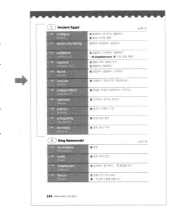

이 책의 사용법

이 책은 본문과 해설이 제시된 CHAPTER I~IV의 교양 단어와 본문에 등장하는 교과 단어를 정리한 '학교 단어 800'으로 이루어져 있습니다.

고등학생 때까지 습득한 영단어에 자신이 있으신 분은 CHAPTER I~IV만 읽으셔도 됩니다. 한편 고등학생 때까지 배우는 영단어도 함께 습득하고 싶거나 복습하고 싶으신 분은 CHAPTER I~IV과 '학교 단어 800'을 병행하여 읽으시기를 추천합니다.

이 책에서 다루는 단어의 발음 기호는 원서인 『世界史で学ぶ教養の英単語』를 기준으로 표기되었으며, 발음의 강세가 하나가 아닌 경우에는 발음 기호를 중복해 쓰는 대신 음절을 '˘'으로 기재하고 강세를 표기했으니 참고하시면 좋겠습니다.

CHAPTER I~IV를 이용한 학습법

Step 1 본문만 읽기

먼저 단어 해설이나 오른쪽의 우리말 해석에 의존하지 않고 본문을 읽어봅시다.

세세한 부분은 넘어가고 어떤 인명이나 지명이 등장하는지 등, 내용을 대략적으로 파악하는 것이 목표입니다. 이 단계에서 내용을 잘 이해할 수 있다면 해설이나 우리말 해석에 의존할 필요 없이 다음 소단원으로 넘어가셔도 됩니다.

Step 2 단어 해설을 참조하며 본문 읽기

본문만 읽고 충분히 이해할 수 없었다면 다음에는 잘 모르는 단어나 어구를 아래의 해설을 참조하며 읽어보고 이해도를 높여봅시다.

참조할 때는 단어의 색깔과 몇 번째 줄인지를 참고하세요. 본문에 빨간 글씨로 등장하는 단어는 아래의 해설 부분에서도 빨간 글씨로 표시됩니다. 또한 아래의 해설 부분에서 빨간 글씨로 표시된 단어는 모두 본문에 빨간 글씨로 등장합니다. 한편 Glossary에서 해설하는 단어나 어구는 본문 중 검은 글씨로 표시됩니다. 여기에는 각 단어 및 어구가 본문 몇 번째 줄에 실려 있는지가 나타나 있으므로 참고할 수 있습니다. 예를 들어 23p의 Glossary에 있는 'ℓ.7 retaliation'은 retaliation 단어가 문단 7번째 줄에 있다는 것을 의미합니다.

Step 3 단어 해설과 오른쪽의 우리말 해석을 참조하며 읽기

단어 해설을 참조하며 읽어도 본문을 충분히 이해할 수 없었다면 우리말 해석을 활용합시다.

단어 해설을 살펴보고 우리말 해석과 대조하며 읽으면 본문의 내용을 더 쉽게 이해할 수 있으실 겁니다. 우리말 해석에서는 'He'를 비롯한 대명사가 한국어에서 자주 반복되면 어색하게 느껴질 수 있어서 때에 따라 매끄럽게 읽히도록 주어를 생략하거나 인물의 이름을 대신 넣어 번역했습니다. 몇몇 우리말 해석에는 옮긴이가 적은 각주도 담겨있습니다

'학교 단어 800'을 병용한 학습법

표제어를 제외한 단어(학교 단어)를 익히는 데 자신이 없거나 학교 단어도 병행해서 습득하고 싶은 분은 CHAPTER I~IV와 '학교 단어 800'을 병용해서 학습합시다.

CHAPTER I~IV의 각 소단원에 등장하는 학교 단어가 알파벳순으로 게재되어 있습니다. 이를 이용하면 각 소단원의 본문을 읽는 데 도움이 됩니다.

사용법 1 각 소단원의 본문을 읽기 전에 우선 '학교 단어 800'으로 해당 소단원에 등장하는 학교 단어를 미리 머릿속에 집어넣은 후 본문을 읽는 방법이 있습니다.

사용법 2 또는 본문을 읽으면서 모르는 단어나 어구가 나올 때마다 '학교 단어 800'에서 단어를 확인하는 방법이 있습니다.

본문에 모르는 단어가 나왔을 때는 세 단계로 확인할 수 있습니다. 본문 안의 단어가 빨간 글씨일 경우에는 아래의 단어 해설에서 확인합니다. 검은 글씨일 경우에는 오른쪽 아래의 Glossary에 실려 있을지도 모릅니다. Glossary에 실려 있지 않을 경우에는 '학교 단어 800'을 확인해주세요. 이상의 세 단계 절차에 따라 본문과 '학교 단어 800'을 오가며 읽을 수 있습니다.

'학교 단어 800'의 마지막 사용법은 각 소단원의 본문을 읽은 후 확인하
며 사용하는 방법입니다.

각 소단원에서 본문을 읽은 후, '학교 단어 800'의 해당하는 소단원 페이
지를 펼쳐서 각 단어의 의미를 얼마나 기억하고 있는지 확인할 수 있습
니다.

이상이 교양 단어나 학교 단어를 학습하는 데 주안점을 둔 이 책의 사용법입니다.
이 책은 그 외에도 일종의 세계사 가이드북으로 사용할 수도 있습니다.

영어로 쓰인 본문이나 아래의 단어 해설을 읽지 않고 오른쪽의 우리말 해설만 읽
더라도 각 사건 및 인명에 대한 대략적인 지식을 얻을 수 있습니다. 이 책에서 다루는
150개 항목이 세계사를 총망라하고 있지는 않습니다. 세계사에서 150 항목을 단편적
으로 발췌한 것에 지나지 않습니다. 여기서 얻은 지식을 출발점으로 삼아 독자 여러분
께서는 자신만의 독서를 통해 교양을 다져나가시길 바랍니다.

CHAPTER I

고대

Ancient Period

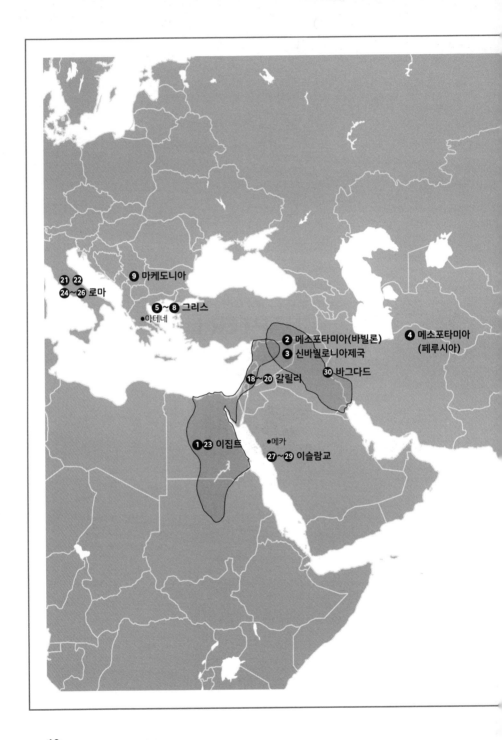

㉟ 금(완안아골타)

⑮ 흉노제국　　　㉞ 요(북동부)

⑭ 진(시황제)　　⑩ 노(공자)
⑯ 한(무제)
⑰ 위(조조)
㉛~㉝ 당
㉟ 북송(왕안석)

⑪ ⑫ 고타마 붓다

⑬ 힌두교(인도)

1 Ancient Egypt

1 Around 3000 BCE, Menes, the first king of Egypt, unified Upper and Lower Egypt. Then, around 2682 BCE, the Old Kingdom came into being. It was during the Old Kingdom Period that the Giza pyramid complex was built on the Giza Plateau. The Old Kingdom fell apart around 2191

5 BCE, partly due to a drastic drop in precipitation. Around 2025 BCE, Mentuhotep II founded the Middle Kingdom. During the Middle Kingdom Period, Amen, the patron deity of the capital Thebes, was merged with Ra, the sun deity, to become the national deity Amen-Ra. Around 1793 BCE, the Middle Kingdom disintegrated. In 1550 BCE, Ahmose I established

10 the New Kingdom. Through several campaigns, Thutmose III expanded the Egyptian territory to include Syria and Nubia. During the reign of his great-grandson Amenhotep III, the kingdom enjoyed unprecedented prosperity. Amenhotep III's grandson, Tutankhamun, is well-known for his mummy. After the New Kingdom collapsed in 1070 BCE, Egypt witnessed the rise

15 and fall of several dynasties until it ended as an independent kingdom with the death of Cleopatra VII of the Ptolemaic dynasty in 30 BCE.

□ 001	unify [júːnəfàɪ]	타 결합시키다, 연결하다, 통일하다
□ 002	plateau [plætóu]	명 고원, 대지
□ 003	precipitation [prɪsìpɪtéɪʃən]	명 강수, 강수량, 강우량
□ 004	deity [díːəti, déɪə-]	명 신, 신격, 신성 cf. **patron deity** 수호신
□ 005	merge [mɔ́ːrdʒ]	타 합병하다, 통합하다, 어우러지다 자 합병하다, 통합하다, 어우러지다
□ 006	disintegrate [dɪsíntəgrèit]	자 산산조각 나다, 분해되다, 붕괴하다 ⇒ 명 **disintergration** 명 분해

고대 이집트

기원전 3000년경, 이집트 최초의 왕 메네스가 상하 이집트를 통일했다. 그 후 기원전 2682년 경에 고왕국이 탄생했다. 기자 고원에 3대 피라미드가 지어진 것이 고왕국 시대였다. 고왕 국은 강수량의 급증 등의 이유로 기원전 2191년경에 붕괴했다. 기원전 2025년경, 멘투호테 프 2세가 중왕국을 세웠다. 중왕국 시대에는 수도 테베의 수호신 아멘이 태양신 라와 병합해 국가의 신 아멘 라로 거듭났다. 기원전 1793년경에 중왕국은 해체되었다. 기원전 1550년, 아흐모세 1세가 신왕국을 세웠다. 투트모세 3세는 거듭된 군사 원정으로 이집트의 영토를 시리아와 누비아까지 확장했다. 그의 증손인 아멘호테프 3세의 치세에 왕국은 전례가 없는 전성기를 맞이했다. 아멘호테프 3세의 손자인 투탕카멘은 미라로 유명하다. 기원전 1070년 에 신왕국이 멸망한 후로 몇몇 왕조가 흥망을 겪었고, 기원전 30년에 프톨레마이오스 왕조 의 클레오파트라 7세의 죽음으로 독립 국가로서의 이집트는 막을 내렸다

□ 007	reign [réɪn]	명 지배, 통치, 치세 자 군림하다, 지배하다, 통치하다
□ 008	unprecedented [ʌnprésədəntɪd]	형 전례가 없는, 전대미문의, 미증유의 ⇐파 precedent 명 전례
□ 009	witness [wítnəs]	타 목격하다, 경험하다, …의 무대가 되다 명 목격자, 증인, 참고인
□ 010	dynasty [dáɪnəsti]	명 왕조, 국가

+ Glossary

□ ℓ.1	BCE	(before the Common Era) 기원전
□ ℓ.2	come into being	탄생하다, 설립시키다
□ ℓ.3	Giza pyramid complex	3대 피라미드 (기자 고원에 있는 세 채의 피라미드를 통칭하는 말)
□ ℓ.4	fall apart	붕괴하다, 파탄하다
□ ℓ.5	due to	…가 원인으로, …에 따라서
□ ℓ.11	great-grandson	증손자

2 King Hammurabi

King Hammurabi was the 6th king of the First Babylon dynasty, which occurred in Mesopotamia in the 19th century BCE. He ascended the throne in 1792 BCE and reigned for over 40 years until his death. His dynasty was a lesser power when he came to the throne, but he took over one city after another until he unified Mesopotamia around 1757 BCE. He proclaimed the Code of Hammurabi. Inscribed in Akkadian on a stone pillar, it was based on the principle of retaliation, expressed in the famous phrase, "An eye for an eye, a tooth for a tooth." Unlike earlier codes, which focused on compensating the victim, the Code of Hammurabi emphasized physically punishing the offender. After King Hammurabi died in 1750 BCE, his successors faced political turmoil until the First Babylon dynasty fell to the Hittite forces in 1595 BCE. King Hammurabi fell into oblivion with the collapse of the Mesopotamian civilization, but when the Code of Hammurabi was discovered in Iran in 1901, he became known worldwide for having issued "the oldest code in the world."

☐ 011	ascend [əsénd]	囲 …에 오르다, 올라가다 짜 오르다, 올라가다 ⇔囲 descend 囲 내리다, 내려오다
☐ 012	throne [θróun]	명 왕좌, 왕위, 옥좌 cf. ascend the throne 즉위하다 come to the throne 즉위하다
☐ 013	proclaim [proukléɪm]	囲 포고하다, 공포하다, 선언하다 ⇒囲 proclamation 명 공포, 포고 (☞112)
☐ 014	inscribe [ɪnskráɪb]	囲 (돌 따위에) 새기다, 조각하다, 새겨 넣다 ⇒囲 inscription 명 비석, 비문, 비명
☐ 015	pillar [pílər]	명 기둥, 돌기둥; 기념비
☐ 016	compensate [kɑ́:mpənsèɪt, -pen-]	囲 …에게 배상하다, 보상하다, 보답하다 짜 보상하다, 보충하다 ⇒囲 compensation 명 배상(금), 보상(금)

함무라비 왕

함무라비 왕은 기원전 19세기에 메소포타미아에서 발생한 바빌론 제1왕조의 여섯 번째 왕
이다. 그는 기원전 1792년에 즉위해 죽을 때까지 40년 넘게 군림했다. 즉위 당시 바빌론 제1
왕조는 약소국이었지만 함무라비 왕은 도시를 차례차례 정복해 나갔고, 기원전 1757년경에
메소포타미아를 통일했다. 그는 함무라비 법전을 반포했다. 비석에 아카드어로 새겨진 이
법전은 '눈에는 눈, 이에는 이'라는 조문으로 유명한 동해보복 원칙을 바탕으로 하고 있다.
그전까지의 법전이 피해자에 대한 보상에 무게를 두었던 반면, 함무라비 법전은 범죄자에게
신체적인 벌을 가하는 것을 강조했다. 기원전 1750년에 함무라비 왕이 죽은 후 역대 후계자
들은 정치적 혼란에 직면했고, 기원전 1595년에 바빌론 제1왕조는 히타이트군 앞에 멸망했
다. 함무라비 왕은 메소포타미아 문명의 멸망과 동시에 기억에서 사라졌지만 1901년에 이
란에서 함무라비 법전이 발견되면서 '세계에서 가장 오래된 법전'을 반포한 것으로 전 세계
에 알려지게 되었다.

☐ 017	offender [əféndər]	타 명 범죄자, 죄인, 위반자 ⇐파 offend 타 …의 기분을 해치다, …에게 불쾌감을 주다 자 죄를 짓다
☐ 018	turmoil [tə́ːrmɔil]	명 소동, 혼란, 동요
☐ 019	oblivion [əblíviən]	명 망각, 잊힌 상태 cf. fall into oblivion 잊히다

+ Glossary

☐ ℓ.4	take over	이어받다, 물려받다, 빼앗다
☐ ℓ.5	one ... after another	잇따라, 연달아
☐ ℓ.5	Mesopotamia	메소포타미아
☐ ℓ.6	Code of Hammurabi	함무라비 법전
☐ ℓ.6	Akkadian	아카드어 (고대 메소포타미아의 셈어파에 속하는 언어)
☐ ℓ.7	based on	…에 근거해
☐ ℓ.7	retaliation	보복, 복수

3 Nebuchadnezzar II

Nebuchadnezzar II was a king of Babylon. In 626 BCE, Nabopolassar established the Neo-Babylonian Empire in southern Mesopotamia. After he died in 605 BCE, his eldest son Nebuchadnezzar succeeded him to the throne. In 586 BCE, his Babylonian forces looted Jerusalem and deported
5 the inhabitants to Babylon. This event, called the Babylonian Captivity, is described in the Old Testament. Nebuchadnezzar constructed Babylon into a paramount capital with many gorgeous buildings, a lavish gateway and a grand boulevard. The Tower of Babel narrative in Genesis stems from the Jewish people's memory from when they saw the imposing ziggurat
10 of the Temple of Marduk that rose into the sky while they were captives in Babylon. After Nebuchadnezzar died in 562 BCE, his empire declined until it was overthrown by the Achaemenid Empire of Persia in 539 BCE. Since then, Nebuchadnezzar II has always been remembered as the ideal king of Babylon.

☐ 020	loot [lúːt]	타 약탈하다, 강탈하다, …에 강탈하러 들어가다 명 전리품; 상품
☐ 021	deport [dɪpɔ́ːrt]	타 강제 퇴거시키다, 강제 송환하다, 강제 이주시키다
☐ 022	captivity [kæptívəti]	명 감금 상태, 속박 cf. Babylonian Captivity 바빌론 유수 ←전 captive 명 포로, 인질, 사로잡힌 동물
☐ 023	paramount [pérəmàunt]	형 최고의, 가장 중요한, 최고위의
☐ 024	lavish [lǽvɪʃ]	형 호화로운, 사치스러운, 헤픈 ≒ 유 luxurious, extravagant
☐ 025	boulevard [búləvàːrd]	명 대로
☐ 026	narrative [nǽrətɪv]	명 이야기, 말, 설화 ⇒전 narration 명 이야기함, 이야기

네부카드네자르 2세

네부카드네자르 2세는 바빌론의 왕이다. 기원전 626년에 나보폴라사르가 메소포타미아 남부에 신바빌로니아 제국을 설립했다. 기원전 605년에 나보폴라사르가 죽자 맏아들인 네부카드네자르가 왕위를 계승했다. 기원전 586년, 네부카드네자르가 이끄는 바빌로니아 군이 예루살렘을 약탈했고, 주민들을 바빌론으로 강제로 이주시켰다. 바빌론 유수라고 불리는 이 사건은 구약성서에 기술되어 있다. 네부카드네자르는 바빌론을 여러 장엄한 건축물과 호화로운 문, 웅장한 대로를 갖춘 탁월한 수도로 만들었다. 창세기의 바벨탑 이야기는 자신들이 끌려간 바빌론의 마르두크 신전에 우뚝 솟은 장대한 지구라트를 본 유대인의 기억에서 유래한다. 기원전 562년에 네부카드네자르가 죽자 제국은 쇠퇴했고, 기원전 539년에 아케메네스 왕조 페르시아에 멸망했다. 이후 네부카드네자르 2세는 바빌론의 이상적인 왕으로서 기억되고 있다.

☐ 027	genesis [dʒénəsɪs]	명 기원, 발생; <G->창세기
☐ 028	imposing [ɪmpóuzɪŋ]	형 당당한, 장대한, 인상적인
☐ 029	overthrow 동[òuvərθróu] 명 [ᐦᐦ]	타 타도하다, 멸망시키다(overthrew, overthrown) 명 타도, 전복

+ Glossary

☐ ℓ.3	succeed ... to the throne	⋯을 이어받아 즉위하다
☐ ℓ.6	Old Testament	구약성서
☐ ℓ.8	stem from	⋯에 기인하다, ⋯에 유래하다
☐ ℓ.9	ziggurat	지구라트(성탑)
☐ ℓ.10	rise into the sky	높이 우뚝 솟다

Zoroastrianism

1　Zoroastrianism is one of the oldest religions in the world. It arose in ancient Persia sometime around 1000 BCE. It was founded by Zarathushtra, who preached one supreme God, Ahura Mazda. The Zoroastrian scripture is the Avesta. For Zoroastrians, it is not enough just to do good deeds,

5　but one must actively combat evil. Zoroastrians normally do not attend a congregation, but instead pray individually. A number of concepts found in other world religions such as Christianity and Buddhism can trace their roots to Zoroastrianism, including the concepts of a Savior to come and life everlasting. In Iran, where Zoroastrianism arose, there is only a small

10　remnant of Zoroastrians today. After Persia came under Muslim rule in the 7th century CE, Zoroastrians began to be harassed. Around the 10th century, many Zoroastrians migrated to India, where they called themselves Parsis. They have since prospered, quite a few of them amassing fortunes in such areas as shipbuilding and trading. The founding family of Tata Group,

15　India's largest conglomerate, are Parsis.

□ 030	preach [prí:tʃ]	国 설교하다, 훈계하다, 말로 타이르다 재 설교하다, 선교하다, 전도하다 ⇒圓 preacher 國 목사, 설교자, 창도자(☞91)
□ 031	scripture [skríptʃər]	國 경전, 성전; <S->성서
□ 032	deed [dí:d]	國 공적, 행위, 행동
□ 033	congregation [kà:ŋgrəgéiʃən]	國 회중(會衆), 집단, 집회 ⇒圓 congregational 圈 집회의, 회중의
□ 034	savior [séɪvjər]	國 구원자, 구조자; <S-> 구세주 ⇐圓 save 国 구하다
□ 035	remnant [rémnənt]	國 나머지, 잔여, 자투리 ≒圀 remains

조로아스터교

조로아스터교는 세계에서 가장 오래된 종교 중 하나이다. 기원전 1000년경에 고대 페르시아에서 발생했다. 창시자인 자라투스트라는 아후라 마즈다가 최고의 유일신이라고 설파했다. 조로아스터교의 성전은 『아베스타』이다. 조로아스터교에서는 선행을 하는 것만으로는 불충분하니 적극적으로 악과 싸워야 한다고 말한다. 일반적으로 조로아스터 교인은 집회에 나가지 않고 개인적으로 기도를 올린다. 기독교나 불교 등 오늘날의 세계 종교에서 찾아볼 수 있는 개념들은 조로아스터교에 기원을 둔 것이 많다. 바로 구세주의 강림이나 영생의 개념 등이다. 조로아스터교의 발상지인 이란에서는 현재 소수의 조로아스터 교인만 남아 있다. 기원후 7세기에 페르시아가 이슬람교도의 지배를 받게 되자 조로아스터 교인이 박해받기 시작했다. 10세기경에 많은 조로아스터 교인은 인도로 이주했고, 자신들을 파르시라고 칭했다. 이후 그들은 번영을 누렸다. 조선업이나 무역 등의 분야에서 막대한 부를 축적한 자도 많다. 인도 최대의 복합 기업인 타타 그룹의 창업자 일족은 파르시이다.

☐ 036	harass [hərǽs]	🔲 …를 괴롭히다, 곤란하게 하다, 희롱하다 ⇒🔲 harassment 🔲 희롱	
☐ 037	migrate [máɪɡreɪt]	🔲 이동하다, 이주하다, 이민을 가다 ⇒🔲 migration 🔲 이주, 전송, 이동(☞93)	
☐ 038	amass [əmǽs]	🔲 모으다, 쌓다, 축적하다 ≒🔲 accumulate	
☐ 039	conglomerate [kəngláːmərət]	🔲 복합기업, 기업 그룹, 대기업	

+ Glossary

☐ ℓ.2	Persia	페르시아(오늘날의 이란)
☐ ℓ.3	one supreme God	최고신
☐ ℓ.3	Zoroastrian	조로아스터교의, 조로아스터 교인
☐ ℓ.7	Christianity	기독교
☐ ℓ.7	Buddism	불교
☐ ℓ.10	Muslim	이슬람교(도)의
☐ ℓ.11	CE	(Common Era)기원후

5 Pythagoras

Pythagoras was an ancient Greek **philosopher**. He was born around 570 BCE on the island of Samos. In about 530 BCE, he left Samos and settled in Croton. He lived there until around 500 BCE, when he left for Metapontum, where he died. In Croton, he had a significant impact as a teacher. Potential
5 students **flocked** to him. His students heard his teachings, worked out problems using **pebbles**, and **pondered** the **cosmos**. The Pythagoreans found that the connections between harp string lengths and human ears are not accidental. They **formulated** the relationship between musical pitch and the length of a **vibrating** harp string in a remarkably simple way. They
10 found that there are laws and order hidden behind all the complexity of nature and that it is possible to understand it all through numbers. There is not much known about the Pythagoreans, who left no **scrolls** or other records. But it is now known that they were not the first to discover the Pythagorean theorem. We have evidence that the theorem was actually
15 known in ancient Mesopotamia, long before Pythagoras.

□ 040	philosopher [fəlá:səfər]	똉 철학자 ⇐떼 philosophy 똉 철학
□ 041	flock [flá:k]	때 무리 짓다, 모이다, 무리를 지어 이동하다 똉 무리, 떼
□ 042	pebble [pébl]	똉 조약돌, 자갈
□ 043	ponder [pá:ndər]	떼 깊이 생각하다 ≒ 뗍 consider
□ 044	cosmos [ká:zməs, -mous, -ma:s]	똉 우주, 조화, 질서
□ 045	formulate [fɔ́:rmjəlèɪt]	떼 만들어내다, 명확하게 밝히다, 공식화하다 ⇐떼 formula 똉 공식

피타고라스

피타고라스는 고대 그리스의 철학자이다. 기원전 570년경 사모스섬에서 태어났다. 그는 기원전 530년경 사모스를 떠나 크로톤에 정착했다. 그는 기원전 500년경까지 거기에 살다가 메타폰툼으로 떠난 후에 그곳에서 사망했다. 크로톤에서는 교사로서 큰 영향을 끼쳤다. 그의 제자가 되기를 원하는 자들이 모여들었다. 제자들은 그의 가르침을 듣고, 돌멩이를 이용해 문제를 풀고, 우주에 대해 고찰했다. 피타고라스학파는 하프 줄의 길이와 인간의 귀 사이에 있는 연관성이 우연이 아님을 발견했다. 그들은 음의 높이와 진동하는 하프 줄 길이의 관계를 매우 단순한 형태로 공식화했다. 그들은 복잡한 자연의 이면에는 규칙과 질서가 있으며, 이는 숫자를 통해 이해할 수 있음을 발견했다. 두루마리나 다른 기록을 전혀 남기지 않았기 때문에 피타고라스학파에 대해 밝혀진 사실은 많지 않다. 그러나 피타고라스의 법칙을 처음으로 발견한 것이 그들이 아님은 밝혀진 바 있다. 피타고라스보다 훨씬 이전, 고대 메소포타미아에 이 법칙이 이미 알려져 있었다는 증거가 있다.

□ 046	vibrate [váɪbreɪt]	困 진동하다, 흔들리다, 떨리다 ⇒ 때 vibration 몡 진동
□ 047	scroll [skróul]	몡 두루마리 困 (화면 따위를)스크롤하다

+ Glossary

□ ℓ.5	teaching	가르침, 교리
□ ℓ.5	work out	해결하다
□ ℓ.6	Pythagoreans	피타고라스학파
□ ℓ.14	Pythagorean theorem	피타고라스의 정리

6 Socrates

Socrates was an ancient Greek philosopher. He was born around 470 BCE as the son of a sculptor. Except for participating in three military campaigns as an infantry soldier, he lived a frugal life in Athens. He began teaching around the early 430's BCE. He said that awareness of ignorance is the

5 beginning of wisdom. He enraged many people by criticizing politicians for misleading people. In 399 BCE, he was prosecuted for corrupting youth and was sentenced to death. While in jail, his friends encouraged him to take flight, offering to bribe the warden to let him escape. But Socrates said that it would be against justice to break the state's law even though the

10 state acted unreasonably, and met his death serenely. Socrates taught orally without writing anything, and his ideas are known chiefly through the writings of his students, Plato and Xenophon.

□ 048	sculptor [skʌ́lptər]	명 조각가 ⇐태 sculpture 명 조각
□ 049	frugal [frúːgl]	형 알뜰한, 검소한, 소박한
□ 050	enrage [ɪnréɪdʒ, en-, ən-]	태 몹시 화나게 하다, 격노시키다; <be -d> …(at)에 몹시 화나다 ⇐태 rage 명 격노, 분노, 노여움(☞55)
□ 051	mislead [mìslíːd]	태 그릇된 길로 이끌다, 오해시키다, 속이다 ⇒태 misleading 형 오해를 초래하기 쉬운, 혼동케 하는, 현혹시키는
□ 052	prosecute [prɑ́ːsəkjùːt]	태 기소하다, 고소하다, 입증하려 하다 ⇒태 prosecution 명 기소, 고소
□ 053	corrupt [kərʌ́pt]	태 타락시키다, 부패시키다 형 부도덕한, 타락한, 부패한 ⇒태 corruption 명 타락, 오직, 부정행위
□ 054	bribe [bráɪb]	태 …에 뇌물을 보내다, 매수하다 명 뇌물 ⇒태 bribery 명 뇌물, 수뢰

소크라테스

소크라테스는 고대 그리스의 철학자이다. 그는 기원전 470년경에 조각가의 아들로 태어났다. 세 차례의 군사 원정에 보병으로 참여한 것을 제외하고 아테나이에서 검소한 생활을 했다. 그는 기원전 430년대 초에 사람들을 가르치기 시작했다. 그는 무지(無知)를 아는 것이 지혜의 시작이라고 말했다. 그는 사람들을 잘못된 길로 이끄는 정치가를 비판해 많은 사람의 분노를 샀다. 기원전 399년, 소크라테스는 젊은이를 타락시킨다는 이유로 기소되어 사형을 선고받았다. 감옥에 있는 동안 소크라테스의 친구들은 간수에게 뇌물을 줘 그를 도망가게 해줄 테니 그에게 달아날 것을 권했다. 하지만 소크라테스는 나라가 부당한 행동을 하더라도 국법을 어기는 것은 정의에 어긋나는 일이라며 조용히 죽음을 받아들였다. 구전으로 가르침을 전하고 저서를 남기지 않았기에 소크라테스의 사상은 주로 제자인 플라톤과 크세노폰의 글을 통해 전해지고 있다.

□ 055	warden [wɔ́ːrdn]	몡 감시인, 간수, 파수꾼
□ 056	serene [səríːn]	혱 차분한, 평온한, 침착한 ⇒팬 serenely 閂 침착하게, 평온하게, 조용히
□ 057	oral [ɔ́ːrəl]	혱 구두(口頭)의, 구술의, 입의 ⇒팬 orally 閂 구두로, 입으로, 입에서

+ Glossary

□ ℓ.3	Infantry soldier	보병
□ ℓ.3	teaching	가르침, 교리
□ ℓ.7	sentence ... to death	…에게 사형을 선고하다
□ ℓ.8	take flight	도주하다, 탈출하다
□ ℓ.12	Plato	플라톤(☞7)
□ ℓ.12	Xenophon	크세노폰(고대 그리스의 철학자이자 군인)

7 Plato

1   Plato was an ancient Greek philosopher, the first to see philosophy as a subject distinct from other approaches such as rhetoric and poetry. He was born in Athens in 427 BCE. "Plato" was a nickname, and his real name was supposedly Aristocles. According to a convincing theory, he was named

5   after his paternal grandfather. When young, he was an athlete, particularly skilled as a wrestler. He then became a zealous follower of Socrates. One of the most striking traits of Plato's works is that they are all written in either a dialogue or a monologue form. In most of his dialogues, Socrates is the main figure. In 387 BCE, he founded the Academy, the first philosophical

10   school, which met in a public gymnasium. There he taught disciples such as Aristotle until he died in 347 BCE.

☐ 058	distinct [dɪstíŋkt]	형 명료한, …(from)과 전혀 다른, 별개의
☐ 059	rhetoric [rétərɪk]	명 화술, 수사법, 변론술
☐ 060	supposedly [səpóuzɪdli]	부 일반적으로 생각되는 바에 따르면, 아마도 ←파 supposed 형 …로 생각되는
☐ 061	convincing [kənvínsɪŋ]	형 설득력이 있는, 신빙성이 높은, 그럴싸한 ←파 convince 타 납득시키다, 확신시키다
☐ 062	paternal [pətə́ːrnl]	형 아버지의, 아버지다운, 부계의 ⇔반 maternal 형 어머니의, 어머니다운, 모계의
☐ 063	zealous [zéləs]	형 열심인, 열광적인, 외곬인 ←파 zeal 명 열의, 열심
☐ 064	trait [tréɪt]	명 특질, 특성, 특징

플라톤

플라톤은 고대 그리스의 철학자로, 변론술이나 시 등과 개별적인 분야로서 철학에 접근한 최초의 인물이었다. 그는 아테나이에서 기원전 427년에 태어났다. '플라톤'은 별명으로, 실제 이름은 아리스토클레스였던 것으로 추정된다. 신빙성이 있는 설에 따르면 이는 친할아버지의 이름에서 가져왔다고 한다. 젊은 시절에 운동선수였던 플라톤은 특히 레슬러로서 기량이 뛰어났다. 이후 그는 소크라테스의 열렬한 제자가 되었다. 플라톤의 저서에서 눈에 띄는 특징은 모두 대화 혹은 독백의 형식을 띤다는 점이다. 대부분의 대화편에서는 소크라테스가 주역을 맡는다. 기원전 387년에 공공 체육관을 집회 장소로 삼아 최초의 철학 학교인 아카데메이아를 창설했다. 그는 그곳에서 기원전 347년에 세상을 뜨기 전까지 아리스토텔레스를 비롯한 제자들을 가르쳤다.

☐ 065	monologue [má:nəlɔ̀:g]	圐 독백, 장광설, 일인극	
☐ 066	philosophical [fìləsá:fɪkl]	圀 철학의, 철학에 통달한, 현명한 ⇐団 philosophy 圐 철학 ⇒団 philosopher 圐 철학가(☞5)	
☐ 067	disciple [dɪsáɪpl]	圐 제자, 신봉자 ≒ 🔄 follower ⇐団 discipline 圐 훈련, 단련, 수양	

+ Glossary

☐ ℓ.4	according to	…에 따르면
☐ ℓ.4	name ~ after ...	~를 …의 이름을 따서 명명하다
☐ ℓ.9	main figure	주역
☐ ℓ.9	academy	교육기관; <A->아카데메이아
☐ ℓ.10	gymnasium	(=gym) 체육관
☐ ℓ.11	Aristotle	아리스토텔레스(☞8)

8 Aristotle

Aristotle was the third of the great trio of ancient Greek Philosophers. He was the foremost expert of his day in an amazingly wide range of fields, from astronomy and **ethics** to **anatomy** and **geology**. Born in Stagira in 384 BCE, he was brought up by a **guardian** after his father died. At age 17, he migrated to Athens and joined Plato's Academy. At first, he **imitated** Plato's style of writing in dialogue form. After Plato died in 347 BCE, he left the Academy for Asia Minor. In 343 BCE, he was **summoned** to Macedonia by King Philip II to **tutor** his son, the future Alexander the Great. In 335 BCE, he returned to Athens to establish his own school known as the Lyceum in a **grove** on the outskirts of the city. After the death of Alexander in 323 BCE **triggered** political turmoil, Aristotle left Athens to take **refuge** on the Mediterranean island of Euboea, where he died the following year.

☐ 068	ethics [éθɪks]	몡 윤리, 도덕, 윤리학 ⇒ 혱 ethical 혱 윤리의, 도덕상의
☐ 069	anatomy [ənǽtəmi]	몡 해부학, 구조, 구성
☐ 070	geology [dʒiá:lədʒi]	몡 지질학 ⇒ 혱 geological, -ic 혱 지질학(상)의
☐ 071	guardian [gáːrdiən]	몡 수호자, 파수꾼, 후견인 ⇐ 혱 guard 타 지키다, 경비하다 몡 경비원
☐ 072	imitate [ímətèɪt]	타 본받다, 본보기로 삼다, 따라 하다 ⇐ 혱 imitation 몡 모조품, 흉내
☐ 073	summon [sʌ́mən]	타 소집하다, 초빙하다, 부르다
☐ 074	tutor [t(j)úːtər]	타 …에게 가르치다, 가정교사로서 가르치다 몡 가정교사, 개인교사
☐ 075	grove [gróʊv]	몡 나무숲, (작은)숲, 과수원

아리스토텔레스

아리스토텔레스는 고대 그리스의 3대 철학자 중 세 번째 인물이다. 그는 천문학부터 윤리학, 해부학, 지질학까지 실로 폭넓은 분야에서 당대 최고의 전문가였다. 기원전 384년에 스타기라에서 태어났고, 아버지가 죽은 후에는 후견인의 손에 길러졌다. 17세에 아테나이로 이주해 플라톤의 아카데메이아에 입학했다. 초기에는 대화 형식으로 글을 쓰는 플라톤의 방식을 본보기로 삼았다. 기원전 347년에 플라톤이 죽자 아리스토텔레스는 아카데메이아를 떠나 소아시아로 향했다. 기원전 343년에는 마케도니아의 왕 필리포스 2세의 부름을 받아 훗날 알렉산드로스 대왕이 되는 필리포스 2세의 아들을 가르쳤다. 기원전 335년에 아테나이로 돌아온 그는 교외의 과수원에 리시움이라는 자신의 학교를 세웠다. 기원전 323년에 알렉산드로스가 사망하면서 정세가 혼란해지자 아테나이를 떠나 지중해의 에비아섬으로 망명했고, 이듬해 그곳에서 사망했다.

☐ 076	**trigger** [trígər]	태 ⋯의 방아쇠가 되다, ⋯의 계기가 되다, 유발하다 명 방아쇠, 유인, 계기	
☐ 077	**refuge** [réfjuːdʒ]	명 피난, 보호, 피난처 cf. **take refuge** 피난하다, 도피하다, 망명하다	

+ Glossary

☐ ℓ.2	**foremost**	가장 뛰어난
☐ ℓ.4	**bring up**	키우다
☐ ℓ.7	**Asia Minor**	소아시아
☐ ℓ.7	**Macedonia**	마케도니아
☐ ℓ.8	**Alexander the Great**	알렉산드로스 대왕(☞9)
☐ ℓ.10	**outskirts**	교외
☐ ℓ.12	**Mediterranean**	지중해의
☐ ℓ.12	**the following year**	이듬해, 다음 해에

9 Alexander the Great

Alexander the Great was a king of ancient Macedonia who conquered vast areas stretching from Greece to northwestern India. Born the son of King Philip II in 356 BCE, Alexander was tutored by Aristotle. In 336 BCE, Philip was assassinated by his bodyguard, rumored to have been manipulated by Alexander, who then succeeded the throne and took over Philip's project of invading Persia. Having launched a campaign in 334 BCE, Alexander seized Egypt without casualties and became its king. He declined the olive branch offered by King Darius III of Achaemenid Persia and conquered the empire in 331 BCE. He advanced further east until he reached the Punjab region in 326 BCE. As his plan to march still further east was flatly refused by his homesick soldiers weary from years of campaigning, he decided to turn back. After he got back to Persia, he succumbed to a fever and died at age 32. As he had no legitimate heir, his generals fought with each other over who would succeed him, until his empire split into three kingdoms.

□ 078	conquer [kάːŋkər]	卧 정복하다, 제패하다, …에게 이기다 ⇒囲 conquest 冏 정복 ⇒囲 conqueror 冏 정복자, 승리자
□ 079	assassinate [əsǽsənèɪt]	卧 암살하다 ⇐囲 assassin 冏 암살자 ⇒囲 assassination 冏 암살
□ 080	manipulate [mənípjəlèɪt]	卧 조종하다, 조작하다, 교묘하게 다루다 ⇒囲 manipulation 冏 능숙한 취급, 교묘한 조작(☞34)
□ 081	casualty [kǽʒuəlti]	冏 사상자, 피해자, 손실
□ 082	flatly [flǽtli]	厠 단호하게, 딱 잘라, 사정없이 ≒目 absolutely
□ 083	weary [wíəri]	闬 …(from)으로 지치다, 피로하다, …(of)에 싫증이 나다

알렉산드로스 대왕

알렉산드로스 대왕은 그리스부터 인도 북서부에 이르는 광활한 지역을 정복한 고대 마케도니아의 왕이다. 기원전 356년에 필리포스 2세의 아들로 태어난 알렉산드로스는 아리스토텔레스에게 교육을 받았다. 기원전 336년, 필리포스가 경호원에게 암살당하자 알렉산드로스의 사주라는 소문도 나돌았으나 성공적으로 왕위에 오르며 아버지의 페르시아 정복 계획을 물려받았다. 기원전 334년에는 원정을 나서 이집트를 무혈점령하는 데 성공하며 이집트의 왕이 되었다. 기원전 331년, 그는 아케메네스 왕조 페르시아의 왕 다리우스 3세의 화친 요청을 일축하며 아케메네스 왕조를 정복했다. 그는 계속해서 동쪽으로 진군해 기원전 326년에는 펀자브 지방에 도달했다. 더 동쪽으로 진군하려던 그의 계획은 오랜 원정에 지쳐 귀국을 바라던 장병들의 완강한 반대에 부딪혔고 그는 돌아가기로 결정했다. 페르시아에 도착한 알렉산드로스는 열병에 쓰러져 32세의 나이로 죽었다. 합법적인 후계자가 없었기 때문에 장군들은 누가 그의 뒤를 이어받을지를 두고 다툼을 벌였고, 그의 제국은 셋으로 분열되었다.

☐ 084	**succumb** [səkʌ́m]	困 …(to)에 지다, 굴복하다, …(to)로 쓰러지다
☐ 085	**legitimate** 휑 [lɪdʒítəmət] 동 [-mèɪt]	휑 정당한, 합법적인, 적법한 타 합법화하다, …의 정당성을 드러내다, 적출로 인정하다
☐ 086	**heir** [éər]	명 후계자, 계승자, 세자

+ Glossary

☐ ℓ.5	**succeeded the throne**	왕위를 계승하다
☐ ℓ.8	**olive branch**	화해
☐ ℓ.14	**general**	장군, 장관

10 Confucius

1   Confucius was an ancient Chinese sage. He was a thinker with acute insight
and imaginative vision who founded Confucianism. Confucius was born in
the state of Lu in 551 BCE as the son of a warrior. His courtesy name was
Zhongni. He was appointed minister of crime in 500 BCE, but departed the
5   state of Lu in 497 BCE. He made a long journey, looking in vain for rulers
who would accept his political beliefs. He returned to the state of Lu in 484
BCE, and died in 479 BCE. He advocated the importance of morality and
sincerity. The most important concepts of Confucianism include *ren* and *li*.
Ren may be translated as "good" or "virtue," whereas the literal meaning of
10   *li* is "ritual" or "rite." Confucius is traditionally credited with editing the
Five Classics: *Classic of Poetry*, *Book of Documents*, *Book of Rites*, *Book
of Changes* and S*pring and Autumn Annals*. One of the most cherished
scriptures of Confucianism is the *Analects*, a collection of Confucius's
teachings.

☐ 087	acute [əkjúːt]	휑 심각한, 급성의, 예리한
☐ 088	imaginative [ɪmǽdʒənətɪv]	휑 창조적인, 독창적인, 상상력이 풍부한 ⇐囲 imagine 퇴 상상하다
☐ 089	courtesy [kɔ́ːrtəsi]	몡 예의 바름, 공손함, 정중한 행위 cf. courtesy name 자(字)
☐ 090	vain [véin]	휑 헛된, 무익한, 헛수고의 cf. in vain 헛되이, 허사가 되어, 실패하여
☐ 091	advocate [ǽdvəkèit]	퇴 주장하다, 옹호하다, 창도하다 ⇒囲 advocacy 몡 변호, 옹호
☐ 092	literal [lítərəl]	휑 문자 그대로의, 원문에 충실한, 산문적인 ⇒囲 literally 휜 문자 그대로
☐ 093	ritual [rítʃuəl]	몡 의식, 관습적 행위, 관례

공자

공자는 고대 중국의 철인(哲人)이다. 날카로운 관철과 독창적인 통찰을 갖춘 사상가로, 유교를 창시했다. 공자는 기원전 551년, 노나라에서 병사의 아들로 태어났다. 자는 중니(仲尼)였다. 기원전 500년에 대사구(사법장관)의 자리에 오르지만 기원전 497년에 노나라를 떠났다. 오랜 방랑을 통해 자신의 정치 신조를 받아들여 줄 군주를 찾았지만 뜻은 이루어지지 않았다. 기원전 484년에 노나라로 귀국한 그는 기원전 479년에 죽었다. 공자는 도덕과 성의의 중요함을 주장했다. 유교의 핵심 개념으로는 '인(仁)'과 '예(禮)'가 있다. '인'은 '선(善)', '덕(德)' 등으로 옮길 수 있으며 '예'는 문자 그대로 '예식', '의례'를 뜻한다. 공자는 『시경』, 『서경』, 『예기』, 『역경』, 『춘추』의 오경을 편찬한 것으로 알려져 왔다. 중요한 유교 경전으로는 공자의 가르침을 정리한 『논어』가 있다.

□	094	rite [ráɪt]	몡 의식, 의례
□	095	cherish [tʃérɪʃ]	탄 소중히 하다, 아끼다, 고이 간직하다

+ Glossary

□	ℓ.1	sage	현인, 철인
□	ℓ.2	Confucianism	유교
□	ℓ.3	state of Lu	노나라
□	ℓ.4	minister of crime	사법 장관
□	ℓ.9	whereas	…에 반하여
□	ℓ.11	Five Classics	오경
□	ℓ.12	annals	연대기
□	ℓ.13	Analects	『논어』

11 Buddhism

1   Buddhism is a religion that arose in India in the 5th century BCE. It is based on Gautama Buddha's teachings on how to reach the **enlightened** state. Unlike the Ten Commandments of Christianity, which forbid killing people, Buddhism forbids killing all living beings, including even **beasts** and flies.

5   Buddhism has three major branches: Theravāda Buddhism, **prevalent** mainly in Southeast Asia, Mahāyāna Buddhism, practiced largely in East Asia, and Tibetan Buddhism. Around the 3rd century BCE, Ashoka the Great of the Maurya dynasty unified India under the **banner** of Buddhism and promoted its spread. His **inscriptions** show that he sent out Buddhist

10   **missionaries**. Around the beginning of the Common Era, Mahāyāna Buddhism began to take shape as a distinct branch from the earlier school of Theravāda Buddhism. Theravāda Buddhists **strive** to achieve their own **enlightenment**, whereas Mahāyāna Buddhists strive to help others to achieve enlightenment as well as themselves. Around the 7th century, the

15   **mystical** elements of Buddhism developed into Tantric Buddhism. Tibetan Buddhism was established under the influence of Tantric Buddhism in the 14th century.

☐ 096	**enlighten** [enláɪtn]	태 가르치다, 계몽하다, 계발하다 ⇒쪵 enlightened 형 견식이 있는, 계몽된 ⇒쪵 enlightenment 명 명확한 이해, 계발, 깨달음
☐ 097	**beast** [bíːst]	명 짐승, 야수, 동물
☐ 098	**prevalent** [prévələnt]	형 유포된, 보급된, 유행하는 ⇐태 prevail 재 ···(over)에게 이기다, 보급하다(☞81)
☐ 099	**banner** [bǽnər]	명 현수막, 깃발, 기 cf. **under the banner of** ···라는 기치를 내걸고
☐ 100	**inscription** [ɪnskrípʃən]	명 비명, 비석, 비문 ⇐태 inscribe 태 (돌 따위에) 새기다, 조각하다, 새겨 넣다(☞2)

불교

불교는 기원전 5세기에 인도에서 발생한 종교이다. 깨달음의 경지에 이르는 법에 대한 고타마 붓다의 가르침을 바탕으로 삼고 있다. 기독교의 십계에서 살인을 금지하는 것과 달리 불교에서는 짐승이나 파리에 이르기까지 모든 생명의 살생을 금한다. 불교는 크게 동남아시아에 퍼진 상좌부불교, 동아시아에서 널리 믿는 대승불교, 티베트불교의 세 가지 계통으로 나뉜다. 기원전 3세기경에 마우리아 왕조의 아쇼카 대왕이 불교의 기치 아래 인도를 통일하고 불교의 보급에 힘썼다. 아쇼카 대왕의 비문에는 그가 각지에 불교 사절을 파견한 사실이 기록되어 있다. 기원 전후에 기존의 상좌부불교와는 다른 대승불교가 형태를 갖추게 되었다. 상좌부불교가 자신의 깨달음을 목표로 삼는 반면, 대승불교는 자신뿐 아니라 타인도 함께 깨달음을 얻게끔 도우며 노력한다. 7세기경에는 불교의 신비주의적 요소에서 밀교가 생겨났다. 티베트불교는 14세기에 밀교의 영향을 받아서 성립되었다.

□ 101	missionary [míʃənèri]	명 전도사, 선교사 　형 전도의, 선교의, 선교사의 ⇐파 mission 명 임무, 전도
□ 102	strive [stráɪv]	자 …(to)하고자 분투하다, 노력하다, 힘쓰다(strove, striven)
□ 103	mystical [místɪkl]	형 영적인 힘을 가진, 신비주의의, 신비적인

+ Glossary

□ ℓ.3	Ten commandments	십계
□ ℓ.5	Theravāda Buddhism	상좌부불교
□ ℓ.6	Mahāyāna Buddhism	대승불교
□ ℓ.7	Tibetan Buddhism	티베트불교
□ ℓ.10	common Era	서력기원(서기)
□ ℓ.11	take shape	성립하다
□ ℓ.15	Tantric Buddhism	밀교
□ ℓ.16	under the influence of	…의 영향 아래서

12 Gautama Buddha

1   Gautama Buddha was the founder of Buddhism. Buddha means "awakened one." Siddhartha was born a prince of the Gautama family of the Shakya clan in India on April 8 in the 5th century BCE. He got married at age 16 and had a son, whom he named Rahula, meaning "restraint." Though
5   comfortably off, he was tormented by anxiety over man's mortality, and renounced his home at age 29. He learned meditation and mortified himself for 6 years, but did not reach salvation. Then he started to meditate under a pipal tree. After fighting against the temptations of demons, he finally awakened and became the Buddha. The Buddha then preached the
10   way to salvation to many believers. A variety of people, from kings to robbers, apprenticed themselves to him. On his way back home at age 80, the Buddha entered Nirvana while lying between sal trees.

□ 104	founder [fáundər]	몡 창시자, 건국자, 시조 ⇐圄 found 目 설립하다, 창립하다
□ 105	awaken [əwéɪkən]	目 깨우다, 눈뜨게 하다, 깨닫게 하다 재 눈뜨다, 깨다, 깨닫다
□ 106	restraint [rɪstréɪnt]	몡 제한, 속박, 자제 ⇐圄 restrain 目 억제하다, 억누르다, 단념케 하다
□ 107	torment 目 [tɔːrmént] 몡 [tɔ́ːrmənt]	目 괴롭히다, 고통을 주다, 못살게 굴다 몡 고뇌, 고통, 격통
□ 108	mortality [mɔːrtǽləti]	몡 죽음을 면할 수 없는 운명, 사망률, 사망자 수 ⇐圄 mortal 휑 죽어야 할 운명의
□ 109	renounce [rɪnáuns]	目 단념하다, 포기하다, 버리다
□ 110	meditation [mèdɪtéɪʃən]	몡 명상, 묵상, 숙고 ⇐圄 meditate 재 명상하다, 묵상하다, 숙고하다
□ 111	mortify [mɔ́ːrtəfàɪ]	目 고행을 통해 억제하다, 극복하다, …에게 굴욕을 느끼게 하다

고타마 붓다

고타마 붓다는 불교의 창시자이다. 붓다란 '깨달음을 얻은 자'를 의미한다. 싯다르타는 기원전 5세기 4월 8일에 인도 샤카족 고타마 가문의 왕자로 태어났다. 16세에 결혼한 싯다르타는 사내아이가 태어나자 그 아이에게 '속박'을 의미하는 라훌라라는 이름을 붙였다. 그는 안락한 삶을 보내고 있었지만 사람은 반드시 죽는다는 번뇌에 사로잡혀 29세 때 출가했다. 명상법을 익혀 6년 동안 고행을 이어 나갔지만 해탈에는 이르지 못했다. 이후 보리수 아래서 명상에 들어갔다. 그는 악마의 유혹과 싸운 끝에 마침내 깨달음을 얻어 붓다가 되었다. 이후로 붓다는 해탈에 이르는 길을 여러 신자에게 설파했다. 국왕부터 도적까지 수많은 사람이 귀의했다. 붓다는 80세에 귀향길에 올랐지만 도중에 사라쌍수 사이에 누워 열반에 들었다.

☐ 112	salvation [sælvéɪʃən]	명 영혼의 구제, 해탈
☐ 113	apprentice [əpréntɪs]	타 도제로 보내다, 제자로 들어가게 하다 명 제자, 도제, 수습

+ Glossary

☐ ℓ.2	Shakya clan	샤카족(고대 인도의 부족 혹은 소국)
☐ ℓ.3	get married	결혼하다
☐ ℓ.5	be comfortably off	형편이 넉넉하다
☐ ℓ.8	pipal tree	보리수
☐ ℓ.8	fight against	…와 싸우다
☐ ℓ.8	demon	악마
☐ ℓ.10	a variety of	다양한
☐ ℓ.12	Nirvana	열반
☐ ℓ.12	sal tree	사라쌍수

13 Hinduism

Hinduism is an Indian religion. It is a **fusion** of various cultures and traditions that has developed for over 5000 years. Unlike other world religions, Hinduism does not have a founder. Consequently, it does not have a single scripture like the Bible or the Qur'an. The *Vedas*, the *Upanishads*,
5 and the *Bhagavad Gītā*, among others, are all **authoritative**, but none is **exclusively** so. Although Hinduism is often regarded as polytheistic, some Hindus consider it to be a monotheistic religion with many deities. God is worshipped in various forms, as Brahma, Shiva, or Vishnu, depending on the **sect**. Hindus show a particular attachment to a particular deity in
10 Indian **mythology** and worship God in that form. The one God is called by different names, and different forms are **attributed** to Him. Hinduism **prescribes refraining** from injuring living beings. In Hinduism, the cow is considered divine and thus **adored**.

□ 114	fusion [fjúːʒən]	명 융합, 융해, 혼합물 ⇐ 및 fuse 태 융합시키다, 일체화시키다(☞141)
□ 115	authoritative [əθɔ́ːrətèitiv]	형 권위 있는, 믿을 만한, 명령적인 ⇐ 및 authority 명 권위, 권력
□ 116	exclusively [iksklúːsivli, eks-]	부 오로지, 독점적으로, 배타적으로 ⇐ 및 exclusive 형 독점적인, 배타적인
□ 117	sect [sékt]	명 종파, 분파, 당파
□ 118	mythology [miθάːlədʒi]	명 신화 ⇒ 및 mythological 형 신화의
□ 119	attribute [ətríbjut, ətríbjət]	태 …(to)에 돌리다, …에 귀착시키다, …의 탓으로 하다
□ 120	prescribe [priskráib]	태 처방하다, 규정하다, 지시하다 ⇒ 및 prescription 명 처방전, 조언, 지시(☞70)

힌두교

힌두교는 인도의 종교이다. 5000년 넘게 다양한 문화나 전통이 융합되면서 발전한 종교이다. 힌두교는 다른 세계 종교와는 달리 창시자가 없다. 따라서 이 종교에는 성서나 쿠란에 해당하는 특정한 성전이 없다. 『베다』, 『우파니샤드』, 『바가바드 기타』 등은 모두 권위 있는 문서지만 어느 하나만이 특별하지는 않다. 힌두교는 다신교로 여겨지는 경우가 많으나 여러 신의 형태를 띤 일신교라고 생각하는 힌두교도도 있다. 신은 브라흐마, 시바, 비슈누 등 종파에 따라 다양한 형태로 숭배된다. 힌두교도는 인도 신화 속에 등장하는 특정한 신에 특별한 애착을 보이고 이를 통해 신을 숭배한다. 유일신은 다양한 이름으로 불리며 다양한 모습이 부여된다. 힌두교에서는 산 생명에게 해를 끼치지 말라고 한다. 또한 힌두교에서는 소를 신성시하고 숭배한다.

☐ 121	refrain [rɪfréɪn]	짜 …(from)를 삼가다, 자제하다, 멀리하다
☐ 122	adore [ədɔ́:r]	타 경애하다, 숭배하다, 흠모하다

+ Glossary

☐ ℓ.4	Bible	성서
☐ ℓ.4	Qur'an	(=Koran)코란, 쿠란(이슬람교의 성전)
☐ ℓ.5	among others	…등, 그 중에서도
☐ ℓ.6	polytheistic	다신교의
☐ ℓ.7	monotheistic	일신교의
☐ ℓ.8	depending on	…에 따라
☐ ℓ.12	living being	생명체

14 Emperor Shi Huang of Qin

1　Emperor Shi Huang of Qin was the first emperor of China. Zhao Zheng was born in 259 BCE as the son of the Qin prince Zichu, who later became King Zhuangxiang. Upon the death of King Zhuangxiang, Zhao Zheng took the throne as King of Qin in 247 BCE. He hired talented people irrespective of
5　their birthplace or social status, which helped strengthen his army. In 221 BCE, he unified all of China and proclaimed himself Emperor Shi Huang. He abolished feudalism and divided his empire into administrative districts such as counties and townships. He unified China economically and culturally as well, by standardizing the units of measurement and
10　the currency as well as the writing system. Such policies had a profound impact on the Chinese civilization. After he died in 210 BCE, he was succeeded by his youngest son Huhai as Emperor Er Shi, who was forced to kill himself and was succeeded by his nephew Ziying as King of Qin in 207 BCE. The Qin dynasty ended in 206 BCE, when Ziying surrendered to Liu
15　Bang, who would later found the Han dynasty.

□ 123	talented [tǽləntɪd]	형 재능 있는, 유능한
□ 124	strengthen [stréŋkθn]	타 강화하다, 강하게 하다, 튼튼하게 하다 ⇐명 strong 형 강한
□ 125	abolish [əbɑ́:lɪʃ]	타 폐지하다, 철폐하다 ⇒명 abolition 명 폐지, 철폐(☞109)
□ 126	feudal [fjú:dl]	형 봉건적인, 봉건제의, 봉건시대의 ⇒명 feudalism 명 봉건제도
□ 127	administrative [ədmínəstrèɪtɪv, -trə-]	형 관리의, 운영상의, 행정의 ⇐명 administer 타 관리하다, 통치하다, 운영하다(☞16)
□ 128	standardize [stǽndərdàɪz]	타 표준화하다, 규격화하다 ⇐명 standard 명 기준, 표준 형 표준의

진시황제

진시황제는 중국 최초의 황제이다. 조정(趙正)은 기원전 259년 진나라 왕자이자 훗날 장양왕이 되는 자초의 아들로 태어났다. 기원전 247년, 장양왕의 죽음으로 조정은 진왕에 즉위했다. 그는 출신지나 신분을 불문하고 유능한 인재를 등용했기 때문에 강한 군대를 갖게 되었다. 기원전 221년에 중국을 통일한 조정은 자신을 황제로 선포하고 시황제가 되었다. 봉건제를 폐지하고 국토를 군이나 현 등의 행정구로 분할했다. 도량형의 단위나 화폐, 그리고 문자 체계를 표준화해 경제적으로나 문화적으로도 중국을 하나로 통일시켰다. 이러한 정책은 중국 문명에 크나큰 영향을 끼쳤다. 시황제가 기원전 210년에 세상을 뜨자 막내아들인 호해가 이세황제로 즉위했으나 이세황제는 기원전 207년 자결을 강요받았고 조카인 자영이 진왕에 올랐다. 그리고 기원전 206년에 자영이 유방에게 항복하면서 진은 멸망했다. 이후 유방은 한나라를 건국했다.

□ 129	measurement [méʒərmənt]	뗑 규정, 계량, 치수 ⇐뗑measure 팀 측정하다
□ 130	currency [kə́ːrənsi]	뗑 화폐, 통화, 유포
□ 131	surrender [səréndər]	짜 항복하다, 투항하다　팀 넘겨주다, 양도하다 뗑 항복, 투항

+ Glossary

□ ℓ.1	Qin	진(중국 최초의 통일 왕조)
□ ℓ.4	irrespective of	…를 불문하고
□ ℓ.5	birthplace	출생지
□ ℓ.5	social status	사회적 지위
□ ℓ.8	township	작은 마을, 현
□ ℓ.9	as well	…도
□ ℓ.10	as well as	…뿐만 아니라, …외에
□ ℓ.13	kill *oneself*	자살하다

15 Modu Chanyu

Modu Chanyu was the founder of the Xiongnu Empire. Born the son of Touman Chanyu of the Xiongnu, Modu was sent hostage to the Yuezhi, but he stole a fleet horse and returned. As a reward for his bravery, Touman appointed him commander of 10,000 horsemen. In 209 BCE, Modu killed Touman and became chanyu. Around 206 BCE, he subdued the Donghu. In 200 BCE, when he lured Emperor Gaozu of Han to Baideng Mountain and surrounded him, Gaozu used a cunning plan to narrowly escape. The dishonored Gaozu learned a lesson about the strength of the Xiongnu, and made a peace treaty with them. It was an unequal treaty favorable to the Xiongnu, and included periodic tribute of cotton, silk, liquor and rice. Around 177 BCE, Modu overran the Yuezhi, and the Xiongnu rose as the first nomadic empire that ruled all of Northern Asia. The Xiongnu's advantage over the Han lasted until Emperor Wu of Han reversed the situation. After Modu Chanyu died in 174 BCE, the Xiongnu dominated the Mongolian Plateau for 400 years.

☐ 132	**hostage** [háːstɪdʒ]	몡 인질, 인질의 상태 cf. **be sent hostage to** …에 인질로 보내지다
☐ 133	**subdue** [səbd(j)úː]	탸 정복하다, 지배하다, 진압하다
☐ 134	**lure** [l(j)úər]	탸 꾀어내다, 유혹하다
☐ 135	**cunning** [kʌ́nɪŋ]	혱 약삭빠른, 교활한, 교묘한
☐ 136	**narrowly** [nérouli, nǽr-]	뿌 간신히, 가까스로, 좁게
☐ 137	**dishonor** [dɪsáːnər, diz-]	탸 …의 명예를 더럽히다, …에게 경의를 표하지 않다 몡 불명예, 굴욕
☐ 138	**favorable** [féɪvərəbl]	혱 호감을 살 만한, …(to)에게 호의적인, …에게 유리한

묵돌선우

묵돌선우는 흉노 제국의 건국자이다. 흉노족 두만선우의 태자로 태어난 묵돌은 월씨에게 인질로 보내졌지만 준마를 훔쳐 타고 돌아왔다. 두만은 그 용맹함을 기려 묵돌을 1만 기병의 대장으로 임명했다. 기원전 209년, 묵돌은 아버지 두만을 시해하고 선우에 즉위했다. 그는 기원전 206년에 동호를 평정했다. 기원전 200년, 묵돌선우는 한고조를 백등산으로 유인해 포위하지만 고조는 기발한 계책을 이용해 가까스로 탈출했다. 이 굴욕을 통해 흉노의 힘을 뼈저리게 깨달은 한고조는 흉노와 화친조약을 체결했다. 그것은 정기적으로 흉노에게 면, 비단, 술, 쌀을 진상하는 것을 포함하는 흉노에게 유리한 불평등조약이었다. 기원전 177년, 묵돌선우는 월씨를 제압했고, 흉노는 북아시아 전역을 지배한 최초의 유목 제국으로 대두했다. 한나라에 대한 흉노의 우위는 한 무제가 형세를 역전시키기까지 이어졌다. 묵돌선우는 기원전 174년에 죽었지만 흉노는 그 후 400년 동안 몽골고원에 군림했다.

☐ 139	**tribute** [tríbjuːt]	명 공물, 증정물, 연공 ⇒ 파 **tributary** 형 공물을 바치다, 속국의(☞81)
☐ 140	**liquor** [líkər]	명 술, 증류주
☐ 141	**overrun** [òuvərrʌ́n]	타 점령하다, 점거하다(overran, overrun)

+ Glossary

☐ ℓ.1	chanyu	선우(군주의 칭호)
☐ ℓ.1	Xiongnu	흉노(몽골고원의 유목 기마민족)
☐ ℓ.3	fleet	빠른, 날랜
☐ ℓ.3	as a reward for	…에 대한 보상으로
☐ ℓ.4	horseman	기수
☐ ℓ.9	peace treaty	화친조약
☐ ℓ.9	unequal treaty	불평등조약
☐ ℓ.10	periodic	정기적
☐ ℓ.12	nomadic	유목민의

16 Emperor Wu of Han

1   Emperor Wu of Han was the 7th emperor of the Han dynasty of China, who reigned for over 50 years from 141 BCE to 87 BCE. The Han dynasty reached its **zenith** of power during his reign. Besides carrying out military campaigns against the surrounding nations such as the Xiongnu and Wiman
5   Joseon to greatly expand his territory, he also improved the government **machinery**. Instead of employing government officials' children as before, he called on local governors to recommend people of **integrity** so that the government could call in the best brains. He set up a system in which the country was systematically **administered** by the emperor and his brain
10   trust, rather than by the emperor as an individual. As his heir Fuling was still in his boyhood, in case of a **contingency**, he formed a system where the officials would govern in place of the **juvenile** emperor. Thus, he organized the imperial rule so that the country was **stably** and continuously governed even under an emperor **devoid** of talent or an **immature** emperor. This
15   explains why, unlike the Qin dynasty, which went downhill after Emperor Shi Huang died, the Han dynasty lasted for almost 300 years after Emperor Wu died.

□ 142	**zenith** [zíːnəθ]	몡 절정, 정점, 천정 ⇔몡 **nadir** 바닥, 천저
□ 143	**machinery** [məʃíːnəri]	몡 기계장치, 기계 부분, 기구 ⇐몡 **machine** 몡 기계
□ 144	**integrity** [ɪntégrəti]	몡 성실, 품격, 완전(한 상태)
□ 145	**administer** [ədmínəstər]	타 관리하다 통치하다, 운영하다 ⇒몡 **administration** 몡 관리, 운영, 행정 ⇒몡 **administrative** 혱 관리의, 운영상의, 행정의(☞14)
□ 146	**contingency** [kəntíndʒənsi]	몡 뜻밖의 사고, 우연성, 우발성
□ 147	**juvenile** [dʒúːvənàɪl]	혱 미성년의, 청소년의, 어린이다운

한 무제

무제는 한나라의 제7대 황제로 기원전 141년부터 기원전 87년까지 50년 이상 군림했다. 한나라의 국력은 무제의 시대에 전성기를 맞이했다. 무제는 흉노나 위만조선 등 주변 국가를 상대로 군사 작전을 수행해 한의 세력을 크게 확장했을 뿐 아니라 통치 기구도 정비했다. 그는 이전처럼 공무원의 자녀를 채용하는 방식 대신 지방관에게 청렴한 선비를 천거하게 해 유능한 인재를 모았다. 황제 개인이 아닌 황제와 고문단이 국가를 조직적으로 관리하는 체계를 수립했다. 후계자인 불릉이 어렸기 때문에 그는 불의의 사태를 대비해 신하가 어린 황제의 통치를 대행하는 체제를 구축했다. 이렇게 무제는 황제 지배를 조직화했고, 무능한 황제나 어린 황제의 치하에서도 안정적이며 지속적으로 통치될 수 있는 국가 체제를 만들어냈다. 이로써 시황제 사후 쇠퇴 일로를 걷던 진과는 다르게 한은 무제가 죽은 뒤로도 300년 가까이 이어졌다.

□ 148	**stably** [stéɪbli]	🇧 안정되게, 안정적으로, 착실하게 ⇐📺 stable 🇭 안정된
□ 149	**devoid** [dɪvɔ́ɪd]	🇭 ···(of)가 결여된, ···(of)가 전혀 없는
□ 150	**immature** [ìmət(j)úər]	🇭 어린아이 같은, 미성숙한 ⇔📺 mature 성숙한

+ Glossary

□ ℓ.3	carry out	실행하다, 수행하다
□ ℓ.6	instead of	···대신에
□ ℓ.6	as before	이전처럼, 이전과 마찬가지로
□ ℓ.7	call on	···에게 의뢰하다
□ ℓ.8	call in	불러들이다
□ ℓ.8	set up	수립하다, 설립하다
□ ℓ.9	brain trust	고문단, 전문 위원회
□ ℓ.11	in case of	···의 경우(를 대비해)
□ ℓ.12	in place of	···대신
□ ℓ.15	go downhill	쇠퇴하다

17   Cao Cao

1   Cao Cao was a Chinese general who laid the foundation for the Wei dynasty. He was born in 155 CE to the family of a powerful eunuch. While at a young age, a famous commentator said of him that he would become a **treacherous** hero in **turbulent** times. He distinguished himself after he

5   suppressed the Yellow Scarves **Rebellion** that broke out in 184. In 196, he took Emperor Xian with him and moved the capital to Xu. With a victory over Yuan Shao at the Battle of Guandu in 200, he unified northern China. After being appointed chancellor in 208, he gradually began to assume imperial prerogatives, with Emperor Xian as a **puppet**. When he was

10   wholly defeated by Sun Quan and Liu Bei at the Battle of Red Cliffs, his efforts to unify all of China under his rule was fell through. After he died in 220, his son Cao Pi **deposed** Emperor Xian and created the Wei dynasty with himself as Emperor Wen, thus ending the Han dynasty and beginning the Three Kingdoms period, during which China was divided into the Wei,

15   Shu and Wu kingdoms. Cao Cao is **portrayed** as a **shrewd** villain in the novel *Romance of the Three Kingdoms*. In Chinese opera, he wears white makeup, which reflects his **malicious** personality.

☐ 151	**treacherous** [trétʃərəs]	톙 배반의, 불성실한, 믿을 수 없는 ←텡 **treachery** 똉 배신
☐ 152	**turbulent** [tɔ́ːrbjələnt]	톙 격동의, 불온한, 거친
☐ 153	**rebellion** [rɪbéljən]	똉 반란, 봉기, 모반 cf. **Yellow Scarves Rebellion** 황건의 난
☐ 154	**puppet** [pʌ́pət]	똉 꼭두각시, 괴뢰
☐ 155	**depose** [dɪpóʊz, də-]	톕 물러나게 하다, 실각시키다, 폐위하다

조조

조조는 위나라의 초석을 쌓은 무장이다. 155년에 유력한 환관 가문에서 태어났다. 젊은 시절, 그는 고명한 평론가에게 난세의 간웅이라는 평가를 받았다. 그는 184년에 일어난 황건의 난을 진압하면서 두각을 나타냈다. 196년, 조조는 헌제를 옹립하고 도읍을 허(許)로 옮겼다. 200년에는 관도대전에서 원소를 격파하고 중국 북부를 통일했다. 208년에 승상으로 임명되자 헌제를 꼭두각시로 삼아 점차 황제의 권한을 행사하기 시작했다. 적벽대전에서 손권과 유비에게 대패하며 중국 전역을 지배하려던 그의 노력은 수포가 되고 말았다. 220년에 조조가 죽자 아들인 조비는 헌제를 폐위하고 스스로 문제(文帝)로 즉위하며 위를 건국했다. 이로써 한나라는 멸망하고 위·촉·오로 분열되는 삼국시대의 막이 올랐다. 소설『삼국지연의』에서 조조는 간계에 능한 악당으로 묘사된다. 경극에서의 조조는 하얗게 화장을 하는데, 이는 그의 음험한 성격을 반영한다.

□ 156	portray [pɔːrtréɪ]	囲 표현하다, 묘사하다, 그리다 ⇒명 portrait 명 초상화
□ 157	shrewd [ʃrúːd]	형 현명한, 영리한, 빈틈없는
□ 158	malicious [məlíʃəs]	형 악의가 있는, 짓궂은, 음험한 ⇐명 malice 명 악의, 적의

+ Glossary

□ ℓ.1	lay the foundation for	···의 기반을 쌓다
□ ℓ.2	eunuch	환관
□ ℓ.4	distinguish *oneself*	두각을 드러내다
□ ℓ.5	break out	발발하다, 일어나다
□ ℓ.7	Battle of Guandu	관도대전
□ ℓ.8	chancellor	수상, 재상, 승상
□ ℓ.9	imperial prerogative	제권(황제의 권한)
□ ℓ.10	Battle of Red Cliffs	적벽대전
□ ℓ.11	fall through	실패로 끝나다
□ ℓ.15	villain	악당
□ ℓ.16	chinese opera	경극

18 Judaism

Judaism is a religion received by Moses at Mount Sinai and preserved by the Jews ever since. Judaism and Christianity were originally one and the same religion. By around 50 CE, the followers of Jesus had formed a group distinct from the Jewish leaders. After 70, Christians developed **contempt**
5   for the Jews. The Jews were **maligned** as Christ killers and accused of every **wickedness**. This caused profound **misery** until it **culminated** in the Holocaust in World War II. Food rules serve an important role in Judaism. Among the four-footed animals, only those having divided **hooves** and chewing their cud are permitted for eating. Permitted birds include geese,
10 peacocks and domestic **fowl**. All fish with **scales** and **fins** may be eaten. This excludes octopi, crabs and eels.

□ 159	contempt [kəntémpt]	몡 경멸, 멸시, 업신여김
□ 160	malign [məláɪn]	탄 헐뜯다, 중상하다
□ 161	**wicked** [wíkɪd]	혱 사악한, 나쁜, 부정한 ⇒몡 wickedness 몡 사악, 악의, 부정
□ 162	misery [mízəri]	몡 비참, 불행, 고난 ⇒몡 miserable 혱 불행한, 비참한
□ 163	culminate [kʌ́lmənèɪt]	재 결과적으로 ···(in)가 되다, ···라는 결과로 끝나다
□ 164	hoof [húf, húːf]	몡 발굽(hooves)
□ 165	fowl [fáʊl]	몡 닭, 가금, 조류의 고기

유대교

유대교는 모세가 시나이산에서 계시를 받은 이후로 유대인들이 보존해 온 종교이다. 유대교와 기독교는 본래 같은 종교였다. 서기 50년경, 예수의 신봉자들은 유대교의 지도자들과 개별적인 집단을 형성했다. 70년 이후, 기독교도는 유대인을 멸시하기 시작했다. 유대인은 그리스도를 죽인 자들로 매도당했고, 온갖 악행에 대해 비난을 받았다. 이는 수많은 불행을 초래했고, 끝내는 제2차 세계대전의 홀로코스트에까지 이르렀다. 유대교에서는 식품에 대한 규정이 중요하다. 네발짐승 중에서 먹어도 되는 것은 발굽이 갈라진 반추동물뿐이다. 조류 중에서 먹어도 되는 것은 거위, 공작, 닭 등이다. 비늘과 지느러미가 달린 물고기는 무엇이든 먹어도 되지만 문어, 게, 장어는 허용되지 않는다.

☐ 166	scale [skéɪl]	명 비늘
☐ 167	fin [fín]	명 지느러미

+ Glossary

☐ ℓ.2	Jew	유대인
☐ ℓ.2	Christianity	기독교
☐ ℓ.7	Holocaust	홀로코스트
☐ ℓ.8	four-footed	네 발 달린
☐ ℓ.9	chew the cud	반추하다

19 Jesus of Nazareth

1   Jesus of Nazareth refers to the real Jesus who lived in the 1st century, as opposed to the Jesus Christ of Christianity. His life has been **reconstructed** by critically analyzing the **Gospels**. Born sometime between 7 and 4 BCE, he grew up in Nazareth, Galilee. He led an ordinary life as a **carpenter**
5 until he joined John the **Baptist**. After receiving **baptism** from John, Jesus began his ministry. He sided with such people as the poor, the sick and the tax collectors, considered criminals in the Jewish society. After preaching for 2 or 3 years, Jesus went up to Jerusalem with his disciples in 30 CE. He visited the Temple and **cleansed** it by **expelling** the merchants,
10 accusing them of turning the Temple into a **den** of thieves, which added to the Jewish leaders' **animosity** toward him. After the Last Supper, Jesus willingly allowed himself to be arrested by the crowd guided by Judas in Gethsemane. After the trial, he was **crucified**. Later, Christianity began when people believed him to have risen from the dead.

☐ **168**	**reconstruct** [rèkənstrʌ́kt]	目 재건하다, 재구축하다, 복원하다 ≒ 🅡 rebuild ⇒⑪ reconstruction 명 재건, 재흥, 복원
☐ **169**	**gospel** [gɑ́ːspl]	명 <G->복음서, 복음
☐ **170**	**carpenter** [kɑ́ːrpəntər]	명 목수
☐ **171**	**baptism** [bǽptɪzm]	명 세례, 세례식, 첫 체험 ⇒⑪ Baptist 침례교인; <통례 b->세례를 베푸는 사람
☐ **172**	**cleanse** [klénz]	目 정화하다, 청결하게 하다, 소독하다
☐ **173**	**expel** [ɪkspél, eks-]	目 추방하다, 제명하다, 내쫓다

나자렛 예수

나자렛 예수란 기독교의 예수 그리스도가 아닌 1세기에 실존했던 실제 예수를 가리킨다. 그의 생애는 복음서의 비판적 분석에 근거해 재구성되었다. 예수는 기원전 7년 내지는 4년에 태어났으며 갈릴리 나자렛에서 자랐다. 목수로 평범한 삶을 보냈던 예수는 세례자 요한과 만나게 된다. 요한의 세례를 받고 예수는 선교를 시작했다. 가난한 자, 병자, 세금 징수인 등, 유대 사회에서 죄인으로 여겨지던 사람들의 편에 섰다. 2, 3년을 설교한 후 서기 30년, 예수는 제자들을 이끌고 예루살렘으로 올라갔다. 신전에 도착한 예수는 신전을 도둑의 소굴로 만들었다고 비난하며 상인들을 내쫓고 신전을 정화했고, 그로 인해 예수를 향한 유대교 지도자들의 적의는 깊어졌다. 최후의 만찬을 마치고 예수는 겟세마네에서 유다의 인도를 받은 군중에게 아무런 저항 없이 붙잡혔다. 재판 이후 예수는 십자가형에 처했다. 그 뒤로 사람들이 예수가 부활했다고 믿으면서 기독교가 시작되었다.

□ 174	den [dén]	몡 동굴, 굴, 소굴
□ 175	animosity [æ̀nəmáːsəti]	몡 적의, 증오, 반목
□ 176	crucify [krúːsəfai]	탄 십자가에 못 박다, 책형에 처하다, 십자가형에 처하다

+ Glossary

□ ℓ.1	refer to	나타내다
□ ℓ.1	as opposed to	…가 아니라
□ ℓ.4	grow up	성장하다
□ ℓ.6	side with	…의 편에 서다
□ ℓ.8	go up to	…(수도·주요 도시)로 가다

20 Christianity

1 Christianity is a religion based on the teachings of Jesus of Nazareth. After claiming Jesus's resurrection, the apostles went about teaching the Christian message. In 1054, the Roman Catholic Church and the Eastern Orthodox Church split into two branches. There are three orders of clergy:
5 bishop, priest and deacon. Catholic priests are not permitted to be married. Catholics may not marry again unless their original marriage is annulled by the church. The Orthodox priesthood has both married and monastic clergy. Monastic clergy usually live in monasteries. One of the unique features of the Orthodox Church is the importance of icons, or representations in paint
10 or enamel of Christ and the saints. During the 16th century, the Reformation led to the development of Protestantism. Compared with the unity that characterizes the Roman Catholic Church and the Eastern Orthodox Church, Protestantism has divided into hundreds of separate denominations. Protestants believe that God is present in their midst when they read the
15 Bible. The Anglican Church was established when King Henry VIII of England broke with the Roman Catholic Church in 1534.

☐ 177	resurrection [rèzərékʃən]	몡 되살아남, 부활, 재생
☐ 178	bishop [bíʃəp]	몡 (정교회·신교·성공회의)주교, (가톨릭의)사교
☐ 179	deacon [díːkən]	몡 (신교·성공회의)집사, (가톨릭의)조제, (정교회의)보제
☐ 180	annul [ənʌ́l]	囙 무효로 하다, 취소하다
☐ 181	monastery [máːnəstèri]	몡 수도원, 수(도)사 단체 ⇒혱 monastic 혱 수도사의
☐ 182	icon [áikɑːn]	몡 아이콘, 도상(圖像); 우상, 이콘

기독교

기독교는 나자렛 예수의 가르침을 따르는 종교이다. 예수가 부활한 이후, 사도들이 기독교의 가르침을 설파하기 시작했다. 1054년에 로마 가톨릭교회와 동방정교회는 두 종파로 나뉘었다. 성직에는 사교/주교, 사제/목사, 조제/보제의 세 위계가 있다. 가톨릭의 사제는 결혼할 수 없다. 가톨릭 신자들은 교회를 통해 본래의 결혼이 무효화 되지 않는 한 재혼할 수 없다. 정교회에서는 아내를 둔 성직자와 독신 수도사가 있다. 수도사는 보통 수도원에서 생활한다. 동방정교회의 특색은 그리스도나 성인을 물감이나 에나멜로 묘사한 이콘이 중시된다는 점이다. 신교는 16세기의 종교개혁을 통해 탄생했다. 로마 가톨릭교회와 동방정교회에는 통일성이 있는 반면에 신교는 수백 개의 서로 다른 종파로 나뉜다. 신교에서는 성서를 읽을 때면 하나님이 그들 가운데에 있다고 믿는다. 성공회는 1534년에 잉글랜드 왕 헨리 8세가 가톨릭교회와 절연하면서 성립했다.

☐ 183	**denomination** [dɪnὰːmənéɪʃən]	몡 종파, 교파	
☐ 184	**midst** [mídst, mítst]	몡 한가운데, 한복판, 중앙	

+ Glossary

☐ ℓ.2	apostle	사도
☐ ℓ.2	go about	…(doing)하기 시작하다
☐ ℓ.3	Catholic	구교(도)의, 구교도
☐ ℓ.3	Eastern Orthodox Church	동방정교회
☐ ℓ.4	clergy	성직자
☐ ℓ.7	priesthood	성직 사제직
☐ ℓ.10	Reformation	종교개혁
☐ ℓ.11	Protestantism	(개)신교
☐ ℓ.14	Protestant	신교도
☐ ℓ.15	Anglican Church	영국 국교회, 성공회

21 Julius Caesar

Julius Caesar was a **statesman** of the Roman Republic who played a
central role in the rise of the Roman Empire. Born into a noble family in
100 BCE, he became a consul in 59 BCE. Around that time, he formed a
triumvirate with the general Pompey the Great and the millionaire Marcus
5 Licinius Crassus. Then he invaded Gaul, today's France, and made it a
Roman province. Meanwhile, the triumvirate came to an end due to the
contention between Caesar and Pompey. In 49 BCE, when Caesar crossed
the Rubicon from Gaul and entered Italy, a civil war broke out between
Caesar and Pompey. Caesar defeated Pompey and became a life **dictator**.
10 But in 44 BCE, he was **stabbed** to death by senators afraid of his power. In
William Shakespeare's *Julius Caesar*, Caesar **exclaims** the famous phrase,
"*Et tu, Brute?* (And you, Brutus?)," on **spotting** his friend Brutus among
the assassins. Caesar's adopted son Octavius became the first emperor of
the Roman Empire. Caesar's **legacy** includes the Julian calendar, a solar
15 calendar which he introduced in place of the formerly used **lunar** calendar.

☐ **185**	**statesman** [stéɪtsmən]	명 정치가(statesmen)
☐ **186**	**contention** [kənténʃən]	명 말다툼, 논쟁, 주장
☐ **187**	**dictator** [díkteɪtər, -´-]	명 독재자, 전제군주, 독재관 ⇒웹 **dictatorship** 명 독재(☞96)
☐ **188**	**stab** [stǽb]	타 찌르다 cf. **stab to death** 찔러 죽이다
☐ **189**	**exclaim** [ɪkskléɪm, eks-]	자 외치다 ⇒웹 **exclamation** 명 외침, 외치는 소리
☐ **190**	**spot** [spάːt]	타 발견하다, 찾아내다, …에 반점을 찍다

율리우스 카이사르

율리우스 카이사르는 공화정 로마의 정치가로 로마 제국의 부흥에 중심적인 역할을 한 인물이다. 기원전 100년에 귀족 집안에서 태어난 카이사르는 기원전 59년에 집정관에 올랐다. 당시 그는 위대한 장군 폼페이우스, 대부호 마르쿠스 리키니우스 크라수스와 함께 삼두정치를 결성했다. 그리고 지금의 프랑스에 해당하는 갈리아를 침공해 로마의 속주로 삼았다. 그 무렵 카이사르와 폼페이우스의 대립으로 삼두정치는 막을 내렸다. 기원전 49년, 카이사르가 갈리아에서 루비콘강을 건너 이탈리아를 침공하며 카이사르와 폼페이우스 사이에서 내란이 발발했다. 카이사르는 폼페이우스를 격파하며 종신 독재관의 자리에 오른다. 하지만 기원전 44년, 카이사르의 권력을 두려워한 원로원 의원들의 칼에 찔려 살해당했다. 윌리엄 셰익스피어의 『줄리어스 시저』에서는 암살자 무리 중 친구인 브루투스를 발견한 카이사르가 "너도냐, 브루투스"라는 유명한 대사를 외치기도 한다. 카이사르의 양자 옥타비우스는 로마 제국 초대 황제가 되었다. 후세에 남은 카이사르의 유산으로는 기존의 태음력을 대신해 제정된 태양력 율리우스력이 있다.

☐ 191	legacy [légəsi]	몡	유산, 유물, (올림픽 시설의)재이용
☐ 192	lunar [lúːnər]	혱	달의, 태음력의 cf. **lunar calendar** 태음력

+ Glossary

☐ ℓ.1	**Roman Republic**	로마 공화정
☐ ℓ.3	**consul**	집정관
☐ ℓ.4	**triumvirate**	삼두정치
☐ ℓ.4	**general**	장군
☐ ℓ.6	**come to an end**	끝나다
☐ ℓ.8	**civil war**	내란, 내전
☐ ℓ.13	**assassin**	암살자
☐ ℓ.14	**solar calendar**	태양력

22 Cicero

Cicero was a Roman statesman and writer. He was born in 106 BCE in
Arpinum. After campaigning vigorously, he was elected quaestor in 75
BCE and joined the Senate. In 63 BCE, he was elected consul, a remarkable
accomplishment for a man without noble **pedigree**. In 60 BCE, he was
5 invited by Caesar to join his **alliance**, but declined the invitation to protect
the Republic. Caesar, Pompey and Crassus formed a triumvirate without
Cicero. In 58 BCE, Cicero was forced abroad by his enemies, but thanks
largely to lobbying by Pompey, he was allowed to return to Rome, warmly
welcomed with **applause**. He began to support the triumvirate, supposedly
10 to **repay** the obligation he owed them for approving his return, and was
accused of **inconsistencies**. After Caesar was killed, Antony and Octavius
vied for **supremacy**. Cicero supported Octavius in the hope that he would
side with the Senate. But in 43 BCE, Octavius and Antony as well as
Lepidus formed a second triumvirate, and **executed** Cicero and other
15 **republicans**. Cicero had his head **sawed** off and displayed in the Forum.

☐ 193	**accomplishment** [əkάːmplɪʃmənt]	몡 업적, 공적, 달성 ⇐타 **accomplish** 囝 해내다, 완수하다, 달성하다(☞61)
☐ 194	**pedigree** [pédɪgrìː]	몡 가계, 혈통, 경력
☐ 195	**alliance** [əláɪəns]	몡 동맹, 연합, 제휴 ⇐타 **ally** 囝 동맹하다, 연합하다
☐ 196	**applause** [əplɔ́ːz]	몡 박수, 환성, 칭송
☐ 197	**repay** [rɪpéɪ, rə-]	囝 변제하다, …에 보복하다, …에 은혜를 갚다
☐ 198	**inconsistency** [ìnkənsístənsi]	몡 불일치, 부조화, 모순 ⇐톙 **inconsistent** 톙 일치하지 않는, 모순되는
☐ 199	**supremacy** [su(ː)préməsi]	몡 우위, 지배권, 패권

키케로

키케로는 고대 로마의 정치가이자 저술가이다. 그는 기원전 106년에 아르피눔에서 태어났다. 기원전 75년, 활발한 선거 활동으로 재무관에 당선되며 원로원의 의원이 되었다. 기원전 63년에는 집정관으로 당선되었는데, 이는 귀족 혈통이 아닌 자로서는 괄목할 만한 성과였다. 기원전 60년, 카이사르로부터 동맹을 제안받았지만 공화정을 수호하기 위해 제안을 거절했다. 카이사르, 폼페이우스, 크라수스는 키케로를 제외하고 삼두정치를 결성했다. 기원전 58년, 키케로는 정적에 의해 국외로 추방당했지만 폼페이우스의 로비 덕분에 열렬한 박수와 함께 로마로 돌아올 수 있었다. 키케로는 복귀를 인정해 준 빚에 보답하기 위해서인지 삼두정치를 지지하기 시작했고, 그의 일관성 없는 모습은 비판을 받았다. 카이사르가 암살된 후에는 안토니우스와 옥타비우스가 패권을 두고 다툼을 벌였다. 키케로는 원로원에 협조할 것을 기대하며 옥타비우스를 지지했다. 하지만 기원전 43년, 옥타비우스와 안토니우스는 레피두스와 함께 제2차 삼두정치를 결성하고 키케로를 비롯한 공화정 옹호파를 처형했다. 키케로는 목이 잘려 광장에 전시되었다.

□ 200	execute [éksəkjùːt]	태 사형에 처하다, 처형하다, 실행하다 ⇒명 execution 명 처형, 사형 집행, 실행(☞148)
□ 201	republican [rɪpʌ́blɪkən]	명 공화정 옹호파; <R->공화당원 형 공화정의; <R->공화당의
□ 202	saw [sɔ́ː]	태 (톱 형태의 것)으로 잘리다 명 톱

+ Glossary

□ ℓ.2	quaestor	재무관
□ ℓ.3	Senate	원로원
□ ℓ.6	Republic	공화정
□ ℓ.8	lobbying	로비 활동
□ ℓ.12	vie for	…를 둘러싸고 다투다, 경합하다
□ ℓ.12	in the hope that	…할 것을 기대해서
□ ℓ.15	Forum	(고대 로마의) 광장

23 Cleopatra VII

Cleopatra VII was the last queen of the Ptolemaic dynasty of Egypt, founded by Ptolemy I Soter, a **companion** of Alexander the Great. Born in 69 BCE, she took up the throne as a joint ruler with her brother Ptolemy XIII, but soon was forced to flee the throne by Ptolemy's **faction**. When Julius Caesar arrived in Egypt, she **fascinated** him and became his lover. Ptolemy was **outraged**, but when Caesar's **reinforcements** came, he fled and died. Cleopatra was restored to the throne as a co-ruler with another of her brothers, Ptolemy XIV. She gave birth to Caesarion, Caesar's supposed son, but after Caesar was killed, she **seduced** and married Caesar's general Mark Antony. In 31 BCE, Antony and Cleopatra fought against Caesar's heir Octavius, only to suffer a **resounding** defeat. When she learned of Octavius's plan to take her to his victory **procession** in Rome, Cleopatra killed herself by allowing a **venomous** snake to bite her. After her death, Egypt fell under Roman **domination**, thus ending the Ptolemaic dynasty.

☐ **203**	companion [kəmpǽnjən]	몡 친구, 동료, 동반자
☐ **204**	faction [fǽkʃən]	몡 파벌, 당파, 소수파
☐ **205**	fascinate [fǽsənèɪt]	타 …의 마음을 사로잡다, 매료하다, 포로로 만들다 ⇒ 톙 fascinated 톙 …(by, with)에 매료된
☐ **206**	outrage [áʊtreɪdʒ]	타 격분시키다 몡 격노, 폭력 ⇐ 몡 rage 몡 격노, 분노, 화(☞55)
☐ **207**	reinforcement [rìːɪnfɔ́ːrsmənt]	몡 <-s>원군, 증원부대; 보강 ⇐ 톙 reinforce 타 힘을 북돋우다, 강화하다, 보강하다(☞124)
☐ **208**	seduce [sɪd(j)úːs]	타 유혹하다, 부추기다, 매혹하다

클레오파트라 7세

클레오파트라 7세는 알렉산드로스 대왕의 동료인 프톨레마이오스 1세 소테르가 창건한 프톨레마이오스 왕조 이집트의 마지막 여왕이다. 기원전 69년에 태어난 클레오파트라는 남동생 프톨레마이오스 13세의 공동 통치자로 왕위에 앉지만 동생 일파에 의해 왕위에서 밀려났다. 율리우스 카이사르가 이집트에 다다르자 클레오파트라는 카이사르를 유혹해 그의 애인이 되었다. 프톨레마이오스는 격노했지만 카이사르의 원군이 도착하자 도주했고, 사망했다. 클레오파트라는 또 다른 동생인 프톨레마이오스 14세의 공동 통치자로 복위했다. 클레오파트라는 카이사르의 아들로 여겨지는 카이사리온을 낳았지만 카이사르가 살해당하자 카이사르 휘하의 장군 마르쿠스 안토니우스를 유혹해 결혼했다. 기원전 31년, 안토니우스와 클레오파트라는 카이사르의 후계자 옥타비우스와 싸웠지만 크게 패하고 말았다. 옥타비우스가 자신을 로마의 개선식에 연행하려고 한다는 계획을 알게 되자 클레오파트라는 스스로 독사에게 물려 죽었다. 클레오파트라가 죽은 후, 이집트는 로마의 지배하에 들어가며 프톨레마이오스 왕조는 멸망했다.

☐ 209	**resound** [rɪzáund, rə-]	困 반향하다, 울려 퍼지다 ⇒뺑 **resounding** 휑 완전한, 결정적인, 울려 퍼지는
☐ 210	**procession** [prəséʃən]	몡 행렬, 행진, 연속되는 것 cf. **victory procession** 개선식
☐ 211	**venomous** [vénəməs]	휑 독을 분비하는, 유독한, 악의로 가득한
☐ 212	**domination** [dὰ:mənéɪʃən]	몡 지배, 통치, 우위 ⇐뺑 **dominate** 卧 지배하다

+ Glossary

☐ ℓ.3	take up the throne	즉위하다
☐ ℓ.7	co-ruler	공동 통치자
☐ ℓ.8	give birth to	…를 낳다
☐ ℓ.11	only to	결국 …하게 되다
☐ ℓ.11	learn of	…에 대해 알다

24 Augustus

1   Augustus was the first Roman emperor. Born Gaius Octavius in 63 BCE
     into a **respectable** family of considerable means, he was adopted by his
     great-uncle Julius Caesar in 44 BCE. In 43 BCE, he established the second
     triumvirate with Antony and Lepidus, Caesar's generals. In 36 BCE, he
5   defeated Lepidus. In 31 BCE, he defeated Antony and Cleopatra in the
     Battle of Actium. In 27 BCE, he was granted the title Augustus, meaning
     Venerable One. Governing fairly and efficiently, Augustus laid the
     foundations of his empire. Under his rule, Rome gained more territory than
     in any previous period in history. He extended Roman **citizenship** to many
10   **provincials** throughout the empire. **Phenomenally** wealthy, he invested
     heavily in new public **landmarks** in Rome from his own pocket. In 14 CE,
     he died after eating figs which, as rumors had it, his wife Livia had coated
     with a **poisonous ointment**. He was succeeded by Tiberius, Livia's son by
     her former husband. Augustus's work endured, with modification, for many
15   generations.

□ 213	respectable [rɪspéktəbl]	웹 꽤 괜찮은, 훌륭한, 상당한 ←田 respect 태 존경하다, 존중하다
□ 214	venerable [vénərəbl]	웹 존경할 만한, 존엄한, 훌륭한
□ 215	citizenship [sítəznʃip]	쩽 시민권, 공민권
□ 216	provincial [prəvínʃəl, prou-]	쩽 촌뜨기, 지방 출신자, 속주민 웹 주(州)의, 시골의, 지방의
□ 217	phenomenal [finá:mənl]	웹 대단한, 놀라운, 경이로운 ⇒田 phenomenally 뷘 놀라울 정도로, 경이적으로, 경탄스럽도록
□ 218	landmark [lǽndmὰːrk]	쩽 표식이 될 건조물, 획기적인 사건

아우구스투스

아우구스투스는 로마의 초대 황제이다. 기원전 63년에 상당한 자산을 보유한 명문가에서 태어난 가이우스 옥타비우스는 기원전 44년에 종조부 율리우스 카이사르의 양자가 되었다. 그는 기원전 43년, 카이사르 휘하의 장군인 안토니우스와 레피두스와 함께 제2차 삼두정치를 결성했다. 기원전 36년에는 레피두스를 물리쳤다. 기원전 31년에는 악티움 해전에서 안토니우스와 클레오파트라를 격파했다. 기원전 27년, 옥타비우스는 '존엄한 자'를 의미하는 아우구스투스라는 칭호를 받았다. 아우구스투스는 공평하고도 효율적인 통치로 제국의 기반을 다져나갔다. 아우구스투스의 통치하에서 로마는 어느 때보다 광대한 영토를 손에 넣었다. 아우구스투스는 제국 전역의 많은 속주 국민에게까지 로마 시민권을 확대했다. 막대한 부를 보유한 아우구스투스는 로마의 새로운 공공 건축물을 짓는 데 자비로 거액을 투자했다. 그는 기원후 14년에 무화과를 먹고 사망했는데, 아내 리비아가 독을 발랐기 때문이라는 설도 있다. 이후로 리비아가 전남편과의 사이에서 낳은 아들 티베리우스가 뒤를 이었다. 아우구스투스의 과업은 수정을 거치면서도 여러 세대에 걸쳐 지속되었다.

☐ 219	poisonous [pɔ́ɪznəs]	휑 유해한, 유독한, 독을 가진 ⇐떼 poison 뗑 독, 독약	
☐ 220	ointment [ɔ́ɪntmənt]	뗑 연고, 크림	
☐ 221	modification [màːdəfɪkéɪʃən]	뗑 수정, 변경, 변화 ⇐떼 modify 터 수정하다, 변경하다, 변화하다	

+ Glossary

☐ ℓ.2	of considerable means	상당한 자산을 가진
☐ ℓ.3	great-uncle	종조부
☐ ℓ.7	lay the foundations of	…의 기반을 쌓다
☐ ℓ.12	fig	무화과
☐ ℓ.12	as rumors have it	소문에 따르면
☐ ℓ.14	fomer husband	전남편

25 Hadrian

Hadrian was a Roman emperor, the 3rd of the Five Good Emperors. He was
born in 76. When his father died of an epidemic in 85, he was entrusted
to the care of his father's cousin Trajan, who became emperor in 99. Upon
the death of Emperor Trajan in 117, Hadrian became emperor. He took to
the road for long years in the provinces. In Germania, he built an unbroken
wall consisting of oak posts. In Britannia, he constructed Hadrian's wall.
These walls were a visible confirmation of his policy of non-expansion.
Hadrian had a contradictory personality. While he was generous and
sociable, he also changed his intimate relationships easily. He had his secret
police pry into people's private lives. His last years were marred by illness,
and he died at the seaside resort of Baiae in 138. He secured his line of
succession by adopting his wife's niece's husband Antoninus Pius, whom he
required to adopt his wife's great-nephew Marcus Aurelius Antoninus. The
death of Marcus Aurelius Antoninus marked the end of the Pax Romana.

☐ 222	epidemic [èpədémɪk]	명 전염병의 발생, 유행	
☐ 223	entrust [ɪntrʌ́st, en-]	타 맡기다, 위탁하다	
☐ 224	unbroken [ʌnbróukən]	형 끊어지지 않는, 연속된 ⇔명 broken 형 중단된, 단속적인	
☐ 225	oak [óuk]	명 참나무, 참나무 목재, 참나무로 만든 제품	
☐ 226	confirmation [kà:nfərméɪʃən]	명 확인, 확증, 비준 ⇐명 confirm 타 확증하다, 확인하다, 실증하다	
☐ 227	contradictory [kà:ntrədíktəri]	형 모순된, 상반된, 반대의 ⇐명 contradict 타 부정하다, 반론하다, …와 모순되다	
☐ 228	sociable [sóuʃəbl]	형 사교적인, 붙임성이 있는, 사람들과 어울리기 좋아하는 ⇐명 social 형 사회의, 사교의	

하드리아누스

하드리아누스는 로마의 황제로 오현제 중 세 번째이다. 그는 76년에 태어났다. 85년에 아버지가 전염병으로 타계하자 아버지의 사촌인 트라야누스가 그를 맡아 보살폈는데, 트라야누스는 99년에 황제가 되었다. 117년에 트라야누스가 죽자 하드리아누스가 제위에 올랐다. 하드리아누스는 수년에 걸쳐 속주를 시찰했다. 게르마니아에서는 참나무 기둥으로 견고한 벽을 세웠다. 브리타니아에는 하드리아누스 장벽을 건설했다. 이 벽들은 영토를 확장하지 않겠다는 하드리아누스의 정책을 가시적으로 확증하는 것이었다. 하드리아누스는 모순적인 성격이었다. 친절하고 사교적이었던 반면, 친밀한 관계를 쉽게 바꾸기도 했다. 비밀경찰을 이용해 사람들의 사생활을 엿보는 일도 있었다. 만년에는 병을 앓다 138년에 해변의 휴양지인 바이아에서 사망했다. 그는 처조카의 남편인 안토니누스 피우스를 양자로 삼았고, 안토니누스 피우스가 자기 아내의 종손인 마르쿠스 아우렐리우스 안토니누스를 양자로 삼으면서 후계 계보를 확보했지만 마르쿠스 아우렐리우스 안토니누스의 죽음과 함께 팍스 로마나는 끝을 맞이했다

| □ | 229 | **pry**
[práɪ] | 잰 ···(into)를 엿보다, 꼬치꼬치 캐묻다,
···(into)에 고개를 들이밀다 |
| □ | 230 | **mar**
[máːr] | 타 손상시키다, 망치다, 훼손하다 |

+ Glossary

□	ℓ.1	**Five Good Emperors**	오현제(네르바, 트라야누스, 하드리아누스, 안토니누스 피우스, 마르쿠스 아우렐리우스 안토니누스)
□	ℓ.2	**die of**	···로 죽다
□	ℓ.4	**take to the road**	길을 나서다
□	ℓ.13	**great-nephew**	조카의 아들, 종손
□	ℓ.14	**mark the end of**	···의 끝을 고하다
□	ℓ.14	**Pax Romana**	팍스 로마나('로마의 평화.' 아우구스투스로부터 오현제 시대까지의 200년을 가리킨다)

26 Julian

1   Julian was a Roman emperor, famous as a heathen emperor. He was born around 331 as the nephew of Constantine the Great, who approved Christianity. Julian's close relatives were massacred and Julian was exiled by his cousin Constantius II, who succeeded Constantine. While
5   in exile, Julian became acquainted with Greek classics and Neo-Platonic philosophy. He converted to traditional Greek religion in 351, but he concealed his religion. When he became emperor in 361, he stripped away the pretense of being a Christian. He then proclaimed the reopening of the traditional religious temples and universal religious tolerance, and
10   persecuted Christianity. But his rule was short-lived. In 363, in a war with Sassanian Persia, he was pierced to death by a spear. With his death, the transformation he had set in motion abruptly stopped. Christianity would gain a final victory when Theodosius the Great decreed Christianity as the state religion of the Roman Empire in 392.

□ **231**	**massacre** [mǽsəkər, mǽsi-]	卧 대학살하다, 대량 학살하다, …에 압승하다 명 대학살
□ **232**	**exile** [égzaɪl, éksaɪl]	卧 추방하다, 쫓아내다　명 국외추방, 망명 cf. **in exile** 추방당해, 추방 중에
□ **233**	**acquaint** [əkwéint]	卧 알리다, 가르치다, 숙지시키다 ⇒형 acquainted 형 …(with)를 알고 있는, 이해하고 있는, 면식이 있는
□ **234**	**strip** [stríp]	卧 알몸으로 만들다, 벗기다, 제거하다
□ **235**	**tolerance** [tá:lərəns]	명 관용, 관대함, 자제 ⇐동 tolerate 卧 허용하다, 너그럽게 보아주다, 묵인하다 (☞96)
□ **236**	**persecute** [pə́:rsəkjù:t]	卧 박해하다, 학대하다, 추근추근 졸라대다 ⇒명 persecution 명 박해, 탄압

율리아누스

율리아누스는 이교도 황제로 유명한 로마의 황제이다. 그는 기독교를 공인한 콘스탄티누스 대제의 조카로 331년경에 태어났다. 대제의 뒤를 이은 사촌 형 콘스탄티우스 2세의 손에 그와 가까운 친척이 숙청당했고 자신은 국외로 추방당했다. 망명 생활 동안 그는 그리스의 고전과 신 플라톤 철학을 익히게 되었다. 351년에 그리스의 전통 종교로 개종했지만 그는 자신의 종교를 숨겼다. 361년에 황제로 즉위한 율리아누스는 기독교도인 척하던 가면을 벗어던졌다. 전통적인 종교 사원을 다시 열었고, 보편적인 종교적 관용을 선포하며 기독교를 박해했다. 하지만 그의 치세는 짧았다. 363년, 율리아누스는 사산 왕조 페르시아와의 전쟁에서 창에 찔려 죽었다. 그리고 그의 죽음과 함께 개혁도 갑자기 중단되었다. 392년에 테오도시우스 대제가 기독교를 로마 제국의 국교로 삼으면서 기독교는 최종적으로 승리를 거머쥐게 된다.

☐ 237	pierce [píərs]	匭 찌르다, 관통하다, …에 구멍을 내다 cf. **pierce to death** 찔러 죽이다
☐ 238	spear [spíər]	匽 창, 작살
☐ 239	abruptly [əbrʌ́ptli]	匐 급히, 갑자기, 퉁명스럽게 ←匭 abrupt 匽 급한, 갑작스러운, 퉁명스러운
☐ 240	decree [dıkríː]	匭 명령하다, 포고하다, 선언하다 匽 명령, 포고, 판결

+ Glossary

☐ ℓ.1	heathen	이교도의
☐ ℓ.5	Neo-Platonic philosophy	신 플라톤 철학
☐ ℓ.8	pretense	겉치레, 가면
☐ ℓ.10	short-lived	단명의
☐ ℓ.11	Sassanian Persia	사산 왕조 페르시아
☐ ℓ.12	set in motion	시작하다
☐ ℓ.14	state religion	국교

27 Islam

Islam is a religion founded by the **prophet** Muhammad. The Qur'an, the scripture of Islam, **testifies** of itself that it was revealed to Muhammad by the one God, Allah. "Islam" means "**submission** to the will of Allah." Islam followers, or Muslims, worship Allah by praying and **reciting** the Qur'an.
5 Every Muslim is required to fast during the daylight hours in Ramadan, the 9th lunar month. And every Muslim is required to make the **pilgrimage** to Mecca at least once in his or her lifetime. The annual pilgrimage takes place during the 12th lunar month, reaching its climax with the **Feast** of Sacrifice, a festival honored throughout the Muslim world with the **slaughter** of
10 a specially fattened sheep, cow or camel. "Jihad" means "**exertion**" or "struggle," and its use in the traditional Islamic **discourse** is far from being **confined** to military matters. The usual translation "holy war" is misleading.

☐ **241**	**prophet** [prá:fət]	명 예언자 ←타 **prophecy** 명 예언(☞111) ←타 **prophesy** 타 예언하다
☐ **242**	**testify** [téstəfàɪ]	타 증언하다, 증명하다
☐ **243**	**submission** [səbmíʃən]	명 복종, 투항, 제출 ←타 **submit** 타 제출하다 자 복종하다
☐ **244**	**recite** [rɪsáɪt]	타 암송하다, 낭송하다, 열거하다 ⇒타 **recitation** 명 암송, 낭독
☐ **245**	**pilgrimage** [pílgrəmɪdʒ]	명 성지순례 ←타 **pilgrim** 명 순례자(☞42)
☐ **246**	**feast** [fíːst]	명 축연, 잔치, 축제
☐ **247**	**slaughter** [slɔ́ːtər]	명 죽이는 것, 도살, 학살 타 학살하다, 도살하다, 죽이다

이슬람교

이슬람교는 예언자 무함마드가 창시한 종교이다. 이슬람교의 성전 쿠란은 유일신 알라가 무함마드에게 전한 계시의 말이다. '이슬람'이란 '알라의 뜻에 대한 복종'을 의미한다. 이슬람교도, 즉 무슬림은 기도와 쿠란 암송을 통해 알라를 숭배한다. 이슬람교도는 모두 음력 9월에 해당하는 라마단에 낮 동안 단식을 해야 한다. 또한 모든 이슬람교도는 평생에 최소한 한 번은 메카를 순례해야 한다. 해마다 음력 12월에 실시하는 이 순례는 특별히 살찌운 양, 소, 낙타를 도축해 무슬림 세계 전체가 기념하는 축제인 희생절에 최고조에 달한다. 지하드란 '노력'이나 '투쟁'을 의미하는데, 전통적인 이슬람교의 담론에서는 군사적인 의미만으로 사용되지는 않는다. 흔히 '성전'이라고 번역되지만 이는 오해의 소지가 있다.

☐ 248	**exertion** [ɪgzɔ́ːrʃən, egz-, -ʒən]	몡 노력, 진력, 발휘
☐ 249	**discourse** [dískɔːrs, -́]	몡 강의, 담화, 담론
☐ 250	**confine** [kənfáɪn]	탄 제한하다, 한정하다, 감금하다 ⇒떼 confined 혱 …(to)에 한정되다

+ Glossary

☐ ℓ.1	Qur'an(=Koran)	쿠란, 코란(이슬람교의 성전)
☐ ℓ.5	fast	단식하다
☐ ℓ.7	Mecca	메카(이슬람교의 성지)
☐ ℓ.11	far from	결코 …가 아닌

28 Muhammad

1   Muhammad was the founder of Islam. He was born in 570 to the Hashim
clan of the Quraysh tribe, which ruled Mecca. After being orphaned at
age 6, he was raised by his uncle. When he was 25, he married Khadijah,
a successful businesswoman. Around age 35, he began to have doubts
5   about the world. He secluded himself in a cave and gave himself over
to contemplation. Isramic tradition holds that, in 610, the angel Gabriel
appeared to him while he was dozing in the cave, and told him to recite
verses. When he returned home trembling with fear, Khadijah and her
cousin reassured him that was a revelation. After that, Muhammad began
10   to receive revelations periodically. His close friends and family recognized
him as a prophet and became his believers. But many of the Quraysh tribe
clung to the old religion and persecuted him and his followers. In 622,
Muhammad took flight to Medina. After many jihads, he returned to Mecca
in 630. Then he united the tribes of Arabia. After he passed away in 632, his
15   calm and collected companion Abu Bakr was declared the first caliph.

☐ **251**	**orphan** [ɔ́:rfn]	태 고아로 만들다 명 고아, 부모 중 한쪽이 없는 아이
☐ **252**	**seclude** [sɪklúːd]	태 틀어박히게 하다, 격리하다 cf. **seclude** *oneself* 틀어박히다, 은둔하다 ⇒파 **seclusion** 명 격리, 유폐, 은둔(☞98)
☐ **253**	**contemplation** [kὰːntəmpléɪʃən]	명 심사숙고, 명상 ⇐파 **contemplate** 태 심사숙고하다, 응시하다, 정관하다
☐ **254**	**doze** [dóʊz]	재 꾸벅꾸벅 졸다, 선잠을 자다
☐ **255**	**tremble** [trémbl]	재 떨다, 떨리다, 몸서리치다
☐ **256**	**reassure** [rìəʃúər]	태 안심시키다, 자신감을 회복시키다 ⇒파 **reassurance** 명 안심, 격려

무함마드

무함마드는 이슬람교의 창시자이다. 그는 570년에 메카를 다스리는 쿠라이시족의 핵심 가문에서 태어났다. 6세 때 고아가 된 이후에는 백부의 손에 자랐다. 그는 25세 때 성공한 사업가인 하디자와 결혼했다. 35세 무렵부터는 세상에 대한 의구심을 가지기 시작했다. 무함마드는 동굴에 틀어박혀 묵상에 잠겼다. 이슬람교의 전승에 따르면 610년에 동굴에서 꾸벅꾸벅 졸던 그의 곁에 천사 가브리엘이 나타나 신의 말 한 구절을 낭송하게 했다고 한다. 두려움에 떨며 집으로 돌아오니 하디자와 그녀의 사촌이 그것은 계시라며 무함마드를 안심시켰다. 이후로 무함마드는 주기적으로 계시를 받기 시작했다. 가까운 친구나 가족은 그를 예언자로 인정하고 무함마드의 신자가 되었다. 하지만 많은 쿠라이시족은 기존의 종교를 고집했고, 무함마드와 그의 신자들을 핍박했다. 무함마드는 622년에 메디나로 성천(聖遷, 헤지라)했다. 그는 여러 지하드를 거친 후 630년에 메카로 귀환했다. 그리고 아라비아의 여러 부족을 통합했다. 632년에 무함마드가 세상을 뜨자 냉정하고 침착했던 무함마드의 친구 아부 바크르가 초대 칼리프가 되었다.

☐ 257	revelation [rèvəléiʃən]	명 새로운 발견, 계시 ⇐유 reveal 타 드러내다, 폭로하다, 밝히다
☐ 258	cling [klíŋ]	자 …(to)에 매달리다, 착 달라붙다, 집착하다(clung, clung)
☐ 259	collected [kəléktɪd]	형 침착한, 냉정한 cf. calm and collected 냉정하고 침착한

+ Glossary

☐ ℓ.2	clan	씨족, 일족
☐ ℓ.5	give oneself over to	…에 몰두하다, 잠기다
☐ ℓ.13	take flight	도주하다, 탈출하다
☐ ℓ.13	jihad	성전, 지하드
☐ ℓ.14	pass away	죽다
☐ ℓ.15	caliph	칼리프(이슬람 세계의 지도자)

29 Ali

1 Ali was the 4th caliph. Born around 600 to the Hashim clan, he was the first to accept Islam after Khadijah. As Muhammad's **trustworthy** secretary, he helped the believers with their **chores**. He won fame as a **gallant** warrior, and helped to establish the Islamic order. After the 3rd caliph Uthman was

5 killed in 656, Ali was appointed caliph, although at first he refused, saying that he would rather be a **counselor**. The first four caliphs from Abu Bakr to Ali are called the rightly guided caliphs. Ali was opposed by Muawiyah, Uthman's cousin's son, and a civil war broke out. It ended in 661 when they agreed to **arbitration**. Ali was assassinated while praying in a **mosque**.

10 Muawiyah became caliph and founded the Umayyad Caliphate. Ali's supporters objected to this, and became Shia. The Shias do not recognize the first three caliphs or the Umayyad caliphs, none of whom belonged to the Hashim clan, whereas the Sunnis do recognize them. As the only caliph recognized by both the Sunnis and Shias, Ali has been respected for his

15 **unswerving devotion** to Muhammad.

□ 260	trustworthy [trʌ́stwə̀ːrði]	형 신용할 수 있는, 신뢰할 만한, 믿음직한
□ 261	chore [tʃɔ́ːr]	명 허드렛일, 일상의 잡일, 일과
□ 262	gallant [gǽlənt]	형 용감한, 용맹한, 씩씩한
□ 263	counselor [káunslər]	명 카운슬러, 조언자, 상담자
□ 264	arbitration [àːrbətréɪʃən]	명 중재, 조정 ←동 arbitrate 타 중재하다, 조정하다
□ 265	mosque [máːsk]	명 모스크, 이슬람교 사원

알리

알리는 제4대 칼리프다. 600년경에 하심 가문에서 태어난 알리는 하디자에 이어 이슬람교에 입신했다. 그는 무함마드의 신망이 두터운 비서관을 맡아 신자들의 일상 업무를 도왔다. 그는 용맹한 전사로 명성을 쌓았으며 이슬람의 질서 확립에 공헌했다. 656년에 제3대 칼리프인 우스만이 살해당하자 조언자로 남겠다고 처음부터 고사했음에도 알리가 칼리프로 임명되었다. 아부 바크르에서 알리까지 최초의 4대 칼리프를 정통 칼리프라고 부른다. 우스만의 사촌 형의 아들 무아위야가 알리에게 반기를 들어 내전이 발발했다. 661년에 양측이 중재에 응하며 내전은 막을 내렸다. 알리는 모스크에서 기도 중 암살당했다. 무아위야는 칼리프로 취임했고, 우마이야 왕조를 세웠다. 알리의 지지자들은 여기에 반발해 시아파를 이루었다. 시아파는 하심 가문 출신이 아닌 최초의 세 칼리프와 우마이야 왕조의 칼리프를 인정하지 않지만, 수니파는 이들을 인정한다. 수니파와 시아파가 모두 인정하는 유일한 칼리프인 알리는 무함마드에 대한 변함없는 헌신으로 존경을 받아왔다.

□ 266	**swerve** [swə́:rv]	재 급히 운전대를 꺾다, 갑자기 빗나가다 ⇒파 unswerving 형 흔들림 없는, 변함없는, 부동의
□ 267	**devotion** [dɪvóuʃən]	명 깊은 애정, 헌신, 신심 ⇐파 devote 타 바치다, 충당하다

+ Glossary

□ ℓ.3	win fame	명성을 높이다
□ ℓ.6	would rather	…하는 편이 낫다
□ ℓ.10	caliphate	칼리프의 통치
□ ℓ.11	Shia	시아파
□ ℓ.13	Sunni	수니파

30 Al-Mansur

1　Al-Mansur was the 2nd caliph and the **virtual** founder of the Abbasid Caliphate. He was born around 713 in Jordan after his family's **emigration** from Medina. He was a great-great-grandson of Abbas, the prophet Muhammad's uncle. In 749, his half brother As-Saffah declared himself

5　caliph and founded the Abbasid Caliphate in Kufa in what is today Iraq. As-Saffah died in 754 before **consolidating** the foundation of his caliphate, after which Al-Mansur inherited it. In order to **stabilize** the **bureaucracy**, Al-Mansur established the capital city of Baghdad in 762. He made efforts to elevate **competent** non-Arab Muslims to high positions. His succeeding

10　Abbasid caliphs inherited the principle of treating Muslims equally regardless of race, which encouraged a speedy shift towards Islam in West Asia. Al-Mansur died in 755 when he **tumbled** off a horse and broke his **spine** on his pilgrimage to Mecca. All his succeeding Abbasid caliphs were his direct **descendants**, until Baghdad fell to the Mongols in 1258.

☐ 268	**virtual** [və:rtʃuəl]	형 사실상의, 가상의, 네트워크상의 ⇒団 virtually 圓 사실상, 거의, 대부분
☐ 269	**emigration** [èmɪɡréɪʃən]	명 타국으로의 이주, 이민 ⇐団 emigrate 자 (타국으로)이주하다, 타관에 벌이하러 가다(☞103) ⇔団 immigration 명 입국, 입식, 이주(☞93)
☐ 270	**consolidate** [kənsá:lədèɪt]	타 굳건하게 하다, 공고히 하다, 통합하다
☐ 271	**stabilize** [stéɪbəlàɪz]	타 안정화시키다
☐ 272	**bureaucracy** [bjuərá:krəsi]	명 관료제, 관료주의, 관료적인 번잡한 절차 ⇐団 bureaucrat 명 관료, 관리 ⇒団 bureaucratic 형 관료의, 관료주의적인(☞61)
☐ 273	**competent** [ká:mpətnt]	형 능력이 있는, 유능한, 뛰어난 ⇔団 incompetent 형 능력이 없는, 무능한(☞36)

만수르

알 만수르는 아바스 왕조의 제2대 칼리프이자 사실상의 창건자이다. 만수르는 일가가 메디나에서 이주한 요르단에서 713년경에 태어났다. 그는 예언자 무함마드의 숙부 아바스의 고손이다. 749년, 배다른 동생인 사파흐가 지금의 이라크인 쿠파에서 칼리프로 즉위해 아바스 왕조를 세웠다. 754년, 왕조의 기반을 채 다지기도 전에 사파흐가 죽자 만수르가 칼리프 자리를 계승했다. 762년, 만수르는 관료 기구를 안정시키고자 수도 바그다드를 세웠다. 그는 유능한 비아랍인 무슬림을 고위직에 임용하는 데 노력을 기울였다. 이후의 아바스 왕조의 칼리프들도 무슬림이라면 인종을 불문하고 평등하게 대우한다는 원칙을 계승했기 때문에 서아시아에서는 이슬람화가 급속도로 진행되었다. 775년, 메카 순례 도중에 낙마한 만수르는 척추가 부러져 목숨을 잃었다. 1258년에 바그다드가 몽골군 앞에 함락되기까지 뒤를 이은 아바스 왕조의 칼리프는 모두 만수르의 직계 자손이었다.

☐ 274	tumble [tʌ́mbl]	짜 …(off)에서 전락하다, 굴러떨어지다, 폭락하다	
☐ 275	spine [spáɪn]	명 등뼈, 척추	
☐ 276	descendant [dɪséndənt]	명 자손, 후예 ⇐ 🔲descend 타 내려오다, 전해지다, 계통을 잇다	

+ Glossary

☐ ℓ.3	great-great-grandson	고손자(손자의 손자)
☐ ℓ.4	half-brother	이복(이부)형제
☐ ℓ.7	in other to	…하기 위해
☐ ℓ.8	make efforts to	…하도록 노력하다
☐ ℓ.9	succeeding	다음의, 후계의
☐ ℓ.11	regardless of	…를 불문하고
☐ ℓ.14	fall to	…의 공격에 함락되다

31 Emperor Taizong of Tang

1   Emperor Taizong of Tang was the 2nd emperor of the Tang dynasty of
    China. Li Shimin was born the son of Li Yuan in 598. In 617, as one
    rebellion broke out after another against Emperor Yang's **tyrannical** rule,
    Yuan **rebelled** against the **doomed** Sui dynasty. In 618, Yuan founded
5   the Tang dynasty as Emperor Gaozu. After he made his firstborn son
    Li Jiancheng crown prince, **discord** appeared between Shimin, whom
    many considered suited to be crown prince, and Jiancheng, who was
    overshadowed by Shimin. Fearful of being killed, Shimin staged the
    Xuanwu Gate Incident to kill Jiancheng in 626. He then deposed Gaozu to
10 be crowned as Emperor Taizong. **Responsive** to **blunt** criticism from his
    ministers, Taizong is considered one of the greatest emperors in Chinese
    history. The **tranquil** era under his reign is called the Reign of Zhenguan.
    The Essentials of Governance, a collection of his dialogues, is a popular
    read in Korea. After Taizong died in 649, his son Li Zhi succeeded the
15 throne as Emperor Gaozong. Too **feeble** to be **attentive** to the business of
    the state, Gaozong was controlled by his Empress Wu Zetian, who would
    interrupt the Tang dynasty by creating her own Zhou dynasty.

□ 277	tyrannical [tɪrǽnɪkl, taɪ-]	톙 폭군의, 전제적인, 포학한 ←똉 **tyranny** 몡 압정, 포학, 전제정치	
□ 278	rebel 짜[rɪbél] 몡[rébl]	짜 …(against)에 모반을 일으키다, 반대하다, 반항하다 몡 반란자, 반역자	
□ 279	doom [dúːm]	태 운명 짓다 몡 파멸, 운명 ⇒똉 **doomed** 톙 운이 다한, 절망적인	
□ 280	discord [dískɔːrd]	몡 불화, 알력, 불일치	
□ 281	overshadow [òuvərʃǽdou]	태 …의 그림자를 드리우다, 무색하게 하다, 그늘지게 하다	
□ 282	responsive [rɪspάːnsɪv, rə-]	톙 …(to)에게 바로 대답하는, 잘 반응하는 ←똉 **response** 몡 반응, 반향	

당 태종

당 태종은 당나라의 제2대 황제이다. 당 태종 이세민은 598년에 이연의 아들로 태어났다. 617년, 양제의 악정에 대한 반란이 속출하던 가운데, 이연은 운이 다한 수나라에 반기를 들었다. 618년, 이연은 당을 세우고 황제의 자리에 즉위해 고조가 되었다. 고조가 장남 이건성을 황태자에 책봉하자 황태자의 그릇이라 여겨졌던 이세민과 이세민의 그림자에 가려졌던 이건성 사이에 불화가 생겨났다. 살해당할 것을 두려워한 이세민은 626년에 현무문의 변을 일으켜 이건성을 살해했다. 이후 고조를 폐위시키고 태종으로 즉위했다. 신하의 거침없는 진언을 새겨들은 태종은 중국 사상 최고의 명군으로 통한다. 당 태종 치하의 태평성세는 정관의 치라고 불린다. 당 태종의 문답집 『정관정요』는 한국에서도 널리 읽히고 있다. 당 태종이 649년에 죽은 뒤, 아들인 이치가 고종으로 즉위했다. 국사를 돌아볼 수 없을 정도로 허약했던 고종은 황후인 측천무후에게 놀아났고, 그녀가 세운 주(武周)에 의해 당 왕조는 중단되고 만다.

☐ 283	blunt [blʌnt]	圈 무딘, 무뚝뚝한, 솔직한	
☐ 284	tranquil [trǽŋkwɪl, -kwəl]	圈 조용한, 온화한, 평화로운	
☐ 285	feeble [fíːbl]	圈 약한, 연약한, 역량이 없는	
☐ 286	attentive [ətɛ́ntɪv]	圈 …(to)에게 주의를 기울이다, …를 주의 깊게 듣다 ⇐酬 attention 圆 주의, 주의력, 주목	

+ Glossary

☐ ℓ.2	one ... after another	잇따라, 연달아
☐ ℓ.4	Sui dynasty	수 왕조
☐ ℓ.7	crown prince	황태자
☐ ℓ.9	Xuanwu Gate Incident	현무문의 변
☐ ℓ.14	succeed the throne	제위를 물려받다

32 An Lushan

1   An Lushan was a Chinese general who launched the An Lushan Rebellion against the Tang dynasty. An was born around 703 in Mongolia between a Sogdian father and a **Celestial** Turkic mother. In his teens, he migrated to Tang China, where he became a general. In 755, he raised an army,
5   claiming to kill the chancellor for the emperor's sake. He captured Luoyang and proclaimed himself emperor of Yan in 756. As his eye problems led to blindness, he became cruel and **prone** to **batter** his servants. He favored his youngest son An Qing'en, and his elder son An Qingxu became **apprehensive** about losing his status as heir. An Qingxu murdered Lushan
10   and became emperor in 757. Next year, Qingxu was killed by Shi Siming, An Lushan's **sworn** friend, who became emperor. In 761, Shi Siming was **strangled** by his son Shi Chaoyi, who then became emperor. But the generals did not see him as qualified to be emperor, and the Yan forces **dissolved**. In 762, the Tang forces regained Luoyang and **routed** Shi
15   Chaoyi. He tried to flee abroad, but was **intercepted** on the way. Chaoyi killed himself, thus ending the rebellion.

☐ 287	celestial [səléstʃəl]	혱 천체의, 하늘의, 아름다운 cf. **Celestial Turk** 돌궐인, **Celestial Turkic** 돌궐인의
☐ 288	prone [próun]	혱 ···(to)하기 일쑤인, ···하기 쉬운, ···(to)를 당하기 쉬운
☐ 289	batter [bǽtər]	티 난타하다, 때리다, 학대하다
☐ 290	apprehensive [æprɪhénsɪv]	혱 ···(about/of)가 불안한, 우려하는, 걱정스러운 ⇒펜 **apprehension** 몡 불안, 걱정
☐ 291	sworn [swɔ́ːrn]	혱 선서를 하고 한, 맹세한 ⇐펜 **swear** 티 짜 맹세하다
☐ 292	strangle [strǽŋgl]	티 목 졸라 죽이다, 교살하다

안녹산

안녹산은 당에 맞서 안사의 난을 일으킨 장군이다. 안녹산은 703년에 몽골에서 소그드인 아버지와 돌궐인 어머니 사이에서 태어났다. 10대 시절 당으로 이주해 장군이 되었다. 755년, 안녹산은 황제를 위해 재상을 주살하겠다며 군사를 일으켰다. 756년에 낙양을 함락시킨 안녹산은 연나라 황제로 스스로 즉위했다. 눈병으로 시력을 잃으면서 잔인해진 그는 걸핏하면 신하들을 구타하기 일쑤였다. 안녹산은 막내아들인 안경은을 총애했기 때문에 안경은의 형 안경서는 후계자의 자리를 잃을지도 모른다는 불안감에 시달렸다. 757년, 안경서는 안녹산을 죽이고 황제의 자리에 올랐다. 안경서는 이듬해 안녹산의 친구인 사사명에게 살해당하면서 사사명이 황제가 되었다. 사사명도 761년에 아들인 사조의에게 목 졸려 살해당하며 사조의가 즉위했다. 하지만 장군들은 그를 황제의 그릇으로 여기지 않았고, 연나라 군대는 분열되었다. 762년에 당나라의 군대가 낙양을 탈환하자 사조의는 패하고 달아났다. 사조의는 망명을 꾀하지만 도중에 붙잡히고 말았다. 안사의 난은 사조의가 자결하면서 막을 내렸다.

☐	**293**	**dissolve** [dɪzáːlv]	찌 녹다, 사라지다, 분해하다
☐	**294**	**rout** [ráʊt]	타 격파하다, 패주시키다 명 대패, 패주
☐	**295**	**intercept** [ìntərsépt]	타 도중에 붙잡다, 도중에 빼앗다, 엿듣다 ⇒ᴵᴺ **interception** 명 도청, 방해

+ Glossary

☐ ℓ.1	An Lushan Rebellion	안사의 난
☐ ℓ.3	Sogdian	소그드인의
☐ ℓ.5	chancellor	재상
☐ ℓ.5	for ...'s sake	…를 위해
☐ ℓ.16	kill *oneself*	자살하다

33 Liu Zongyuan

Liu Zongyuan was a Chinese writer of the Tang dynasty. In the period of **tumult** after the An Lushan Rebellion, he led the Classical **Prose** Movement. He promoted **clarity** and **precision** of the classical prose style, and produced many examples of charming and **reflective** prose. Born in 773, Liu became a **government** official and joined the Wang Shuwen faction. When Emperor Dezong died in 805, the Wang faction helped crown prince Li Song take the throne as Emperor Shunzong. The faction seized power and started a series of reforms **collectively** called the Yongzhen Reformation, which included the forbidding of improper tributes to the emperor. When the Wang faction tried to strip power from the eunuchs, they aggressively opposed, urging Emperor Shunzong to step down from the throne. When the emperor gave the throne to his son, the Yongzhen Reformation suffered a **setback**, and the Wang faction's political influence ended. Liu was **shuffled** out to Yongzhou, where he wrote many of his works, as he was not allowed to attend to **governmental** affairs. In 815, he was packed off to Liuzhou, where he died in 819.

□ 296	tumult [t(j)ú:mʌlt]	閿 소동, 혼란, 동요
□ 297	prose [próuz]	閿 산문, 문장 cf. **Classical Prose Movement** 고문 부흥 운동
□ 298	clarity [klǽrəti]	閿 명쾌함, 명확함, 선명함
□ 299	precision [prisíʒən]	閿 정확함, 정밀함, 신중함 ⇐圙 **precise** 閿 정확한, 정밀한, 신중한
□ 300	reflective [rifléktɪv, rə-]	閿 사려 깊은, 사색에 잠긴, 사색적인 ⇐圙 **reflect** 閿 심사숙고하다
□ 301	collective [kəléktɪv]	閿 집단의, 공동의, 집합적인 ⇒圙 **collectively** 閿 집합적으로, 총괄하여

유종원

유종원은 당대의 문학가이다. 안사의 난 이후 소란한 시기에 고문(古文) 부흥 운동을 주도했다. 고전 산문의 명료함과 정확함을 칭송했던 그는 매력적이며 사색적인 여러 문장으로 모범을 보였다. 773년에 태어난 유종원은 관료가 되어 왕숙문의 파벌인 왕당에 가담했다. 805년에 황제인 당 덕종이 죽자 왕당은 황태자 이송을 순종으로 옹립하는 것을 도왔다. 왕당은 정권을 장악했고, 황제에게 부정한 뇌물을 바치는 것을 금지하는 내용을 포함한 영정혁신이라 불리는 일련의 개혁을 실시했다. 왕당이 환관으로부터 권력을 빼앗으려 하자 환관들은 맹렬히 반발하며 순종에게 퇴위를 촉구했다. 순종이 아들에게 양위하며 영정혁신은 좌절되었고, 왕당의 정치생명은 끝이 났다. 정무에 참여할 수 없게 된 유종원은 영주로 좌천당했고, 그곳에서 많은 작품을 남겼다. 815년에는 유주로 짐을 싸 떠난 뒤 그곳에서 819년에 죽었다.

☐ **302**	**setback** [sétbæk]	명 좌절, 후퇴
☐ **303**	**shuffle** [ʃʎfl]	타 이리저리 움직이다, 뒤섞다 자 발을 질질 끌며 걷다
☐ **304**	**governmental** [gʌ̀vərnméntl]	형 정부의, 정치의, 국영의 ⇐ 명 government 명 정부, 내각, 정치

+ Glossary

☐ ℓ.5	**government official**	관료
☐ ℓ.7	**seize power**	권력을 손에 넣다
☐ ℓ.10	**eunuch**	환관
☐ ℓ.11	**step down from the throne**	퇴위하다
☐ ℓ.12	**give the throne to**	…에게 양위하다
☐ ℓ.15	**attend to**	처리하다, 대처하다
☐ ℓ.16	**pack off**	내쫓다

34 Yelü Abaoji

1   Yelü Abaoji was the founder of the Liao dynasty that ruled northeastern China. He was born in 872 to the Yelü tribe, the largest of the **affiliated** tribes of the Khitans, nomadic people in Southern Mongolia. **Legend** has it that his mother dreamed that the sun fell into her **bosom** before she

5   **conceived** him. In 907, Abaoji became khagan of the Khitans. He met with constant rebellions, but his skillful **manipulation** of his enemies allowed him to increase his power. Then he advanced to North China during the **confusion** after the collapse of the Tang dynasty. In 916, he became emperor and founded the Khitan State, later to be renamed Liao. The Liao

10   dynasty began a process of territorial expansion. After subduing Balhae, Abaoji unexpectedly died on his way home in 926. His legacy includes the Khitan scripts, which **comprise** the large script, a logographic script similar to the Chinese script, and the small script, a phonetic script **reminiscent** of the Korean alphabet, **devised** to **accommodate** the Khitan language. The

15   Liao dynasty lasted for over 200 years until it fell to the Jurchen Jin dynasty in 1125.

☐ 305	**affiliate** [əfílièit]	타 제휴시키다, 손을 잡게 하다, 부속시키다 ⇒ 형 affiliated 형 제휴 관계인, 계열의, 부속의	
☐ 306	**legend** [lédʒənd]	명 전설, 전승 cf. **legend has it that** 전설에 따르면 ⇒ 형 legendary 형 전설적인, 전설로 남을 만한	
☐ 307	**bosom** [búzəm]	명 가슴, 흉부; <-s>유방	
☐ 308	**conceive** [kənsíːv]	타 생각해 내다, …라고 생각하다, 임신하다 ⇒ 명 conception 명 구상, 착상, 생각(☞101)	
☐ 309	**manipulation** [mənìpjəléɪʃən]	명 능숙한 처리, 교묘한 조작 ⇐ 타 manipulate 타 조종하다, 조작하다, 교묘하게 다루다(☞9)	
☐ 310	**confusion** [kənfjúːʒən]	명 혼란, 혼동, 곤혹 ⇐ 타 confuse 타 혼란시키다, 혼동하다	

야율아보기

야율아보기는 중국 북동부를 지배한 요나라의 창시자이다. 872년, 야율아보기는 몽골고원 남부 유목민 거란족의 씨족 연합 중 최대 씨족인 야율족에서 태어났다. 전설에 따르면 야율 아보기의 모친은 태양이 자신의 가슴으로 떨어지는 꿈을 꾸고 그를 잉태했다고 한다. 907년, 야율아보기는 거란족의 가한(可汗)에 즉위했다. 반란이 끊이지 않았지만 적에게 교묘히 대처하며 권력을 키워나갔다. 야율아보기는 당나라 멸망 후의 혼란을 틈타 화북으로 진출했다. 916년에 그는 제위에 올라 거란국을 세웠고, 이후 '요'라는 국호를 쓰게 된다. 요나라는 영토 확장에 나섰다. 926년에 발해를 정복한 야율아보기는 귀국 도중 급사했다. 야율아보기 가 후세에 남긴 것으로는 한자와 비슷한 표어문자인 대자(大字)와 한글을 연상케 하는 표음 문자인 소자(小字)로 이루어져 있는 거란 문자가 있으며, 이는 거란어에 맞춰 고안되었다. 요나라는 200년 이상 존속했지만 1125년에 여진족이 세운 금나라에 멸망했다.

☐ 311	comprise [kəmpráɪz]	타 포함하다, …로 이루어지다 ≒ 숙 consist of
☐ 312	reminiscent [rèmənísnt]	형 …(of)를 연상시키는, 암시하는
☐ 313	devise [deváɪz]	타 고안하다, 발명하다, 계획하다 ⇐파 device 명 장치, 고안
☐ 314	accommodate [əkú:mədèɪt]	타 수용하다, 받아들이다, …할 장소가 있다 ⇒파 accommodation 명 수용 설비, 수용 능력

+ Glossary

☐ ℓ.3	Khitan	거란족
☐ ℓ.3	nomadic	유목민의
☐ ℓ.5	Khagan	가한(군주의 호칭)
☐ ℓ.5	meet with	…와 조우하다, 경험하다
☐ ℓ.12	Khitan scripts	거란 문자
☐ ℓ.12	logographic	각 문자가 하나의 말을 나타내는, 표어의
☐ ℓ.13	phonetic	표음의, 음성 표기의
☐ ℓ.15	Jurchen	여진족

35 Wang Anshi

Wang Anshi was a politician of the Northern Song dynasty of China. Born in 1021, Wang Anshi passed the imperial examination and became a government official. After being appointed chancellor in 1069, he carried out a series of reforms called the New Policies, which included the regulation of prices, the **dredging** of rivers, and the reorganization of the army. As the reforms progressed, dissatisfaction built up among the Conservatives, led by Sima Guang, who edited the **monumental chronicle** *Zizhi Tongjian*. When **droughts** and locust **plagues** occurred in 1074, the Conservatives **reproached** Wang for causing the disasters, which they saw as a warning from **Providence** against his bad government, and he was **obliged** to resign. In his closing days, he lay sick in bed, listening to reports of Sima Guang canceling each of his reforms, one after another. He died in 1086. Wang Anshi was long **denounced** as the cause of the fall of the Northern Song dynasty, and it was not until thinker Liang Qichao highly **reappraised** his reforms in the early 20th century that he was rediscovered as a reformer far too ahead of his time.

□ 315	dredge [drédʒ]	타 준설하다, 훑다, 들추어내다
□ 316	monumental [màːnjəméntl]	형 기념비적인, 중요한, 엄청난 ←때 monument 명 기념비, 유적
□ 317	chronicle [kráːnɪkl]	명 연대기, 편년사, 기록
□ 318	drought [dráʊt]	명 가뭄, 갈수, 한발(旱魃)
□ 319	plague [pléɪg]	명 역병, 전염병, 이상 발생 cf. **locust plague** 황해(蝗害, 메뚜기 떼로 인한 재해)
□ 320	reproach [rɪpróʊtʃ]	타 비난하다, 책망하다, 꾸짖다

왕안석

왕안석은 북송의 정치가이다. 1021년에 태어난 왕안석은 과거에 합격해 관료가 되었다. 1069년에 재상으로 임명되자 물가 조정, 하천 준설, 군대 재편 등, 신법이라 불리는 일련의 개혁을 단행했다. 개혁이 진전됨에 따라 기념비적인 연대기인 『자치통감』을 편찬한 사마광을 중심으로 구법파의 불만이 누적되어 갔다. 1074년에는 가뭄과 메뚜기에 의한 피해가 발생하자 구법파는 이를 잘못된 정치에 대한 하늘의 경고라며 왕안석을 질타했고, 왕안석은 사임할 수밖에 없었다. 만년에는 사마광이 신법을 차례차례 폐지한다는 보고를 병상에서 들으며 1086년에 생애를 마쳤다. 왕안석은 북송을 멸망시킨 원인으로 오랫동안 비난을 받았지만 20세기 초, 사상가 량치차오가 그의 개혁을 높게 재평가한 이후로 시대를 너무 앞서간 개혁가로 재발견되었다.

□ 321	providence [prá:vədəns, -dèns]	몡 \<P-\>섭리, 신의 뜻, 하늘의 도움
□ 322	oblige [əbláɪdʒ]	탄 (be obliged to)…하지 않을 수 없다
□ 323	denounce [dɪnáʊns]	탄 비난하다, 비판하다, 고발하다
□ 324	appraise [əpréɪz]	탄 평가하다, 검토하다 ⇒뙈 reappraise 탄 재평가하다, 재검토하다

+ Glossary

□ ℓ.2	Imperial examination	과거 제도
□ ℓ.4	a series of	일련의, 연속의
□ ℓ.6	build up	커지다, 증강하다
□ ℓ.7	conservative	보수적인 사람, 보수파인 사람
□ ℓ.11	closing day	만년
□ ℓ.14	It was not until ... that ~	…에 이르러서야 비로소 ~했다
□ ℓ.16	ahead of one's time	시대에 앞서 있어

36 Wanyan Aguda

1 Wanyan Aguda was the founder of the Jin dynasty of China. He was born in 1068 as the son of a chief of the Wanyan **tribe** of the Jurchens, who were then ruled by the Liao dynasty, which held **sway** over North China. In 1113, Aguda became chief of his tribe. He **loathed** being ruled by the Liao. When

5 Emperor Tianzuo of the Liao ordered the **tribal** chiefs to dance for him at a feast, he was the only chief who **obstinately defied** the order. In 1114, Aguda rebelled against the Liao, and repeatedly defeated the Liao forces. In 1115, he created the Jin dynasty with himself as emperor. The Jin and Northern Song dynasties sent **envoys** and **delegations** to each other and

10 formed an alliance. Then Aguda closed in on Beijing. Emperor Tianzuo, **incompetent** in dealing with the threat, fled from Beijing. He intended to strike back, but his general **withheld** his support. In 1123, Aguda died and was succeeded by his brother Wuqimai, who destroyed the Liao dynasty in 1125 and the Northern Song dynasty in 1127. The Jin dynasty ruled North

15 China until it fell to the Mongol Empire in 1234.

□ 325	sway [swéɪ]	똉 흔들림, 지배 짜 흔들리다 cf. **hold sway over** …를 지배하다
□ 326	loathe [lóʊð]	타 몹시 싫어하다, …<-ing>하는 것을 몹시 싫어하다 ≒ 통 detest
□ 327	tribal [tráɪbl]	혱 부족의, 종족의 ←똉 tribe 똉 부족, 종족
□ 328	obstinate [áːbstənət]	혱 완고한, 고집 센, 집요한 ⇒뿐 obstinately 뿐 완고하게, 집요하게, 막무가내로
□ 329	defy [dɪfáɪ]	타 등을 돌리다, 거부하다, 거역하다
□ 330	envoy [énvɔɪ]	똉 특사, 사절, 사자

완안아골타

완안아골타는 금나라의 건국자이다. 1068년에 당시 화북을 다스리는 요나라의 지배하에 있던 여진족 완안부 족장의 아들로 태어났다. 1113년, 완안아골타는 완안부의 족장이 되었다. 그는 요나라의 지배에 염증을 느끼고 있었다. 요나라의 천조제가 연회에서 족장들에게 가무를 선보이라 명했을 때 오직 그만이 단호하게 명령을 거부했다. 1114년, 완안아골타는 요나라에 반란을 일으켰고, 요나라 군대를 연이어 격파했다. 1115년에는 금나라를 건국해 황제의 자리에 올랐다. 금나라와 북송은 특사와 사절단을 주고받으며 동맹을 맺었다. 그러자 완안아골타는 북경을 압박했다. 위협을 앞두고 손 쓸 능력이 없었던 천조제는 북경에서 도망쳤다. 천조제는 반격하려 했으나 그의 장군이 협력하지 않았다. 1123년에 완안아골타가 죽은 뒤에는 동생인 완안오걸매가 뒤를 이었고, 1125년에 요나라를, 1127년에 북송을 멸망시켰다. 금나라는 1234년에 몽골 제국에게 멸망하기까지 화북을 지배했다.

☐ 331	delegation [dèlɪgéɪʃən]	몡 대표단, 파견단, 사절단	
☐ 332	incompetent [ɪnkáːmpətnt]	혱 능력이 없는, 무능한, 쓸모가 없는 ⇔펜 competent 혱 능력이 있는, 유능한, 적임의	
☐ 333	withhold [wɪðhóuld, wɪθ-]	탄 주지 않고 두다, 보류하다, 공제하다(withheld, withheld)	

+ Glossary

☐ ℓ.10	close in on	…에 다가가다
☐ ℓ.11	deal with	처리하다, 취급하다
☐ ℓ.12	strike back	반격하다
☐ ℓ.15	fall to	…의 공격에 함락되다

알아두면 좋은 명언집 1

6

Socrates

소크라테스

By all means marry: if you get a good wife, you'll become happy; if you get a bad one, you'll become a philosopher.

반드시 결혼하라. 현모양처를 맞이하면 행복해질 수 있고, 악처를 맞이하면 철학자가 될 수 있으니.

10

Confucius

공자

The gentleman is alert to what is right. The petty man is alert to what is profitable.

군자는 정의에 밝고 소인은 이익에 밝다.

21

Julius Caesar

율리우스 카이사르

As a rule, what is out of sight disturbs men's minds more seriously than what they see.

무릇 사람은 보이는 것보다 보이지 않는 것에 마음이 흔들린다.

22

Cicero

키케로

To be ignorant of what occurred before you were born is to remain forever a child.

자신이 태어나기 전에 일어난 일을 모른다는 것은 영원히 어린아이로 남는다는 것과 같다.

31

Emperor Taizong of Tang

당 태종

The military is a baleful instrument, it should only be used as a last resort.

군대는 위험한 도구이니 최후의 순간에만 사용해야 한다.

CHAPTER II

중세·근세

Medieval and Early Modern Period

55 66 러시아 제국

53 57 58 64 72
영국(잉글랜드)

•모스크바

67 프로이센

49 70 독일
68 함스부르크 가문

40 몽골 제국

65 69 37 프랑크왕국
프랑스

•북경

청 61 62 74

45 조선

51 54 56
스페인

41 59
이탈리아

44 오스만 제국

46 티무르 제국

•남경

명 47 48 75

42 모로코

38 이란

60 시크교(인도)

39 71 이집트

52 무굴 제국
•델리

•광주

63 대만

43 말리 제국

73 그란콜롬비아

50 잉카 제국

37 Charlemagne

1   Charlemagne was a king of the Frankish Kingdom and a Roman emperor. Born in 748 as the son of Pepin III, who founded the Carolingian dynasty, he inherited the throne in 768. He defeated the Lombard Kingdom in 774 and the Saxons in 785. He assaulted the Avars and compelled them to
5   become his vassals in 796. He unified most of western Europe and produced the golden age of the Frankish Kingdom, which was now comparable to the Byzantine Empire. With a willingness to learn, he invited scholars and clergymen. His court produced books that taught Latin to improve literacy. Thus, he spurred the Carolingian Renaissance. In 800, Pope Leo III
10   crowned him emperor of Rome. Charlemagne's biographer claimed that he did not know of his elevation beforehand, but it is generally agreed that he must have known about it. In 802, Charlemagne prepared to marry Empress Irene of the Byzantine Empire. Irene was poised to marry him, but she was deposed by a coup. After Charlemagne died in 814, his grandsons divided
15   the Frankish realm into what would later become France, Germany and Italy in 843.

☐ 334	assault [əsɔ́ːlt]	태 습격하다, 덮치다, …를 폭행하다 명 폭행, 공격, 습격
☐ 335	compel [kəmpél]	태 …에게 억지로 ~시키다, …에게 강요하다
☐ 336	willingness [wílɪŋnəs]	명 자진해서 …(to)하는 것, 기꺼이 하는 마음 ⇐태 willing 형 자진해서 하는, …할 마음이 있는
☐ 337	clergyman [klɔ́ːrdʒɪmən]	명 성직자, 목사(clergymen)
☐ 338	literacy [lítərəsi]	명 읽고 쓰는 능력, 식자 능력
☐ 339	elevation [èləvéɪʃən]	명 승진, 승격, 고도 ⇐태 elevate 태 승진시키다

카롤루스 대제

카롤루스 대제는 프랑크 국왕이자 로마의 황제이다. 카롤링거 왕조를 연 페팽 3세의 아들로 748년에 태어난 그는 768년에 왕위를 계승했다. 774년에 랑고바르드 왕국을, 785년에는 작센인을 정복했다. 796년에는 아바르인을 공격해 강점하고 속국으로 만들었다. 서유럽의 대부분을 통일한 카롤루스 대제는 비잔틴 제국에 필적하는 프랑크 왕국의 황금기를 이룩했다. 그는 배움에 대한 의지로 학자나 성직자를 초빙했다. 문해력을 높이기 위해 궁정에서는 라틴어를 가르치는 책을 만들었다. 카롤루스 대제는 이렇게 카롤링거 르네상스를 일으켰다. 800년에 교황 레오 3세는 카롤루스 대제를 로마의 황제로 추대했다. 카롤루스 대제의 전기 작가는 그가 대관하리라는 것을 몰랐다고 썼지만 일반적으로는 알고 있었을 것이라고 받아들여진다. 802년, 카롤루스 대제는 비잔틴 제국의 여제인 이레네와의 혼인을 준비했다. 이레네 역시 결혼할 준비가 되어있었지만 정변이 일어나 폐위당하고 말았다. 카롤루스 대제가 814년에 죽은 뒤, 손자의 대에 이르러 843년에 프랑크 왕국은 분열되었고, 지금의 독일, 프랑스, 이탈리아의 원형이 생겨났다.

□ 340	**poise** [pɔ́ɪz]	囘 …의 평형을 유지하다　명 침착, 자세, 균형 ⇒혱 poised 혱 …(to)할 준비가 된, (~를 할) 준비가 다 된	
□ 341	**coup** [kúː]	명 정변, 쿠데타(coup d'état)	
□ 342	**realm** [rélm]	명 영역, 범위, 분야	

+ Glossary

□ ℓ.1	Frankish Kingdom	프랑크 왕국
□ ℓ.3	inherit the throne	왕위를 계승하다
□ ℓ.5	vassal	속국
□ ℓ.6	golden age	황금기
□ ℓ.8	Latin	라틴어
□ ℓ.9	Renaissance	르네상스, 문예부흥
□ ℓ.9	Pope	로마 교황
□ ℓ.10	biographer	전기 작가

38 Al-ghazali

Al-Ghazali was one of the most prominent thinkers in Islamic history. He created the Sunni ideological **framework** for the majority of Muslims as opposed to the Shias, who were ideologically **coherent**. He is one of the representative ulamas, or Islamic scholars, who today's ulama **cite** as
5 their authority when giving a fatwa, or Islamic **verdict**. Born in 1058 in Iran under the Seljuk rule, he studied Islamic **theology** and was elected as professor at the Nezamiyeh in 1091. But in 1095, he suddenly left the Nezamiyeh to go on a pilgrimage to Mecca. After that, he spent his life as a sufi. In 1106, at the **premier**'s request, he resumed teaching, until he died
10 in 1111. Before Al-Ghazali, sufis, some of whom were publicly **immersed** in alcohol drinking or **homosexual lust**, had been quite **incompatible** with ulamas. Al-Ghazali made sufism acceptable to many people. He thus made sufism a part of Islamic scholarship and established Sunni thought.

☐ 343	**framework** [fréɪmwɔ̀ːrk]	몡 얼개, 기반, 구조
☐ 344	**coherent** [kouhíərənt]	휑 조리 있는, 일관된, 논리 정연한
☐ 345	**cite** [sáɪt]	톈 열거하다, 예로 들다, 인용하다 ⇒몡 citation 몡 인용문, 인용 어구
☐ 346	**verdict** [vɔ́ːrdɪkt]	몡 평결, 판단, 견해
☐ 347	**theology** [θi(ː)ɑ́ːlədʒi]	몡 신학, 종교학, 신학 체계 ⇒몡 theological 휑 신학의, 신학상의(☞118)
☐ 348	**premier** [prɪmíɔr]	몡 수상, 재상, 총리
☐ 349	**immerse** [ɪmɔ́ːrs]	톈 담그다, 가라앉히다, 적시다 ⇒몡 immersed 휑 …(in)에 몰두한, 심취한, 푹 빠진

가잘리

가잘리는 이슬람 역사상 가장 저명한 사상가 중 한 명이다. 가잘리는 사상적으로 일관된 시 아파와는 다른 다수파 이슬람교도를 위해 수니파의 사상적 기틀을 만들었다. 그는 현대의 이슬람 법학자인 울라마가 파트, 즉 법적 견해를 내놓을 때 인용하는 대표적인 울라마 중 한 명이다. 1058년에 셀주크 왕조 치하의 이란에서 태어난 가잘리는 이슬람 신학을 배우고 1091년에 니자미야 학원의 교수로 발탁되었다. 하지만 1095년에 돌연히 니자미야를 그만 두고 메카 순례에 나섰다. 이후 수피*로 일상을 보냈다. 1106년, 재상의 요청에 다시 교편을 잡았으며 1111년에 사망했다. 가잘리 이전에는 일부 공공연히 음주나 동성애에 빠지는 자 도 있었던 수피는 울라마와 물과 기름 같은 사이였다. 가잘리는 대중이 수피즘을 받아들일 수 있게끔 했다. 이렇게 그는 수피즘을 이슬람 학문의 일부로 만들었고, 수니파 사상을 확립 했다.

* 신비주의자 혹은 이슬람 신비주의

☐ 350	homosexual [hòυməsékʃuəl, -sékʃəl]	형 동성애의 명 동성애자 ⇒명 homosexuality 명 동성애
☐ 351	lust [lʌ́st]	명 강한 욕망, 성욕, 육욕
☐ 352	incompatible [ìnkəmpǽtəbl]	형 …(with)와 양립할 수 없는, …와 성미가 맞지 않는, …와 물과 기름인 ⇔명 compatible 형 모순되지 않는, 죽이 잘 맞는

+ Glossary

☐ ℓ.2	Sunni	수니파의
☐ ℓ.2	ideological	이데올로기(상)의
☐ ℓ.3	as opposed to	…와는 대조적으로
☐ ℓ.3	Shia	시아파
☐ ℓ.8	go on a pilgrimage	성지순례를 떠나다
☐ ℓ.9	sufi	수피(신비주의자)
☐ ℓ.12	sufism	수피즘(신비주의)

39 Saladin

Salah ad-Din, better known as Saladin, was the founder of the Ayyubid dynasty of Egypt. He is a legendary Muslim hero who **retrieved** Jesusalem, occupied by the First Crusaders for 88 years. Born around 1137 into a Kurdish family in Tikrit in **present-day** Iraq, Saladin spent his **adolescent**
5 years in Damascus, Syria. His father Ayyub and his uncle Shirkuh served Nur ad-Din, who ruled Damascus. In 1164, Nur ad-Din started to send military campaigns against the Fatimid dynasty of Egypt. Shirkuh led the campaigns and Saladin went along with them. In 1169, Shirkuh killed the Fatimid vizier and became vizier himself, but died from **obesity** two months
10 later. Then Saladin succeeded him as vizier and founded the Ayyubid dynasty. In 1187, he overran Jerusalem, which had been ruled by Christians since 1099. After defending the city from the Third Crusaders, he died in Damascus in 1193. At the height of his power, his territory **spanned** Egypt, Syria, and parts of Mesopotamia. In the 20th century, his **heroism** gained
15 a new significance with regard to the Third Arab-Israeli War. His flag was **adorned** with an eagle, and the Eagle of Saladin appears on the national **emblem** of several Arab countries.

☐ 353	retrieve [rɪtríːv]	타 되찾다, 회수하다, 검색하다
☐ 354	present-day [prézntdéɪ]	형 현대의, 오늘날의
☐ 355	adolescent [ædəlésnt]	형 사춘기의, 청년기의, 미숙한 명 젊은이, 청년
☐ 356	**obese** [oʊbíːs]	형 비만의, 살찐, 뚱뚱한 ⇒파 obesity 명 비만
☐ 357	span [spæn]	타 …에 달하다, 포괄하다 명 기간, 길이, 범위
☐ 358	heroism [hérouìzm]	명 영웅적인 행위, 용기, 용감함 ⇐파 hero 명 영웅

살라딘

살라딘으로 더 잘 알려진 살라흐 앗딘은 이집트 아이유브 왕조의 창시자다. 그는 88년 동안 제1차 십자군에게 점령되어 있었던 예루살렘을 탈환한 전설적인 이슬람교도의 영웅이다. 1137년경에 오늘날 이라크 티크리트의 쿠르드인 가문에서 태어난 살라딘은 청년기를 시리아의 다마스쿠스에서 보냈다. 아버지 아이유브와 숙부 시르쿠는 다마스쿠스의 통치자인 누르 앗딘을 섬기고 있었다. 1164년 누르 앗딘은 이집트의 파티마 왕조에 군사작전을 시작했다. 시르쿠가 원정군을 이끌었으며 살라딘도 함께했다. 1169년, 시르쿠는 파티마 왕조의 재상을 살해하고 스스로 재상이 되었으나 2개월 후 비만으로 사망했다. 그 후 살라딘이 그를 이어 재상직에 올라 아이유브 왕조를 열었다. 살라딘은 1099년부터 기독교도 인이 지배하던 예루살렘을 1187년에 정복했다. 그는 제3차 십자군으로부터 도시를 지켜낸 후 1193년, 다마스쿠스에서 사망했다. 위세가 절정이던 시기 그의 영토는 이집트, 시리아 및 메소포타미아 일부 지역에까지 달했다. 20세기에 접어들어 제3차 중동전쟁을 계기로 그의 영웅적인 업적이 새삼 주목을 받았다. 살라딘은 매를 그린 깃발을 사용했는데, 그의 매는 여러 아랍 국가의 문장에 등장한다.

☐ 359	**adorn** [ədɔ́ːrn]	圓 꾸미다, 장식하다 ⇒圓 adornment 圓 장식, 장식품	
☐ 360	**emblem** [émbləm]	圓 문양, 문장, 상징	

+ Glossary

☐ ℓ.3	Crusader	십자군 전사
☐ ℓ.8	go along with	…에 동행하다
☐ ℓ.9	vizier	재상
☐ ℓ.15	with regard to	…와 관련해
☐ ℓ.15	Third Arab-Israeli War	제3차 중동전쟁

40 Genghis Khan

Genghis Khan was the founder of the Mongol Empire. Temujin was born in 1162. Soon after he married in 1178, his wife was **kidnapped** by the Merkid. After he **raided** the Merkid to rescue her, he gradually rose to power. In 1206, he founded the Mongol Empire and named himself Genghis Khan, or Chinggis Khan. As the Mongolian word *chin*, meaning "fearless," is similar to *chino*, meaning "wolf," from whom the Mongols claimed **descent**, it was a fitting name for him. His empire was vastly more progressive than its **contemporaries** in Europe and Asia. To maintain peace in the **diverse** set of tribes, he **enacted** laws that suppressed the causes of tribal **feuding**. He declared all children legitimate, whether born by a wife or a **mistress**. To promote all religions, he **exempted** religious leaders from **taxation**. He adopted a new writing system, specifically to record the laws. After he died in 1227, his grandsons divided his empire, but his descendants continued to rule a variety of empires, such as the Yuan dynasty of China and the Mughal Empire of India.

☐ **361**	**kidnap** [kídnæp]	태 납치하다, 유괴하다
☐ **362**	**raid** [réɪd]	태 단속하다, 습격하다, 급습하다 명 습격, 급습, 단속
☐ **363**	**descent** [dɪsént]	명 하강, 가계, 혈통 ⇔ 반 ascent 명 상승
☐ **364**	**contemporary** [kəntémpərèri]	명 동시대의 사람, 동시대의 것, 동년배인 사람 형 동시대의, 현대의
☐ **365**	**diverse** [dəvɔ́ːrs]	형 다른, 다양한, 여러 가지의 ⇒ 명 diversity 명 다양성
☐ **366**	**enact** [enǽkt]	태 제정하다, 입법화하다 ⇒ 명 enactment 명 제정, 입법
☐ **367**	**feud** [fjúːd]	자 반목하다, 다투다 명 불화, 반목, 다툼

칭기즈 칸

칭기즈 칸은 몽골 제국의 건국자이다. 테무진은 1162년에 태어났다. 그가 1178년에 결혼한 후 얼마 되지 않아 그의 아내가 메르키트족에게 납치당했다. 테무진은 메르키트족을 습격해 아내를 구출했고, 이후 점차 권력을 잡기 시작했다. 그는 1206년에 몽골 제국을 건국하고 스스로를 칭기즈 칸이라고 칭했다. 몽골어로 '칭'은 '두려움을 모른다'라는 의미로, '늑대'를 나타내는 '치노'와 비슷한데 늑대의 혈통이라 주장하는 몽골인인 그에게 딱 맞는 이름이었다. 칭기즈 칸의 제국은 동시대의 유럽이나 아시아의 여러 국가에 비해 월등히 진보적이었다. 그는 다양한 부족 사이에 평화를 유지하기 위해 부족 간 다툼의 씨앗을 없애는 법률들을 제정했다. 부인의 아이와 정부의 아이 모두 적법한 자식임을 선포했다. 모든 종교를 보호하기 위해 종교 지도자들에게 세금도 면제해 주었다. 특히 법률을 기록할 목적으로 새로운 표기법을 채택했다. 1227년에 그가 사망한 후, 손자의 대에 제국은 분열되었지만 그의 후예들은 중국의 원나라나 인도의 무굴 제국 등 다양한 제국을 줄곧 지배했다.

☐ 368	mistress [místrəs]	몡 애인, 첩, 정부	
☐ 369	exempt [ɪgzémpt, egz-]	탸 ···(from)으로부터 면제하다 휑 ···(from)이 면제된	
☐ 370	taxation [tækséɪʃən]	몡 과세, 세제, 세수 ⇐ 팬 tax 탸 세금을 부과하다 몡 세금	

+ Glossary

☐ ℓ.1	Mongol	몽골의
☐ ℓ.3	rise to power	정권의 자리에 앉다
☐ ℓ.5	Mongolian	몽골어의
☐ ℓ.7	fitting	···(for)에 적합한
☐ ℓ.12	writing system	표기법
☐ ℓ.14	such as	···등

Marco Polo

1   Marco Polo was an Italian merchant and **explorer** who **dictated** *The Travels of Marco Polo*, which describes his experiences with his father and uncle as they traveled through Asia. Some people are **incredulous** at their story, which sometimes sounds too **fabulous** to be **authentic**. The

5   first journey was made by Marco's father Niccolò and uncle Matteo. The brothers left Venice with their **merchandise** in 1260, and traveled eastward. Around 1264, they reached the court of the Yuan dynasty of China and met emperor Kublai Khan. Around 1265, they left for home, **allegedly** to deliver a letter from Kublai to the Pope, and reached Venice in 1269. In their

10 second journey, Marco joined them. They **traversed** deserts along oases and reached the seat of Kublai around 1274. Marco served the emperor for over 10 years. After they returned to Venice around 1295, Marco dictated his journey to a writer Rustichello, who created *The Travels of Marco Polo* around 1300. Marco's readers included Christopher Columbus, who was

15 inspired by Marco's **itinerary** to decide to go west to reach Asia.

☐ 371	**explorer** [ıksplɔ́:rər, eks-]	몡 탐험가, 모험가, 조사자 ⇐몘 explore 匣 탐험하다, 조사하다
☐ 372	**dictate** [díkteıt, -´-]	匣 구술하다, 불러주어 받아쓰게 하다 ⇒몘 dictation 몡 받아쓰기, 구술
☐ 373	**incredulous** [ìnkrédʒələs]	톙 …(at)을 좀처럼 믿지 않는, …에 대해 회의적인
☐ 374	**fabulous** [fǽbjələs]	톙 굉장한, 두근거리는, 터무니없는
☐ 375	**authentic** [ɔ:θéntık]	톙 진짜의, 본격적인, 믿을 만한
☐ 376	**merchandise** [mɔ́:rtʃəndàız]	몡 상품 ⇐몘 merchant 몡 상인 톙 상업의

마르코 폴로

마르코 폴로는 이탈리아의 상인이자 모험가로 숙부, 아버지와 함께 아시아를 여행하며 겪은 일을 담은 『동방견문록』을 기술했다. 진짜라기엔 때로는 지나치게 황당무계한 내용도 있기 때문에 어떤 사람들은 책 속의 이야기들을 사실로 믿지 않는다. 첫 번째 여행은 마르코 폴로의 아버지 니콜로와 숙부 마테오의 여행이다. 1260년, 형제는 상품을 가지고 베네치아를 떠나 동쪽으로 향했다. 두 사람은 1264년경에 원나라의 궁정에 도착해 황제인 쿠빌라이 칸을 알현했다. 기술대로라면 형제는 1265년경 쿠빌라이가 로마 교황 앞으로 보낸 서한을 갖고 귀국길에 올라 1269년에 베네치아에 도착했다. 두 번째 여행에는 마르코 폴로도 함께했다. 오아시스를 따라 사막을 횡단해 1274년경에 쿠빌라이에게 도착했다. 마르코 폴로는 10년 넘게 황제를 섬겼다. 1295년경, 마르코 폴로는 베니스로 돌아와 여행에서 겪은 일을 작가 루스티켈로에게 이야기해 받아쓰게 했고, 1300년경에 『동방견문록』이 완성되었다. 마르코 폴로의 독자 중에는 그의 여정에 영감을 받아 아시아에 도달하고자 서쪽으로 향한 크리스토퍼 콜럼버스도 포함되어 있었다.

☐ 377	allegedly [əlédʒɪdli]	囝 주장한 바에 따르면, 이른바 ⇐ 町 allege 町 주장하다, 증언하다, 단언하다	
☐ 378	traverse [trəvə́ːrs, trǽvəːrs]	町 가로지르다, 횡단하다, 넘다	
☐ 379	itinerary [aɪtínərèri, ɪtín-]	몡 여정, 여행기, 여행 안내	

+ Glossary

42 Ibn Battuta

1   Ibn Battuta was a Muslim traveler, who traveled a total of some 120,000 kilometers, surpassing Marco Polo. Born in 1304 in Morocco, Ibn Battuta set off on a pilgrimage to Mecca in 1325. In Tunis, he joined a pilgrim caravan. In Sfax, he took a bride. After many detours, he reached Mecca

5 in 1326. Then, from Mecca, he made four journeys as far as India and China. In each of the places he visited, he met scholars and celebrities and deepened his learning. After 25 years of travel, he returned to Morocco in 1349, and fell dangerously ill. After he recovered, he crossed the Strait of Gibraltar to visit the Kingdom of Granada in 1351. The next year, he

10 traveled down Africa and stayed in the Mali Empire. After returning, he dictated his reminiscences to the writer Ibn Juzayy, who adorned Ibn Battuta's prose with fragments of poetry and completed *The Travels* in 1335. After the completion of *The Travels*, Ibn Battuta served as a judicial officer until he died around 1369.

☐ 380	surpass [sərpǽs]	타 …보다 낫다, 능가하다, 뛰어나다
☐ 381	pilgrim [pílgrɪəm]	명 순례자 cf. **pilgrim caravan** 순례 여행단 ⇒명 pilgrimage 명 성지순례(☞27)
☐ 382	detour [díːtuər, dɪtúər]	명 우회, 에움길, 우회로
☐ 383	celebrity [səlébrəti]	명 유명인, 명사
☐ 384	deepen [díːpn]	타 깊게 하다, 심화시키다, 심각하게 하다 ⇐형 deep 형 깊은
☐ 385	strait [stréɪt]	명 해협 cf. **Strait of Gibraltar** 지브롤터 해협

이븐 바투타

이븐 바투타는 마르코 폴로를 웃도는 총 약 12만 킬로미터에 달하는 거리를 답파한 이슬람교도 여행가이다. 1304년에 모로코에서 태어난 이븐 바투타는 1325년에 메카 순례에 나섰다. 그는 튀니스에서 순례 여행단에 합류했다. 스팍스에서는 신부를 맞아들였다. 그는 여러 곳에 들른 끝에 1326년에 메카에 도착했다. 그리고 메카를 기점으로 인도와 중국까지 네 차례의 여행에 나섰다. 그는 각지에서 학자나 명사들과 교우하며 학문을 닦았다. 1349년에 25년 만에 모로코로 귀향한 후 중병을 얻었다. 병이 낫자 1351년에는 지브롤터 해협을 건너 그라나다 왕국을 방문했다. 이듬해에는 아프리카를 남하해 말리 제국에 머물렀다. 귀국 후, 저술가인 이븐 주자이에게 여행 중의 추억을 들려주어 받아쓰게 했고, 이븐 주자이는 이븐 바투타의 산문에 시구절을 붙여 1335년에『삼대륙주유기』를 완성했다.『삼대륙주유기』를 완성한 후, 이븐 바투타는 법관으로 지내다 1369년에 세상을 떴다.

□ 386	reminiscence [rèmənísns]	명 회상, 추억, 기억	
□ 387	fragment [frǽgmənt]	명 파편, 단편, 조각	
□ 388	judicial [dʒudíʃəl]	형 재판의, 사법의, 재판에 의한	

+ Glossary

□ ℓ.1	a total of	총계
□ ℓ.3	set off	출발하다
□ ℓ.5	as far as	…까지
□ ℓ.10	travel down	…를 남쪽으로 여행하다

43 Mansa Musa

1   Mansa Musa was the 9th emperor of the Mali Empire in West Africa. Born
around 1280, he ascended the throne around 1312. His empire reached its
height of **splendor** during his reign. He is well-known for his **staggering**
wealth. Being an **ardent** Muslim, he set out on a pilgrimage to Mecca in
5   1324, with a **glittering** procession. He was accompanied by 60,000 men,
including many **heralds** dressed in silk and 12,000 slaves who carried gold
bars. On his way home, when he dropped in at Cairo under the Mamluk
rule, he gave out gold **unstintingly**. As a result, the gold market collapsed,
and inflation **reportedly** continued for more than 10 years. He built many
10 mosques in Timbuktu, which grew to be a center of trade, culture and
Islam. He was also a great patron of learning. He invited many scholars to
Timbuktu from the Middle East and North Africa, thus making the city a
center of learning. After he died around 1337, Musa was long remembered
in the Islamic world for his **extravagant** pilgrimage to Mecca.

☐ 389	**splendor** [spléndər]	몡 호화로움, 화려함
☐ 390	**stagger** [stǽgər]	팀 비틀거리게 하다, 혼비백산케 하다 困 휘청거리다 ⇒⟐ staggering 혱 혼비백산케 하는, 경이적인, 믿기 어려울 정도의
☐ 391	**ardent** [áːrdnt]	혱 열심인, 열광적인, 열렬한
☐ 392	**glitter** [glítər]	困 반짝반짝 빛나다, 반짝이다, 빛나다 ⇒⟐ glittering 혱 빛나는, 화려한
☐ 393	**herald** [hérəld]	몡 예고, 사자, 전령 팀 …의 예고를 하다, 고지하다
☐ 394	**stint** [stínt]	困 절약하다 팀 내주기 아까워하다 ⇒⟐ unstintingly 틘 아낌없이

만사 무사

만사 무사는 서아프리카 말리 제국의 제9대 황제이다. 1280년경에 태어난 그는 1312년에 즉위했다. 그의 치세에 제국은 화려한 전성기를 맞이했다. 만사 무사는 막대한 부를 쌓은 것으로도 유명하다. 열렬한 이슬람교도였던 만사 무사는 1324년에 휘황찬란한 행렬과 함께 메카를 순례했다. 비단옷을 걸친 수많은 전령과 금괴를 든 1만 2천 명의 노예 등, 6만 명에 달하는 사람이 동행했다. 순례를 마치고 돌아가는 길에 들른 맘루크 왕조 치하의 카이로에서는 아낌없이 금을 베풀었다. 그 탓에 금 시세가 폭락해 10년 이상 인플레이션이 이어졌다. 그는 팀북투에 많은 모스크를 지었고, 팀북투는 교역, 문화, 이슬람교의 중심지로 성장했다. 또한 만사 무사는 학문의 열렬한 후원자이기도 했다. 만사 무사는 중동이나 북아프리카에서 많은 학자를 팀북투로 초빙해 그곳을 학문의 중심 도시로 만들었다. 1337년경에 그가 죽은 뒤로도 만사 무사는 호화로운 메카 순례로 이슬람 세계에 오랫동안 기억되었다.

☐ 395	reportedly [rɪpɔ́ːrtɪdli]	🖹 전해지는 바에 따르면, 보도에 따르면, 소문에 의하면
☐ 396	extravagant [ɪkstrǽvəgənt, eks-]	🖹 낭비하는, 사치스러운, 호화로운

+ Glossary

☐ ℓ.1	Mali Empire	말리 제국(13~16세기경 서아프리카에서 번성한 제국)
☐ ℓ.4	set out on	···로 떠나다
☐ ℓ.6	dressed in	···를 입고, ···의 복장을 하고
☐ ℓ.7	drop in at	···에 잠시 들르다
☐ ℓ.8	give out	크게 베풀다

44 Ottoman Empire

1　At the end of the 13th century, Osman I founded the Ottoman Emirate
in northwestern Anatolia. The 2nd sultan, Orhan, obtained a number of
strongholds in Anatolia. The 4th sultan, Bayezid I the **Thunderbolt**,
unified most of Anatolia. In 1453, the 7th sultan, Mehmed II the Conqueror,
5　captured Constantinople and overthrew the Byzantine Empire. He
transformed Constantinople into Istanbul, a **worthy** capital of a worldwide
Islamic empire. In the mid-16th century, the Ottoman Empire reached
its **apex** during the reign of the 10th sultan, Suleiman I the Magnificent,
who **oversaw** the golden age of the empire in the artistic, literary and
10　**architectural** fields. At the **helm** of an expanding empire, he reformed
legislation. Although most of the sultans after Suleiman were young,
incapable or controlled by their mothers, the empire lasted well into the 20th
century until Mustafa Kemal Atatürk abolished the Ottoman **monarchy** in
1922.

□ 397	**stronghold** [strɔ́ːŋhòʊld]	몡 거점, 아성, 요새
□ 398	**thunderbolt** [θʌ́ndərbòʊlt]	몡 번개, 벼락, 낙뢰
□ 399	**worthy** [wɔ́ːrði]	혱 …(of)하기에 알맞은, …에 상응하는, 훌륭한 ⇐몡 **worth** 젠 …의 가치가 있는　몡 가치
□ 400	**apex** [éɪpèks]	몡 정점, 전성기, 절정
□ 401	**oversee** [òʊvərsíː]	톄 감독하다, 감시하다(oversaw, overseen)
□ 402	**architectural** [ɑ̀ːrkətéktʃərəl]	혱 건축의, 건축상의, 건축학의 ⇐몡 **architecture** 몡 건축

오스만 제국

13세기 말에 오스만 1세가 북서 아나톨리아에 오스만 후국(侯國)을 건국했다. 제2대 술탄인 오르한은 아나톨리아의 여러 거점을 제압했다. 제4대 술탄인 '번개왕' 바예지드 1세는 아나톨리아의 대부분을 통일했다. 1453년, 제7대 술탄인 '정복왕' 메흐메트 2세는 콘스탄티노플을 정복해 비잔틴 제국을 멸망시켰다. 그는 콘스탄티노플을 세계적인 이슬람 제국에 걸맞은 도읍인 이스탄불로 탈바꿈시켰다. 16세기 중반, 오스만 제국은 예술, 문예, 건축 분야에서 제국의 황금기를 연출한 사람이자 제10대 술탄인 '장엄한 왕' 술레이만 1세의 치세에 전성기를 맞이했다. 그는 팽창하는 제국의 키를 잡고 법률을 개혁했다. 술레이만 이후의 술탄은 대부분 어리거나, 무능하거나, 모후(母后)에게 조종을 당했지만 그럼에도 제국은 20세기까지 존속했으며, 1922년에 무스타파 케말 아타튀르크가 오스만 왕가를 폐지할 때까지 명맥을 유지했다.

☐ 403	helm [hélm]	圀 키, 조타장치 cf. **at the helm of** …를 담당해, 관리해	
☐ 404	legislation [lèdʒɪsléɪʃən]	圀 법률, 법령, 입법 ⇐圈legislate 困 법률을 제정하다 困 법률화하다	
☐ 405	monarchy [má:nərki]	圀 왕정, 제정, 왕실 ⇐圈monarch 圀 군주, 국왕, 황제(☞67)	

+ Glossary

☐ ℓ.1	emirate	후국
☐ ℓ.2	sultan	술탄(군주의 호칭)
☐ ℓ.5	Constantinople	콘스탄티노플
☐ ℓ.5	Byzantine Empire	비잔틴 제국(※동로마 제국이라고도 불린다)

45 Yi Seong-Gye

Yi Seong-gye was the founder of the Joseon dynasty of Korea. Born in 1335, Yi joined the Goryeo army at age 22, and distinguished himself in battle against foreign forces. The Wihwado **Retreat** proved to be the turning point in his life. In 1388, King U of Goryeo decided to attack the Ming army and ordered Yi to lead the troops despite his **resolute** opposition. But when he got **stuck** at Wihwado, Yi decided to return the army to the capital Gaeseong. Having become an **insurgent** who had **disregarded** the king's order, he swept back to Gaeseong and **banished** King U to place King U's heir on the throne as King Chang. In 1389, in reaction to a failed plot to assassinate him, Yi **forcibly** replaced King Chang with King Gongyang, his **daughter-in-law**'s uncle. After that, he removed the officials who stood by King Gongyang to cut him off from them. After King Gongyang stepped down from the throne in 1392, Yi assumed the throne as King Taejo. He thus started the Joseon dynasty that would last for over 500 years. He then transferred the capital from Gaeseong to Hanyang in 1394, and built the foundation of today's Seoul. In 1398, after 6 years on the throne, he crowned his son as a new king. He then became a devout Buddhist, and died in 1408.

□ 406	retreat [rɪtríːt]	명 퇴각, 후퇴, 변경 재 퇴각하다, 후퇴하다, 도망치다
□ 407	resolute [rézəlùːt]	형 굳게 결심한, 단호한, 결연한 ⇒명 resolution 명 결의
□ 408	stuck [stʌk]	형 움직일 수 없는, 꼼짝 못 하는, 진퇴양난의
□ 409	insurgent [ɪnsɔ́ːrdʒənt]	명 반란자, 폭도, 무장세력
□ 410	disregard [dìsrɪgáːrd]	타 무시하다, 경시하다, 소홀히 하다 ⇔명 regard 타 (높게) 평가하다, 주시하다 ≒ 동 ignore

이성계

이성계는 조선의 건국자이다. 그는 1335년에 태어나 22세에 고려군에 입대한 후 외적과의 전투에서 무훈을 세웠다. 인생의 전환점은 위화도 회군이었다. 1388년, 고려의 우왕은 명(明)군을 공격하기로 결정했고, 이성계의 단호한 반대에도 불구하고 군대를 이끌라는 명령을 내렸다. 하지만 위화도에서 진퇴양난의 상황에 놓인 이성계는 군사를 수도인 개성으로 되돌리기로 결정했다. 왕명을 무시하면서 반란군이 된 이성계는 개성을 침공해 우왕을 쫓아낸 후, 우왕의 세자를 창왕으로 옹립했다. 1389년, 이성계는 자신을 암살하려던 음모가 실패한 것을 빌미로 창왕을 강제로 폐위하고 며느리의 백부에 해당하는 공양왕을 옹립했다. 이후 공양왕과 가까운 고관들을 제거해 왕을 고립시켰다. 1392년에 공양왕이 퇴위하자 이성계는 태조로 즉위했다. 이렇게 500년 이상 이어질 조선 왕조가 시작되었다. 이성계는 1394년에 개성에서 한양으로 수도를 옮기고 현재 서울의 기반을 쌓았다. 그는 재위 6년인 1398년에 세자에게 왕위를 물려주었다. 그 후로는 불문에 귀의해 1408년에 세상을 떴다.

☐ 411	**banish** [bǽnɪʃ]	圓 추방하다, 유형(流刑)에 처하다, 내쫓다
☐ 412	**forcibly** [fɔ́ːrsəbli]	團 강제적으로, 억지로 ⇐圓 forcible 圈 강제적인, 억지로 시키는, 폭력적인
☐ 413	**daughter-in-law** [dɔ́ːtərɪnlɔ̀ː]	圓 며느리, 아들의 아내 ⇔圓 son-in-law 사위, 딸의 남편(☞49)
☐ 414	**devout** [dɪváut]	圈 독실한, 경건한, 열렬한

+ Glossary

☐ ℓ.1	Joseon dynasty of Korea	조선 왕조
☐ ℓ.8	place on the throne	왕위에 앉다
☐ ℓ.9	in reaction of	…에 반응해
☐ ℓ.11	stand by	지지하다
☐ ℓ.12	cut off	고립시키다
☐ ℓ.12	step down from the throne	퇴위하다
☐ ℓ.13	assume the throne	즉위하다
☐ ℓ.15	build the foundation of	…의 기반을 쌓다

46 Timur

1   Timur was the founder of the Timurid Empire. He was born in 1336 in the
Chagatai Khanate, which is roughly today's Uzbekistan. An **admirable**
warrior, he established his empire with Samarkand as its capital in 1370. He
helped Soyurgatmish, a descendant of Genghis Khan, to become a puppet
5 khan and married Saray Mulk, also descended from Genghis Khan, as his
chief **consort**. Pretending to act as the **protector** of the **royal** line to which
he was related by marriage, he was the virtual ruler of the empire. Under
the banner of recovering the lost territory of the Genghis Khan family
and spreading Islam, he led a number of military campaigns to expand
10 his territory over a vast area. He forcibly **relocated** a great many people,
including scholars, architects and **craftsmen**, to Samarkand from the lands
he had conquered. Samarkand thus became a **metropolis** with a population
of over 300,000. After Timur died in 1405, his empire fell into **disorder**
until it ended in 1507.

☐ 415	admirable [ǽdmərəbl]	휑 칭찬할 만한, 훌륭한 ⇐타 **admire** 타 칭찬하다	
☐ 416	consort [káːnsɔːrt]	명 (지배자의)배우자	
☐ 417	protector [prətéktər]	명 보호자, 옹호자, 보호 장치 ⇐타 **protect** 타 보호하다, 지키다	
☐ 418	royal [rɔ́iəl]	휑 국왕의, 왕실의, 왕가의	
☐ 419	locate [lóukeɪt]	타 …의 장소를 알아내다, 두다, 정하다 ⇒타 **relocate** 타 이전시키다, 이주시키다 ⇒타 **location** 명 장소, 위치	
☐ 420	craftsman [krǽftsmæn]	명 장인, 숙련공, 공예가(craftsmen)	

티무르

티무르는 티무르 제국의 건국자이다. 그는 1336년에 오늘날의 우즈베키스탄 부근의 차가타이 칸국에서 태어났다. 탁월한 전사였던 그는 1370년에 사마르칸트를 수도로 하는 제국을 수립했다. 칭기즈 칸의 자손인 수르가트미쉬를 이름뿐인 칸의 자리에 앉히고, 마찬가지로 칭기즈 칸의 자손인 사라이 물크와 결혼했다. 혼인으로 맺은 인척 관계인 왕가의 보호자 역할을 하는 척했지만 실질적인 지배자는 티무르였다. 티무르는 칭기즈 칸의 잃어버린 영토 회복과 이슬람교 전파를 기치로 삼아 수많은 군사작전을 이끌었고, 광대한 지역으로 영토를 넓혔다. 그는 정복지에서 학자, 건축가, 직공 등 다수를 사마르칸트로 강제 이주시켰다. 사마르칸트는 인구 3십만이 넘는 대도시로 거듭났다. 1405년에 티무르가 사망한 후 제국은 혼란에 빠졌고, 1507년에 멸망했다.

□ 421	**metropolis** [mətrá:pəlɪs]	몡 주요 도시, 대도시, 중심지 ⇒📖 **metropolitan** 휑 주요 도시의, 대도시의
□ 422	**disorder** [dɪsɔ́:rdər, dɪz-]	몡 혼란, 폭동, 장애 ⇔📖 **order** 몡 질서 cf. **fall into disorder** 혼란에 빠지다

+ Glossary

□ ℓ.2	**khanate**	칸국(칸이 통치하는 나라)
□ ℓ.5	**khan**	칸(군주의 호칭)
□ ℓ.5	**be descended from**	…의 자손인

47 Yongle Emperor

The Yongle Emperor was the 3rd emperor of the Ming dynasty of China. He was born in 1360 as Zhu Di, the 4th son of Zhu Yuanzhang. In 1368, Zhu Yuanzhang proclaimed himself the Hongwu Emperor of the Ming dynasty. He appointed his eldest son Zhu Biao as crown prince, and established feudal princedoms for his other sons. Di was appointed Prince of Yan, and impressed Hongwu by a successful military campaign against the Mongols. In 1392, Prince Biao died of overwork. After **deliberation**, Hongwu appointed Biao's son Zhu Yunwen as the new crown prince. After Hongwu died in 1398, Yunwen succeeded him as the Jianwen Emperor, and began arresting his uncles. Faced with **hostility** from his nephew, Di **feigned insanity** until, in 1399, he launched the Jingnan Rebellion, which ended with the **demise** of Jianwen in 1402. Di then crowned himself as the Yongle Emperor. He sent a **fleet** commanded by Admiral Zheng He as far as Africa, had the *Yongle Encyclopedia* **compiled**, and built the Forbidden City in Beijing, where he transferred the capital. He led military campaigns to crush the remnants of the Yuan dynasty. He died on a campaign in 1424. The dynasty he reorganized lasted for over 200 years.

☐ 423	**deliberation** [dɪlìbəréɪʃən]	명 심사숙고, 사안, 심의 ←태 **deliberate** 태 심사숙고하다, 심의하다 형 고의의, 의도적인
☐ 424	**hostility** [hɑstíləti]	명 적의, 반감, 전투 ←태 **hostile** 형 적의가 있는, 반감을 가진(☞100)
☐ 425	**feign** [féɪn]	태 …인 체하다, 가장하다, 흉내 내다
☐ 426	**insanity** [ɪnsǽnəti]	명 정신 이상, 광기, 미친 짓 ←태 **insane** 형 제정신이 아닌, 광기의(☞89)
☐ 427	**demise** [dɪmáɪz]	명 소멸, 종결, 서거

영락제

영락제는 명나라의 제3대 황제이다. 1360년에 주원장의 넷째 아들인 주체로 태어났다. 1368년, 주원장이 홍무제로 즉위하며 명 왕조를 열었다. 홍무제는 장남인 주표를 황태자로 책봉하고 다른 아들들은 번왕(藩王)으로 분봉했다. 주체는 연왕이 되자 몽골 원정에서 승리해 두각을 드러냈다. 1392년, 황태자 주표가 과로로 사망했다. 홍무제는 고심 끝에 주표의 아들 주윤문을 황태손으로 삼았다. 1398년에 홍무제가 사망하자 주윤문이 건문제로 즉위했고, 숙부들을 잡아들이기 시작했다. 건문제의 적개심을 알아차린 주체는 미친 척 연기를 했고 1399년, 정난의 변을 일으켜 1402년에 건문제를 물리쳤다. 주체는 영락제로 즉위했다. 영락제는 제독 정화가 이끄는 함대를 아프리카까지 파견했고, 『영락대전』을 편찬했으며, 북경에 자금성을 세워 그곳으로 수도를 옮겼다. 그는 친히 원정에 나서 원 왕조의 잔당을 몰아냈다. 1424년 영락제가 원정 중 사망했다. 그가 재편한 왕조는 이후 200년 이상 이어졌다.

□ 428	fleet [flíːt]	몡 함대, 선대, 선단
□ 429	encyclopedia [ensàɪkləpíːdiə]	몡 백과사전 cf. **Yongle Encyclopedia** 『영락대전』
□ 430	compile [kəmpáɪl]	国 수집하다, 편집하다, 편찬하다

+ Glossary

□ ℓ.3	Ming dynasty	명 왕조
□ ℓ.4	crown prince	황태자, 황태손
□ ℓ.5	princedom	번왕의 영지
□ ℓ.10	(be) faced with	…에 직면하다
□ ℓ.13	admiral	제독
□ ℓ.13	as far as	…까지
□ ℓ.14	Forbidden City	자금성

48 Zheng He

1 Zheng He was a Chinese admiral of the Ming dynasty. He was born into a Muslim family as Ma He around 1371. He served the Yongle Emperor, who **conferred** the family name Zheng on him. Beginning in 1405, Zheng He commanded a **gigantic** fleet of over 300 vessels and made **mammoth**
5 voyages as far as Africa, several decades before Christopher Columbus's fleet of three ships reached America. With such a **formidable** navy, China could have become a great colonial power before the European expansion. But after Zheng He died during his 7th voyage around 1433, Ming China forbade **overseas** travel. **Unruly traders** and **seamen** were executed. Thus,
10 the world's greatest navy soon went into extinction. The period of China's outward expansion was followed by the period of its **isolation**.

□ 431	confer [kənfə́:r]	탄 …(on)에게 주다, 수여하다, 보내다 자 협의하다, 의논하다, 상담하다
□ 432	gigantic [dʒaɪɡǽntɪk]	형 거대한, 방대한
□ 433	mammoth [mǽməθ]	형 거대한 명 매머드
□ 434	formidable [fɔ́:rmədəbl, fərmí-, fɔ:r-]	형 무서운, 강력한, 만만치 않은
□ 435	overseas 형 [óuvərsí:z] 부 [-́-]	형 해외의, 해외로의, 해외에서의 부 해외로, 해외에, 해외에서
□ 436	unruly [ʌnrú:li]	형 제멋대로 하는, 규칙에 따르지 않는, 다루기 힘든
□ 437	trader [tréɪdər]	명 무역업자, 상인 ←파 trade 자 무역하다, 거래하다 탄 거래하다, 교환하다 명 거래, 무역

정화

정화는 중국 명나라의 제독이다. 그는 1371년에 이슬람교도의 집안에서 마화라는 이름으로 태어났다. 영락제를 섬긴 그는 영락제에게 '정'이라는 성을 하사받았다. 크리스토퍼 콜럼버스가 세 척의 선단으로 미국에 도달하기 수십 년 전인 1405년부터, 정화는 300척 이상의 거대한 선단을 이끌고 아프리카로 대규모 항해를 했다. 이토록 강대한 해군을 거느렸던 중국은 유럽인이 해외로 진출하기 전에 강력한 식민지 강국이 될 수도 있었다. 하지만 1443년경에 정화가 일곱 번째 항해 중 사망한 뒤로 명나라는 해금(海禁) 정책을 취했다. 이를 어기는 상인이나 선원은 처형당했다. 이렇게 세계 최강의 해군은 점차 사라지고 말았다. 중국의 대외 확장 시대는 막을 내렸고, 고립주의의 시대에 접어들었다.

□ 438	**seaman** [síːmən]	몡 선원, 뱃사람(seamen)
□ 439	**extinction** [ıkstíŋkʃən, eks-]	몡 멸종, 사멸, 소멸 ⇐때 **extinct** 휑 멸종한, 사멸한
□ 440	**isolation** [àɪsəléɪʃən]	몡 고립, 격리, 고독 ⇐때 **isolate** 타 고립시키다, 격리하다(☞86)

+ Glossary

□ ℓ.1	admiral	제독
□ ℓ.1	Ming dynasty	명 왕조
□ ℓ.11	outward	대외적인

49 Johannes Gutenberg

Johannes Gutenberg was a German **inventor** who developed movable type printing. His **invention** helped make the Bible accessible to laypeople, thus **paving** the way for the Reformation. Born around 1400, Gutenberg started **experimenting** with printing in the 1430's. Having made **refinements** to his method, he started printing in 1450 with backing from a financier named Johann Fust. But he became unable to repay the debt, and was **sued** by Fust in 1455. Gutenberg lost the **lawsuit** and Fust took over most of his printing business. The *42-line Bible*, a masterpiece known as the Gutenberg Bible, was printed while the trial was going on. The printing business that Gutenberg had to **relinquish** was run by Fust and his **son-in-law**. Their first book was the *Psalms*, but historians **unanimously** agree that they could not have developed such a sophisticated method without Gutenberg's help. Gutenberg died **inconspicuously** in 1468.

□ 441	inventor [ɪnvéntər]	몧 발명가, 고안자 ⇐팀 invent 팀 만들어내다, 발명하다 ⇒팀 invention 몧 발명품, 발명
□ 442	pave [péɪv]	팀 포장하다, 덮다 cf. pave the way for …로의 길을 정비하다
□ 443	experiment 재 [ɪkspérəmènt, eks-] 몧 [-mənt]	재 …(with)의 실험을 하다 몧 실험
□ 444	refinement [rɪfáɪnmənt]	몧 개선점, 개선판, 순화 ⇐팀 refine 팀 세련하다, 제련하다, 품위 있게 하다
□ 445	sue [s(j)úː]	팀 고소하다, …에게 배상 소송을 제기하다 재 소송을 제기하다
□ 446	lawsuit [lɔ́ːsùːt]	몧 소송
□ 447	relinquish [rɪlíŋkwɪʃ]	팀 포기하다, 양도하다, 손을 놓다

요하네스 구텐베르크

요하네스 구텐베르크는 활판 인쇄술을 발명한 독일인이다. 그의 발명은 일반 신자들도 성서를 읽을 수 있게 해 종교개혁의 토대가 되었다. 1400년경에 태어난 구텐베르크는 1430년대부터 인쇄술을 실험하기 시작했다. 그는 자신만의 방법으로 인쇄술을 개량한 끝에, 1450년에 투자자 요한 푸스트로부터 얻은 자금으로 인쇄업을 시작했다. 하지만 그가 제때 빚을 갚지 못하게 되면서 1455년에는 푸스트로부터 고소를 당했다. 구텐베르크는 패소했고, 인쇄업의 대부분은 푸스트에게 넘어가고 말았다. 구텐베르크 성경이라는 이름으로 알려진 대표작 『42행 성경』은 재판 중에 출판되었다. 구텐베르크가 포기할 수밖에 없었던 인쇄소는 푸스트와 그 사위가 물려받았다. 그들의 첫 출판물은 『시편』이었지만, 역사가들은 그들이 구텐베르크의 도움 없이 그렇게 정교한 방식을 고안해 낼 수는 없었을 것이라는 데 의견을 같이하고 있다. 구텐베르크는 1468년에 조용히 숨을 거두었다.

☐ 448	son-in-law [sʌ́nɪnlɔ̀ː]	몡 사위, 딸의 남편 ⇔몡 daughter-in-law 몡 며느리, 아들의 아내(☞45)	
☐ 449	unanimous [ju(ː)nǽnəməs]	톙 만장일치의, 전원 일치의, 같은 의견의 ⇒뿐 unanimously 뷘 만장일치로, 전원 일치로	
☐ 450	conspicuous [kənspíkjuəs]	톙 이목을 끄는, 눈에 띄는 ⇒뿐 inconspicuously 뷘 눈에 띄지 않게, 조용히	

+ Glossary

☐ ℓ.1	movable type printing	활판인쇄[※movable type(활판)]
☐ ℓ.2	laypeople	평신도
☐ ℓ.3	Reformation	종교개혁
☐ ℓ.5	with backing from	…의 지원을 받아
☐ ℓ.5	financier	투자가
☐ ℓ.11	the Psalms	『시편』

50 Francisco Pizarro

1   Francisco Pizarro was a Spanish conquistador who conquered the Inca
Empire. Along with Hernán Cortés, who conquered the Aztec Empire,
Pizarro played a central role in establishing Spanish colonial rule of
Latin America. Born in the 1470's, he went to the Caribbean in 1502 to
5 join the colonial governor's fleet. Then he learned of the Inca Empire.
After returning to Spain to secure Queen Isabel's **sanction**, Pizarro left to
conquer the empire in 1531. Through a series of **maneuvers**, he **ambushed**
and captured the Inca emperor Atahualpa in Cajamarca in 1532. Pizarro
demanded a **ransom** for the emperor's release and Atahualpa gave him a
10 huge amount of gold and silver, but Pizarro executed him and brought the
empire to an end in 1533. Then he invaded the imperial capital Cusco and
created the city of Lima in 1535. But then a conflict **flared** up over the rule
of Cusco between him and his **comrade**. In 1541, Pizarro's rivals **conspired**
against Pizarro, who was attacked and killed at his house in Lima. The
15 Spanish royal family soon started to **intervene**, and the territories Pizarro
obtained went under Spanish colonial rule.

☐ 451	**sanction** [sǽŋkʃən]	명 허가, 승인, 제재 타 허가하다, 인가하다, …에 제재를 가하다
☐ 452	**maneuver** [mənúːvər]	명 책략, 술책, 연습
☐ 453	**ambush** [ǽmbuʃ]	타 매복하다 명 매복
☐ 454	**ransom** [rǽnsəm]	명 몸값, 몸을 빼냄
☐ 455	**flare** [fléər]	자 타오르다, 붉게 빛나다, 발발하다
☐ 456	**comrade** [kάːmræd, -rəd]	명 동료, 동지, 전우

프란시스코 피사로

프란시스코 피사로는 잉카 제국을 정복한 스페인 정복자이다. 그는 아즈텍 제국을 정복한 에르난 코르테스와 더불어 스페인의 중남미 식민지 지배를 확립시키는 데 중심적인 역할을 했다. 1470년대에 태어난 피사로는 1502년에 식민지 총독의 함대에 합류해 카리브해로 향했다. 그리고 잉카 제국의 존재를 알게 되었다. 피사로는 스페인으로 돌아와 왕비 이사벨의 허가를 받고 1531년에 잉카 제국 정복을 위해 출발했다. 1532년, 피사로는 일련의 계책을 펼쳐 카하마르카에서 매복해 잉카의 황제 아타우알파를 생포했다. 피사로가 황제 석방을 위한 몸값을 요구하자 아타우알파는 막대한 양의 금과 은을 제공했지만 1533년에 피사로는 황제를 처형하고 잉카 제국을 멸망시켰다. 피사로는 이어서 제도 쿠스코를 침공해 1535년에는 리마시(市)를 창설했다. 하지만 이후 쿠스코의 통치권을 둘러싸고 그와 동료 간에 대립이 벌어졌다. 1541년에 대립 세력이 공모해 리마의 자택으로 피사로를 습격했고, 피사로는 살해당했다. 이후 스페인 왕실이 개입하기 시작하면서 그의 정복지는 스페인의 식민 통치를 받게 되었다.

☐ 457	conspire [kənspáiər]	짜 공모하다, …(against)에 대해 음모를 꾸미다 ⇒囲conspiracy 명 음모, 공모(☞105)
☐ 458	intervene [ìntərví:n]	짜 중재하다, 개입하다, 끼어들다 ⇒囲intervention 명 중재, 간섭, 개입(☞108)

+ Glossary

☐ ℓ.1	conquistador	정복자(아메리카대륙을 정복한 스페인을 가리킨다)
☐ ℓ.2	along with	…와 함께
☐ ℓ.2	Aztec Empire	아즈텍 제국(지금의 멕시코를 중심으로 번영했다)
☐ ℓ.4	Latin America	중남미
☐ ℓ.10	bring ... to an end	끝내다, 종결시키다, 멸망시키다
☐ ℓ.15	royal family	왕실

51 Bartolomé de Las Casas

Bartolomé de Las Casas was a Spanish missionary who exposed Spanish atrocities in the New World. Born in 1484 to a baker, Las Casas left for the Indies, or the New World, on an expedition that Francisco Pizarro had also joined in 1502. In the Indies, he witnessed the Spaniards' cruel treatment of
5   the Indians. After he returned home, he was **ordained** a priest in 1507. In 1514, unable to bear the pangs of **conscience**, he criticized the enslavement of the Indians in a **sermon**. From then on, while writing **prolifically**, he repeatedly described how Indians were being killed by the Spanish colonizers and called for the **liberation** of the Indian slaves and their
10 peaceful **conversion** to Christianity, until he died in 1566. He was highly **controversial**. While he was **hailed** by some as a hero who fought against **oppression**, in Spain he was **rebuked** as being a "traitor to his own nation."

□ 459	**ordain** [ɔːrdéɪn]	타 임명하다, 서품하다, 정하다
□ 460	**conscience** [kɑ́ːnʃəns]	명 양심, 도의심, 죄책감 ⇒형 conscious 형 의식하고 있는
□ 461	**sermon** [sɔ́ːrmən]	명 설교, 잔소리
□ 462	**prolific** [prəlífɪk]	형 다작의, 다산의, 번식하는 ⇒형 prolifically 부 정력적으로
□ 463	**liberation** [lìbəréɪʃən]	명 해방, 석방, 자유화 ⇐동 liberate 타 해방하다, 석방하다(☞73)
□ 464	**conversion** [kənvɔ́ːrʒən, -ʃən]	명 전환, 개종, 전향 ⇐동 convert 타 전환하다, 개종시키다, 전향시키다
□ 465	**controversial** [kɑ̀ːntrəvɔ́ːrʃəl]	형 논쟁을 부르는, 물의를 일으키는, 평가가 갈리는 ⇐명 controversy 명 논쟁, 의논

바르톨로메 데 라스카사스

바르톨로메 데 라스카사스는 신대륙에서 벌어진 스페인의 잔학한 행위를 고발한 스페인 선교사이다. 1484년에 제빵사의 아들로 태어난 라스카사스는 1502년에 프란시스코 피사로와 같은 함대에서 당시 인디아스라고 불리던 신대륙으로 떠났다. 그는 그곳에서 원주민에 대한 스페인인의 잔혹한 처우를 목격했다. 귀국 후, 그는 1507년에 사제로 서품받았다. 1514년에 라스카사스는 양심의 가책을 견디다 못해 설교 중 원주민의 노예화를 비판했다. 이후로 정력적으로 책을 집필하는 한편 스페인 정복자들이 원주민의 생명을 앗아가는 현실을 반복적으로 언급하며 원주민 노예의 해방과 기독교로의 평화적인 개종을 추구하다 1566년에 세상을 떴다. 그의 평가는 크게 엇갈린다. 일부에서는 압정에 맞선 영웅으로 칭송받는 한편, 스페인에서는 '조국의 반역자'라는 비난을 받았다.

□ 466	hail [héɪl]	탄 평가하다, 찬양하다, 인정하다
□ 467	oppression [əpréʃən]	명 압정, 억압, 탄압 ⇐ 파 oppress 타 학대하다, 차별하다, 박해하다(☞148)
□ 468	rebuke [rɪbjúːk, rə-]	탄 강하게 비난하다, 질책하다, 매도하다

+ Glossary

□ ℓ.2	atrocity	잔학한 행위
□ ℓ.3	New World	신세계, 남북아메리카
□ ℓ.6	pang	괴로움, 고통
□ ℓ.6	enslavement	노예화
□ ℓ.9	colonizer	식민지 개척자
□ ℓ.9	call for	…를 추구하다
□ ℓ.12	traitor	배신자

52 Babur

1　Babur was the founder of the Mughal Empire. He was born in 1483 as a prince descended from Genghis Khan in Fergana, today's Uzbekistan. He mounted the throne when his father died in a **freak** accident in 1494. He laid **siege** to Samarkand and took the city twice, but he was routed by the
5　Uzbeks. In 1504, he went south to Afghanistan and gained a kingdom in Kabul, from where he carried out two failed expeditions to India under the rule of the Lodi dynasty. His last unsuccessful attempt on Samarkand in 1511 **induced** him to give up his **quest** for the city. In the Battle of Panipat in 1526, he defeated the **numerically** superior Lodi army with **firearms** and
10　**artillery** that he had adopted from the Ottomans. He then entered Delhi and founded the Mughal Empire, which would last for over 300 years. He died in Agra in 1530. He was a **refined** writer. His **memoir** *Baburnama* is highly valued. He is a national hero in Uzbekistan, where stamps were issued to **commemorate** his 525th birth anniversary in 2008.

□ 469	freak [fríːk]	휑 이상한, 별난 圐 …광, …마니아, 괴짜
□ 470	siege [síːdʒ]	圐 포위 cf. **lay siege to** 포위하다, 에워싸다
□ 471	induce [ɪnd(j)úːs]	圄 …(to)하게 시키다, 일으키다, 유발하다
□ 472	quest [kwést]	圐 탐구, 추구, 탐사
□ 473	numerical [n(j)uːmérɪkl]	휑 숫자의, 수적인, 수에 관한 ⇒圙 numerically 閈 숫자상으로, 수적으로, 계산상
□ 474	firearm [fáɪəràːrm]	圐 화기, 소화기(小火器)
□ 475	artillery [áːrtiləri]	圐 대포

바부르

바부르는 무굴 제국의 건국자이다. 1483년에 오늘날의 우즈베키스탄에 해당하는 페르가나 영국(領國)에서 칭기즈 칸의 핏줄을 이은 왕자로 태어났다. 1494년에 불의의 사고로 아버지의 잃고 군주의 자리를 물려받았다. 두 차례에 걸쳐 사마르칸트를 포위해 도시를 장악하지만 우즈벡인에게 패배해 달아났다. 1504년, 바부르는 남방의 아프가니스탄으로 가서 카불에 왕국을 세운 후 이곳을 거점으로 삼아 로디 왕조 치하의 인도로 두 차례 원정에 나섰지만 실패했다. 1511년에 사마르칸트로 마지막 원정을 떠나지만 실패하면서 그는 사마르칸트 정복을 단념하게 된다. 1526년에 파니파트 전투에서 오스만 제국으로부터 도입한 총과 대포를 사용해 수적으로 우위인 로디 왕조의 군대를 격파했다. 그리고 델리로 입성해 이후 300년 넘게 이어질 무굴 제국을 세웠다. 바부르는 1530년에 아그라에서 죽었다. 그는 세련된 작가이기도 했다. 그의 회상록인 『바부르나마』는 높은 평가를 받았다. 우즈베키스탄에서 그는 국민적 영웅으로, 2008년에는 탄생 525주년을 기념하는 우표가 발행되었다.

□ 476	refined [rɪfáɪnd]	휑 정제된, 세련된, 품위 있는 ⇐피 refine 타 세련하다, 제련하다, 품위 있게 하다
□ 477	memoir [mémwɑːr]	명 회상록, 자서전, 연구논문
□ 478	commemorate [kəmémərèɪt]	타 축하하다, 기념하다, 추도하다 ⇒피 commemoration 명 축하, 기념

+ Glossary

□ ℓ.1	Mughal Empire	무굴 제국
□ ℓ.3	mount the throne	즉위하다
□ ℓ.8	give up	그만두다, 포기하다

53 William Tyndale

William Tyndale was an English biblical translator who was the first to translate the Bible into English from the original languages. Apart from manuscript translation, the only Bible available in England at the time was the Vulgate, the Latin translation made over 1000 years before. Born around 1494, Tyndale was granted an M.A. from Oxford and ordained a priest. He was a gifted linguist and mastered several languages. Inspired by Martin Luther, he aspired to translate the Bible into English. He said to a scholarly man, "I will cause a boy that driveth the plough shall know more of the Scripture than thou dost." As it was illegal to translate the Bible into the vernacular in England, he went over to the Continent and printed the New Testament translated into English from Greek in Worms, Germany, in 1526. Then he moved to Antwerp, Belgium, where he printed the Pentateuch of the Old Testament translated into English from Hebrew in 1530. Copies of Tyndale's Bible were smuggled into England, where those who possessed a copy of it were executed. Tyndale was arrested in Antwerp, and was burnt at the stake in 1536.

□ 479	biblical [bíblɪkl]	형 성서의 ⇐ 喵 Bible 명 성서
□ 480	manuscript [mǽnjəskrìpt]	형 손으로 쓴, 타이프된 명 원고, 초고, 사본
□ 481	gifted [gíftɪd]	형 타고난 재능이 있는, 천부적인 재능이 있는
□ 482	aspire [əspáɪər]	자 ⋯(to)하기를 열망하다, 갈망하다, ⋯하고 싶다 ⇒ 喵 aspiration 명 강한 바람, 열망(☞54)
□ 483	scholarly [skάːlərli]	형 학식이 있는, 학문을 즐기는, 학술적인 ⇐ 喵 scholar 명 학자
□ 484	plough [pláʊ]	명 쟁기 타 쟁기로 갈다 자 쟁기로 갈다
□ 485	vernacular [vərnǽkjələr, və-]	명 현지어, 토착어, 자국어

윌리엄 틴들

윌리엄 틴들은 최초로 성서를 원어에서 영어로 번역한 영국의 성서 번역가이다. 그전까지 성서는 수기로 번역한 것 외에는 1000여 년 전에 라틴어로 번역된 불가타 성서뿐이었다. 1494년경에 태어난 틴들은 옥스퍼드대학에서 석사학위를 받고 사제로 서품되었다. 어학에 재능이 있었던 그는 여러 언어에 능통했다. 마르틴 루터에게 감화된 틴들은 성서의 영어 번역을 목표로 삼았다. 그는 어떤 지식인에게 이렇게 말하기도 했다. "쟁기로 밭을 일구는 소년이 지금의 당신보다도 성서에 대해 훨씬 잘 알게 해 보이겠다." 잉글랜드에서는 성서의 현지어 번역이 불법이었기 때문에 그는 대륙으로 건너가 1526년에 독일의 보름스에서 그리스어에서 영어로 번역한 신약성서를 인쇄했다. 이후 벨기에의 안트베르펜으로 이주해 1530년에 히브리어에서 영어로 번역한 구약성서의 모세 5경*을 인쇄했다. 그의 성서는 잉글랜드로 밀수되었지만 이를 소지한 자는 처형당했다. 틴들은 안트베르펜에서 체포당해 1536년에 화형에 처했다.

* 구약성서의 처음 다섯 권. 『창세기』, 『출애굽기』, 『레위기』, 『민수기』, 『신명기』

□	486	smuggle [smʌ́gl]	国 밀수하다, 밀입국·밀출국시키다, 몰래 들여오다·들고 나가다

+ Glossary

□	ℓ.2	apart from	…이외에는
□	ℓ.3	at the time	당시
□	ℓ.4	Vulgate	불가타 성서
□	ℓ.5	M.A.	석사 학위
□	ℓ.6	linguist	언어의 재능이 있는 사람, 언어학자
□	ℓ.6	Martin Luther	마르틴 루터
□	ℓ.8	driveth	=drives
□	ℓ.9	thou dost	=you do
□	ℓ.10	go over to	…로 바다를 건너가다
□	ℓ.12	Pentateuch	모세 5경
□	ℓ.13	Hebrew	히브리어
□	ℓ.15	burn at the stake	화형에 처하다

54 Francis Xavier

1　Francis Xavier was a Catholic missionary who was **instrumental** in the establishment of Christianity in India and Japan. Born in 1506 in the Basque country of Spain, he went to study at the University of Paris in 1525. Although he had had **aspirations** for **worldly advancement**, he was
5　inspired by Ignatius of Loyola, with whom he shared **lodgings**, to devote himself to missionary activity. In 1534, seven students including Xavier and Loyola **vowed** lives of poverty and **celibacy** in imitation of Christ in a **chapel** at Montmartre, thus founding the Society of Jesus. In 1540, King John III of Portugal requested Jesuit missionaries to spread Christianity
10　in Portuguese India. Xavier went over to Goa in 1542. When he met a Japanese man named Anjirō in 1547 and learned from him that the Japanese were cultured people, he began to consider going to Japan. In 1549, he went ashore at Kagoshima. After doing missionary work during his 2-year **sojourn** in Japan, he returned to Goa in 1552. He then planned to preach in
15　China and went to Guangdong, where he died of fever.

□ 487	instrumental [ìnstrəméntl]	형 중요한, 도움이 되는 ⇐떼 instrument 명 도구, 기구, 악기	
□ 488	aspiration [æspəréɪʃən]	명 강한 바람, 열망 ⇐떼 aspire 자 …(to)하기를 열망하다, 갈망하다, …하고 싶다	
□ 489	worldly [wɔ́ːrldli]	형 현세의, 세간의, 세속적인	
□ 490	advancement [ədvǽnsmənt]	명 진보, 향상, 승진 ⇐떼 advance 타 자 전진하다(시키다) 명 전진	
□ 491	lodging [láːdʒɪŋ]	명 숙박, 숙박시설; <-s>하숙방	
□ 492	vow [váu]	타 …(to)할 것을 맹세하다, 공약하다 명 맹세, 맹약, 공약	

프란시스코 하비에르

프란시스코 하비에르는 인도와 일본에서 기독교가 자리매김하는 데 중요한 역할을 한 가톨릭 선교사이다. 1506년에 스페인의 바스크 지방에서 태어난 그는 1525년에 파리 대학에 입학했다. 그는 세속적인 출세에 뜻을 두고 있었으나 같은 방을 썼던 이냐시오 데 로욜라의 영향을 받아 선교에 몸을 바치기로 결심했다. 1534년, 하비에르와 로욜라를 비롯한 학생 7인은 몽마르트르의 한 성당에서 그리스도를 본받아 청빈과 금욕의 생활을 보낼 것을 맹세하고 예수회를 창설했다. 1540년, 포르투갈 국왕 주앙 3세가 예수회 선교사에게 포르투갈령 인도에 기독교를 전파하도록 요청했다. 하비에르는 1542년에 고아로 향했다. 그는 1547년에 일본인 안지로를 만나 일본인이 교양 있는 사람들이라는 말을 듣고 일본행을 고려하기 시작했다. 하비에르는 1549년에 가고시마에 상륙했다. 2년 동안 일본에 머무르며 선교를 펼쳤고, 1552년에 고아로 돌아갔다. 이후 중국에서의 선교를 위해 광둥으로 향했지만 그곳에서 열병에 걸려 세상을 떴다.

☐ 493	celibacy [sélǝbǝsi]	명 독신주의, 금욕, 정결	
☐ 494	chapel [tʃǽpl]	명 예배당, 성당	
☐ 495	sojourn [sóudʒǝːrn]	명 체재, 체류, 거주	

+ Glossary

☐ ℓ.5	devote oneself to	…에 몸을 바치다
☐ ℓ.7	in imitation of	…를 본받아
☐ ℓ.8	Society of Jesus	예수회
☐ ℓ.9	Jesuit	예수회의
☐ ℓ.13	go ashore	상륙하다

55 Ivan the Terrible

Ivan the Terrible was the first Tsar of Russia. He was born the son of
Grand Prince Vasili III of Moscow in 1530. After Vasili died in 1533, Ivan
became Grand Prince of Moscow. His mother acted as regent until her
death in 1538. Then came a period of murderous strife for power among
5 the nobles. Crowned Tsar of Russia in 1547, Ivan began his personal rule.
In 1558, he began to fight against Sweden, Poland and other countries in
the Livonian War, a prolonged war that proved unsuccessful. In 1577,
he started an exploration of Siberia to expand his territory. Morbidly
suspicious, he ruthlessly executed many people. In 1581, he murdered his
10 own son. He beat his son's wife for not being dressed modestly. When his
son stopped him, Ivan, in a rage, struck his son in the head with a pointed
stick and fatally wounded him. In 1584, Ivan died from a stroke while he
was playing chess.

□ 496	regent [rí:dʒənt]	몡 섭정, 이사, 평의원
□ 497	murderous [mə́:rdərəs]	톙 살인의, 살의가 있는, 잔인한 ⇐ 몝 murder 탸 죽이다 몡 살인
□ 498	strife [stráɪf]	몡 다툼, 투쟁, 불화 ≒ 圁 conflict
□ 499	prolong [prəlɔ́:ŋ]	탸 늘이다, 길게 하다, 연장하다 ⇒ 몝 prolonged 톙 오래 끄는, 장기의
□ 500	morbid [mɔ́:rbɪd]	톙 병적인, 불건전한 ⇒ 몝 morbidly 뷴 병적으로
□ 501	ruthless [rú:θləs]	톙 무자비한, 냉혹한, 가차 없는 ⇒ 몝 ruthlessly 뷴 무자비하게, 냉혹하게, 가차 없이
□ 502	rage [réɪdʒ]	몡 격노, 분노, 화 cf. in a rage 발끈해서, 격노해서, 격앙되어 ⇒ 몝 enrage 탸 몹시 화나게 하다, 격노시키다(☞6) ⇒ 몝 outrage 탸 격분시키다(☞23)

이반 뇌제

이반 뇌제는 러시아의 초대 차르이다. 그는 1530년에 모스크바 대공 바실리 3세의 아들로 태어났다. 1553년, 바실리 3세가 죽자 이반이 대공에 즉위했다. 그의 어머니는 그녀가 1538년에 사망할 때까지 섭정으로 정무를 맡았다. 그녀가 죽자 귀족들 사이에서 피비린내 나는 권력 투쟁이 이어졌다. 이반은 1547년에 러시아의 차르로 대관해 친정*을 시작했다. 1558년에 시작된 리보니아 전쟁에서 스웨덴, 폴란드 등과 싸웠지만 길고 소득 없는 전쟁이었다. 1577년에는 시베리아 답사를 시작해 영토를 확장했다. 병적으로 의심이 많았던 그는 많은 사람을 가차 없이 처형했다. 1581년에는 친아들마저 죽이고 말았다. 그는 옷차림이 정숙하지 못하다며 며느리를 구타했다. 아들이 이를 말리자 격분해 끝부분이 뾰족한 지팡이로 아들의 머리를 때려 치명상을 입힌 것이다. 그는 1584년에 체스를 두던 도중 뇌졸중으로 쓰러져 사망했다.

*親政. 왕이 직접 공무를 맡아 다스림

☐ 503	**pointed** [pɔ́ɪntɪd]	형 끝이 뾰족한, 날카로운, 신랄한 ←파 **point** 명 선단(先端), 뾰족한 끝
☐ 504	**fatally** [féɪtəli]	부 치명적으로, 결정적으로 ←파 **fatal** 형 치명적인, 생명을 위협하는
☐ 505	**stroke** [stróuk]	명 뇌졸중

+ Glossary

☐ ℓ.1	**tsar**	차르(군주의 호칭)
☐ ℓ.3	**grand prince**	대공
☐ ℓ.5	**personal rule**	친정

56 Philip II

Philip II was King of Spain. During his reign, Spain reached the peak of
its power. Born in 1527 as the son of Holy Roman Emperor Charles V, he
was crowned King of Spain in 1556. In his lifetime, he was married four
times and became a widower four times. Working alone in his office, he
conscientiously requested ever more information, which concealed his
inability to distinguish between the important and the trivial. He was thus
called Philip the Prudent. Seeing himself as the defender of Catholicism,
he strove to enforce Catholicism on the Spanish Netherlands, where
Protestantism had taken root. There was discontent over his incessant
persecution of Protestants, which culminated in the Dutch Revolt, during
which the Netherlands became independent in 1581. In 1571, at the Battle
of Lepanto, the Spanish Armada defeated the Ottoman fleet of 200 galleys
and broke the Ottoman control over the western Mediterranean Sea. When
he sent his Armada to invade Elizabeth I's Protestant England in 1588, it
was utterly defeated and his invasion was averted. Philip died of cancer in
1598.

□ 506	conscientious [kàːnʃiénʃəs]	혱 양심적인, 성실한, 세심한 ⇒圓 conscientiously 彤 양심적으로, 성실하게, 세심하게 ⇒圓 conscience 옝 양심, 분별
□ 507	inability [ìnəbíləti]	옝 무력, 무능, 할 수 없음 ⟺엔 ability 옝 능력
□ 508	trivial [tríviəl]	혱 사소한, 평범한, 별것 아닌
□ 509	prudent [prúːdənt]	혱 주의 깊은, 신중한, 분별이 있는 ⟺엔 imprudent 혱 경솔한
□ 510	discontent [dìskəntént]	옝 불만 ⟺엔 contentment 옝 만족
□ 511	incessant [ɪnsésnt]	혱 끊임없는, 그칠 새 없는

펠리페 2세

펠리페 2세는 스페인의 왕이다. 펠리페 2세의 치세에 스페인은 전성기를 맞이했다. 1527년에 신성 로마 황제 카를 5세의 아들로 태어난 그는 1556년에 스페인의 왕위에 앉았다. 평생네 번 결혼했으며 네 번 모두 아내를 먼저 떠나보냈다. 집무실에서 홀로 정무에 임할 때면 그는 항상 꼼꼼하게 정보를 요구했는데, 그 덕분에 중요한 정보와 사소한 정보를 구별하지 못하는 무능력함을 감출 수 있었다. 따라서 그는 '신중왕 펠리페'라고 불렸다. 스페인령 네덜란드에서는 신교가 뿌리내려 있었지만 스스로를 가톨릭의 옹호자라 생각한 펠리페는 이 땅에 카톨릭을 강요하려 했다. 신교도에 대한 그의 끝없는 탄압에 불만이 깊어지며 네덜란드 독립전쟁이 일어났고, 1581년에 네덜란드는 독립했다. 1571년에 벌어진 레판토 해전에서 스페인의 무적함대는 200척의 갤리선을 거느린 오스만 제국 함대를 격파하며 오스만 제국의 서지중해 진출을 막아냈다. 1588년에는 엘리자베스 1세의 신교 국가인 영국을 침략하기 위해 무적함대를 파견했지만 대패했고, 침략은 좌절되었다. 펠리페 2세는 1598년에 암으로 사망했다.

☐ 512	revolt [rɪvóult, rə-]	명 반란, 폭동, 무장봉기 재 반란을 일으키다, 반기를 들다, 반항하다 cf. **Dutch Revolt** 네덜란드 독립전쟁
☐ 513	utterly [ʌ́tərli]	부 전혀, 완전히, 순전히 ⇐형 utter 형 완전한, 순전한
☐ 514	avert [əvə́ːrt]	타 피하다, 회피하다, 막다

+ Glossary

☐ ℓ.4	widower	홀아비
☐ ℓ.7	Catholicism	가톨릭
☐ ℓ.8	Netherlands	네덜란드
☐ ℓ.9	take root	뿌리내리다
☐ ℓ.11	Battle of Lepanto	레판토 해전
☐ ℓ.12	Armada	무적함대
☐ ℓ.12	galley	갤리선

57 Elizabeth I

1   Elizabeth I was a queen of England, nicknamed the Virgin Queen. Henry VIII had only had a daughter Mary with Queen Catherine and **thirsted** for a son, but there was little hope for success. He **divorced** Catherine and married Anne Boleyn. After giving birth to Elizabeth in 1533, Anne

5   fell into **disgrace** with Henry and was put to death. Henry then married Jane Seymour, who gave birth to Prince Edward. After Henry died in 1547, Edward ascended the throne as Edward VI, but died a **premature** death in 1553. Then Mary succeeded the throne. Elizabeth was Protestant, and therefore was a **troublesome obstruction** to the Catholic Mary, who

10   wanted a son to succeed her. In 1554, Wyatt's Rebellion was **provoked** by Protestants who aimed to replace Mary with Elizabeth. Elizabeth was **intensely interrogated** as to whether she was **privy** to the plot, but maintained that she was unaware of the plan. After Mary died in 1558, Elizabeth inherited the throne. Her reign lasted for over 40 years until her

15   death in 1603.

☐ 515	**thirst** [θə́ːrst]	困 …(for)를 갈망하다, 간절히 원하다 圀 목마름, …(for)에 대한 갈망 ⇒휑 **thirsty** 휑 목마른
☐ 516	**divorce** [dɪvɔ́ːrs]	匤 …와 이혼하다 圀 이혼
☐ 517	**disgrace** [dɪsgréɪs]	圀 불명예, 망신, 치욕 cf. **fall into disgrace with** …의 눈 밖에 나다, 노여움을 사다
☐ 518	**premature** [prìːmət(j)úər]	휑 시기상조의, 이른, 조산의
☐ 519	**troublesome** [trʌ́blsəm]	휑 성가신, 귀찮은, 힘든
☐ 520	**obstruction** [əbstrʌ́kʃən]	圀 장애물, 방해물, 방해 ←휑 **obstruct** 匤 가로막다, 방해하다, 막다(☞140)

엘리자베스 1세

엘리자베스 1세는 처녀 여왕이라는 별명을 가진 잉글랜드의 여왕이다. 헨리 8세에게는 왕비 캐서린과의 사이에 낳은 딸 메리밖에 없었기에 사내아이를 갈망했으나 가능성은 희박했다. 그는 캐서린과 이혼하고 앤 불린과 결혼했다. 앤은 1533년에 엘리자베스를 낳은 후 헨리 8세의 총애를 잃고 처형당했다. 헨리 8세는 이후 제인 시모어와 결혼했고, 왕자 에드워드가 태어났다. 헨리 8세가 1547년에 죽자 에드워드가 에드워드 6세로 즉위하지만 1553년에 요절했다. 그리고 메리가 왕위를 이었다. 사내아이를 낳아 왕위를 물려줄 생각이었던 가톨릭교도 메리에게 신교도인 엘리자베스는 눈엣가시였다. 1554년, 메리의 자리에 엘리자베스를 앉히려던 신교도들이 와이어트의 반란을 일으켰다. 엘리자베스는 내통하고 있었는지 혹독한 심문을 받지만 자신은 몰랐노라고 주장했다. 1558년에 메리가 죽자 엘리자베스는 왕위를 계승했다. 1603년에 사망하기까지 엘리자베스 1세의 치세는 40년 이상 지속되었다.

□ 521	provoke [prəvóuk]	타 일으키다, 야기하다, 도발하다	
□ 522	intensely [inténsli]	부 격렬하게, 강하게, 통렬히 ⇐ intense 형 강렬한, 격렬한, 통렬한	
□ 523	interrogate [intérəgèit]	타 심문하다, 취조하다 ⇒ interrogation 명 심문, 취조	
□ 524	privy [prívi]	형 …(to)에 은밀히 연루된, 알고 있는	

+ Glossary

□ ℓ.5	put to death	사형에 처하다
□ ℓ.12	as to	…에 관해

58 William Shakespeare

William Shakespeare was an English playwright of **superb poetic** power whose plays are **continually** performed around the world. He was born to an **affluent** family in Stratford-upon-Avon in 1564. After graduating from grammar school, he went up to London and entered the **theatrical**

5 world. From around 1590 **onward**, he wrote many dramas. During a period of his life when he was **racked** by a series of losses such as his father's death in 1601, Elizabeth I's death in 1603, and his mother's death in 1608, he worked on his four great tragedies: *Hamlet*, *Othello*, *King Lear* and *Macbeth*. And during a series of happy events, including the marriage of

10 his eldest daughter in 1607 and the birth of his first grandchild in 1608, he began writing romances, such as *The Winter's Tale* and *Tempest*. After his peak years, when he wrote his four great tragedies, a shadow began to fall on his popularity due to the rise of young writers. He retired to his hometown around 1613, and died in 1616. He was buried in the **parish**

15 church of Stratford-upon-Avon.

□ 525	superb [su(:)pə́:rb]	휑 훌륭한, 최고의, 멋진
□ 526	poetic [pouétik]	휑 시의, 시적인, 시적 감흥으로 충만한 ⇒때 poetry 몡 시, 시가
□ 527	continually [kəntínjuəli]	뭔 끊임없이, 항상, 빈번히 ←때 continual 휑 반복되는, 빈번한, 끊임없는
□ 528	affluent [ǽfluənt]	휑 유복한, 부유한
□ 529	theatrical [θiǽtrikl]	휑 연극의, 극장의, 연극적인 ←때 theater 몡 극장, 연극, 영화관
□ 530	onward [á:nwərd]	뭔 이후, 앞으로

윌리엄 셰익스피어

윌리엄 셰익스피어는 뛰어난 시적 능력을 지닌 영국의 극작가로, 그의 작품은 전 세계에서 꾸준히 상연되고 있다. 그는 1564년에 스트랫퍼드어폰에이번의 부유한 가정에서 태어났다. 그래머 스쿨을 졸업한 후 런던으로 올라와 연극계에 뛰어들었다. 그는 1590년경 이후로 많은 희곡을 썼다. 1601년의 부친상, 1603년의 엘리자베스 1세 사망, 1608년의 모친상을 연달아 겪으며 상실감으로 고통받던 시기에 『햄릿』, 『오셀로』, 『리어왕』, 『맥베스』의 4대 비극을 집필했다. 그리고 1607년에 장녀가 결혼하고 1608년에 첫 손자가 태어나는 경사가 겹친 시기에 『겨울 이야기』, 『템페스트』 등의 로맨스 극을 쓰기 시작했다. 4대 비극으로 대표되는 전성기가 지났을 무렵 젊은 작가들이 대두하며 셰익스피어의 인기에도 그림자가 드리워지기 시작했다. 1613년경 은퇴한 셰익스피어는 고향에 은둔하다 1616년에 사망했다. 그의 유해는 스트랫퍼드어폰에이번 교구 교회에 묻혔다.

□ 531	rack [ræk]	태 고통을 주다, 괴롭히다 명 …걸이, 선반	
□ 532	tempest [témpəst]	명 폭풍우, 폭설, 대소동	
□ 533	parish [périʃ, pǽr-]	명 교구	

+ Glossary

□ ℓ.1	playwright	극작가	
□ ℓ.3	Stratford-upon-Avon	스트랫퍼드어폰에이번(잉글랜드 중부의 도시)	
□ ℓ.4	grammar school	그래머 스쿨(중등 교육 기관)	
□ ℓ.8	work on	…를 작업하다	

59 Galileo Galilei

1   Galileo Galilei was an Italian physicist, called the "father of modern science." Born in 1564, he enrolled at the University of Pisa at age 17. Fascinated by geometry, he majored in math despite his father's insistence on his studying medicine. While a student, he discovered the periodic law

5   of the pendulum. He taught as professor at the Universities of Pisa and Padua. He created a telescope with a concave lens that could magnify images 30 times, and made a number of discoveries with it. In 1623, he published a book which used Copernicus's heliocentrism to explain the path of the comets. The Pope Urban VIII ordered him to write a book that

10   would disagree with Copernicus. In 1632, he published a book, in which he sided with Copernicus. He was brought before the Roman Inquisition, and sentenced to life imprisonment. His sentence was then changed, and he was placed under house arrest for the rest of his life. His letters to his family and friends were censored. Still, he continued producing lasting discoveries

15   until his death in 1642.

☐ 534	physicist [fízɪsɪst]	명 물리학자 ←폐 physics 명 물리학
☐ 535	geometry [dʒiá:mətri]	명 기하학, 형상
☐ 536	major [méidʒər]	자 …(in)을 전공하다 형 주요한, (둘 중에서)큰 쪽의, 큰 명 소령
☐ 537	concave [kɑ:nkéiv, ´-]	형 요면(凹面)의, 오목한
☐ 538	magnify [mǽgnəfài]	타 확대하다, 크게 하다, 과장하다 ⇒폐 magnificent 형 장대한, 장려한
☐ 539	comet [kámɪt, kóm-]	명 혜성

갈릴레오 갈릴레이

갈릴레오 갈릴레이는 '근대 과학의 아버지'라 불리는 이탈리아의 물리학자이다. 1564년에 태어난 그는 17세에 피사대학교에 입학했다. 갈릴레이는 기하학에 매료되어 의학을 배우라는 아버지의 뜻을 거스르고 수학을 전공했다. 그는 재학 중에 진자의 등시성 법칙을 발견했다. 피사대학과 파도바대학의 교수를 역임하기도 했다. 그는 배율 30배의 오목렌즈로 망원경을 제작해 다양한 발견을 해냈다. 1623년에는 코페르니쿠스의 지동설로 혜성의 궤적을 설명하는 책을 출판했다. 교황 우르바노 8세는 갈릴레이에게 코페르니쿠스에게 반론하는 책을 쓰라는 명을 내렸다. 하지만 그가 1632년에 낸 책은 코페르니쿠스를 지지하는 내용이었다. 갈릴레이는 종교재판에 부쳐졌고, 종신형을 선고받았다. 이후 형량이 변경되어 갈릴레이는 평생 자택에 연금되었다. 그가 가족이나 친구가 보내는 편지는 검열을 받았다. 그럼에도 갈릴레이는 후세에 남을 발견을 이어 나가다 1642년에 세상을 떴다.

□ 540	imprisonment [ɪmpríznmənt]	명 투옥, 유치, 수감 cf. **life imprisonment** 종신형 ⇐파 **imprison** 타 투옥하다, 수감하다, 교도소에 넣다(☞126)
□ 541	censor [sénsər]	타 검열하다 명 검열관

+ Glossary

□ ℓ.4	periodic law of the pendulum	진자의 등시성 법칙
□ ℓ.8	heliocentrism	지동설
□ ℓ.11	Roman Inquisition	종교재판
□ ℓ.13	place under house arrest	가택연금하다

60 Sikhism

1　Sikhism is an Indian religion with about 25 million **devotees**. Most Sikhs live in the Punjab state of India. The Sikh scripture is the *Adi Granth*, made up of poetic **hymns** composed by successive Gurus. Having **originated** with Guru Nanak, it was **updated** each time one of the later Gurus
5　composed a hymn. The founder, Guru Nanak, had begun preaching one God in the 1520's. After he died, the Guruship was succeeded by generations of Gurus until the 10th Guru Gobind Singh, who was the last human Guru. After Gobind died in 1708, the *Adi Granth* was assigned the status of the *Guru Granth*, the 11th and **perpetual** Guru. A Sikh must always wear five
10　items: a comb, a turban, a **circular** bracelet, a sword **tucked** into a strap, and a special **garment**. Among today's most famous Sikhs is Manmohan Singh, who was the first prime minister of India since Jawaharlal Nehru to win **reelection** after completing a full 5-year term.

□ 542	devotee [dèvətíː, -ou-]	명 애호가, 신자, 신봉자 ←타 devote 타 바치다, 충당하다
□ 543	hymn [hím]	명 찬미가, 성가, 찬가
□ 544	originate [ərídʒənèit]	자 일어나다, 생기다, 시작되다 ←타 origin 명 기원, 유래
□ 545	update 통 [ʌ̀pdéit] 명 [ʌ́pdèit]	타 최신의 것으로 하다, 갱신하다, 업데이트하다 명 최신 정보, 갱신, 업데이트
□ 546	perpetual [pərpétʃuəl]	형 끊임없는, 빈번한, 영원의
□ 547	circular [sə́ːrkjələr]	형 원형의, 동그란, 원을 그리는 ←타 circle 명 원, 동그라미
□ 548	tuck [tʌ́k]	타 밀어 넣다, 쑤셔 넣다, 걷어 올리다

시크교

시크교는 약 2,500만 명의 신자를 거느린 인도의 종교이다. 대부분의 시크교도는 인도의 펀자브주에 거주하고 있다. 시크교의 성전은 역대 구루가 만든 성가로 이루어진 『아디 그란트』이다. 구루 나나크에서 시작해 이후 역대 구루가 성가를 만들 때마다 갱신되었다. 시조인 구루 나나크는 1520년대에 유일신에 대해 설파하기 시작했다. 그가 죽은 후 구루의 자리는 대대로 구루에 의해 계승되었고, 제10대 구루인 고빈드 싱이 인간으로서는 마지막 구루가 되었다. 1708년에 고빈드 싱이 죽자 『아디 그란트』가 제11대 구루이자 영원한 구루인 '구루 그란트'의 지위를 부여받았다. 시크교는 빗, 터번, 동그란 팔찌, 허리띠에 꽂은 칼, 특별한 의복까지 총 다섯 점을 몸에 지녀야 한다. 오늘날 가장 유명한 시크교도로는 만모한 싱이 있는데, 그는 자와할랄 네루 이래로 5년 임기를 마치고 재선에 성공한 첫 번째 인도 총리였다.

□ 549	garment	명 의복
	[gáːrmənt]	
□ 550	reelection	명 재선
	[rèːılékʃən]	⇐ 동 reelect 타 재선하다

+ Glossary

□ ℓ.1	Sikhism	시크교
□ ℓ.1	Sikh	시크교도, 시크교의
□ ℓ.2	be made up of	…로 구성되다
□ ℓ.3	Guru	구루(종교 지도자의 칭호)
□ ℓ.6	Guruship	구루의 지위
□ ℓ.12	prime minister	총리
□ ℓ.12	Jawaharlal Nehru	자와할랄 네루(인도의 초대 총리)

61 Hong Taiji

Hong Taiji was the founder of the Qing dynasty of China. He was born in 1592 as the 8th son of Nurhaci, who founded the Later Jin dynasty. After Nurhaci died in 1626, Hong Taiji got rid of his competitors and succeeded his father. When he attacked Mongolia in 1635, the last Northern Yuan
5 emperor Ejei Khan surrendered and gave him the imperial seal, thus ending the Mongol Empire. With the imperial seal, Hong Taiji became emperor and renamed his dynasty Great Qing in 1636. He also changed the name of his people from Jurchen to Manchu. Thereafter, he adopted the bureaucratic structure of the Chinese government and appointed Han Chinese officials
10 into the bureaucracy. In 1637, he dispatched troops to Joseon Korea, a potent Ming ally. He then started to attack the Ming dynasty, but died in 1643, just before accomplishing his goal of subduing the remainder of China. The framework of the government he founded remained for a long period of time. His foresights laid the foundation for a dynasty that would
15 last for almost 300 years.

□ 551	thereafter [ðèəræftər]	悍 그 후에, 그 이래
□ 552	bureaucratic [bjùərəkrǽtɪk]	휑 관료의, 관료주의적인 ←명 bureaucracy 명 관료제, 관료주의, 관료적인 번잡한 절차(☞30) ←명 bureaucrat 명 관료, 관리
□ 553	dispatch [dɪspǽtʃ]	타 파견하다, 보내다, 발송하다
□ 554	potent [póutənt]	휑 강력한, 유력한, 세력 있는
□ 555	ally 명 [ǽlaɪ, əláɪ] 동 [əláɪ, ǽlaɪ]	명 동맹국, 협력자; <Allies>연합군 자 …(with)와 동맹하다, 연합하다

홍타이지

홍타이지는 청나라를 세운 사람이다. 후금을 건국한 누르하치의 8번째 아들로 1592년에 태어났다. 1626년에 누르하치가 죽자 홍타이지는 다른 후계자 후보를 제거하고 부친의 뒤를 이었다. 1635년에 몽골을 침공하자 북원의 마지막 황제 에제이 칸이 항복하고 옥새를 홍타이지에게 헌상하면서 몽골 제국은 멸망했다. 옥새를 얻은 홍타이지는 1636년에 황제로 즉위해 국호를 대청으로 고쳤다. 민족명도 여진족에서 만주족으로 바꾸었다. 이후 그는 중국의 관제를 받아들이고 한족을 관료에 등용했다. 1637년에는 명나라의 강력한 동맹국인 조선으로 군대를 출병했다. 이후 명나라로 침공을 시작했지만 중국의 나머지를 정복한다는 목표를 달성하기 직전인 1643년에 사망했다. 그가 정비한 정치제도는 오랫동안 지속되었다. 그의 선견지명이 약 300년 동안 이어질 왕조의 초석을 쌓은 것이다.

☐ 556	accomplish [əkɑ́:mplɪʃ]	囤 달성하다, 완수하다, 이룩하다 ⇒囫 accomplishment 圀 업적, 공적, 달성(☞22)	
☐ 557	remainder [rɪméɪndər]	圀 나머지, 남은 것, 잔여 ≒閠 rest ⇐囫 remain 丒 …대로이다, 남다	
☐ 558	foresight [fɔ́:rsàɪt]	圀 선견지명, 통찰력	

+ Glossary

☐ ℓ.3	get rid of	제거하다
☐ ℓ.5	imperial seal	옥새(황제의 도장)

62 Li Zicheng

Li Zicheng was a rebel leader who destroyed the Ming dynasty. He was born to an **impoverished** family in 1606. After joining a rebel army around 1631, he gradually increased his power, claiming to help the poor. In 1641, he conquered Luoyang and killed a prince who was **infamous** for heavy taxation. In 1644, he founded the Shun dynasty. Claiming to have received the **Mandate** of Heaven, he announced himself to be descended from Li Jiqian, who had laid the foundations for the Empire of Western Xia. When Li Zicheng **sacked** Beijing, the Chongzhen Emperor hanged himself, thus ending the Ming dynasty. A Ming general Wu Sangui surrendered to the Qing dynasty of the Manchus to revenge Chongzhen's death, and the allied forces of the Qing and Wu began marching for Beijing. Li **hastily** declared himself emperor and fled to Xi'an. As the Qing forces approached Xi'an, he headed for Nanjing. But when the Qing forces took control of Nanjing, his plans to seize Nanjing **crumbled**. There are multiple accounts of how Li died and some are **exaggerated** by **folklore**. One story has it that he was killed by soldiers guarding a village he attacked in 1645.

☐ 559	**impoverish** [ɪmpáːvərɪʃ]	国 가난하게 하다, 곤궁하게 하다 ⇒圖 impoverished 혱 곤궁한, 몹시 가난한
☐ 560	**infamous** [ínfəməs]	혱 …(for)로 악명 높은 ≒ 圄 notorious
☐ 561	**mandate** [mǽndeɪt, -dɪt]	몡 신임, 임기, 명령
☐ 562	**sack** [sǽk]	国 해고하다, 파괴하다, 약탈하다 몡 자루, 해고, 파괴
☐ 563	**hastily** [héɪstəli]	男 급히, 허둥지둥, 황급히 ⇐圖 hasty 혱 급한, 황급한, 조급한
☐ 564	**crumble** [krʌ́mbl]	困 부스러지다, 무너지다, 수포로 돌아가다 国 부스러뜨리다, 부수다

이자성

이자성은 명나라를 멸망시킨 반란군의 지도자이다. 그는 1606년에 가난한 집안에서 태어났다. 1631년경 반란군에게 가담해 빈민 구제를 외치며 점차 세력을 키워나갔다. 1641년에 낙양을 함락하고 무거운 세금으로 악명이 높았던 친왕을 살해했다. 그리고 1644년에 대순을 건국했다. 그는 자신이 천명을 받은 증거로 서하의 기틀을 쌓은 이계천의 후예임을 자칭했다. 이자성이 북경을 함락하자 숭정제는 목을 매 자살했고 명 왕조는 멸망했다. 명나라의 장군 오삼계가 숭정제의 원수를 갚기 위해 만주족인 청나라에 투항하며 청나라와 오삼계 연합군이 북경으로 진군하기 시작했다. 이자성은 황급히 황제로 즉위해 서안으로 달아났다. 청군이 서안에 다다랐을 때는 남경으로 향했다. 하지만 남경이 청군에게 함락되면서 남경을 점령하려던 이자성의 계획은 무너졌다. 이자성이 어떻게 죽었는가에 관해서는 여러 설이 있는데, 개중에는 전승을 거치며 과장된 것도 있다. 일설에 따르면 1645년에 어떤 마을을 습격했을 때 마을을 지키던 병사에게 살해당했다고 한다.

□ 565	exaggerate [ɪgzǽdʒərèɪt, egz-]	🔲 침소봉대하여 말하다, 과장하다, 강조하다	
□ 566	folklore [fóʊklɔ̀ːr]	🔲 민간전승, 민담	

+ Glossary

□ ℓ.8	hang *oneself*	목을 매 자살하다
□ ℓ.10	allied forces	연합군
□ ℓ.13	head for	…를 향해 나아가다
□ ℓ.13	take control of	…를 지배하다

63 Zheng Chenggong

1   Zheng Chenggong is a national hero in Taiwan who **ousted** Europeans from Taiwan at the end of the Ming dynasty. Born in Hirado, Nagasaki in 1624 between a Chinese father and a Japanese mother, he was **reared** there until he moved to Fujian at age 7. He was called Koxinga, meaning "Lord of

5   the Imperial **Surname**," as the Ming emperor had **bestowed** the imperial surname Zhu on him. He maintained his **loyalty** to the Ming dynasty all his life. After the Ming dynasty collapsed, he continued to resist the Qing rule. In 1661, to **procure** a new base of resistance, he began to attack Taiwan, which was dominated by the Dutch West India Company. The following

10   year, the Dutchmen surrendered Fort Zeelandia, their **outpost** in Tainan, thus giving up control of Taiwan, which they had ruled for 38 years. After that, Zheng Chenggong, his son and then his grandson governed Taiwan. But Taiwan fell under the Qing rule when the Zheng forces lost at the Battle of Penghu in 1683. During the 21 years of its rule, the Zheng government

15   **faithfully** used the Ming era name. In Japan, Zheng Chenggong is famous as the subject of *The Battle of Koxinga*, a puppet play by Chikamatsu Monzaemon.

☐ 567	oust · [áust]	티 쫓아내다, 물리치다, 내쫓다
☐ 568	rear [ríər]	티 기르다, 양육하다, 사육하다
☐ 569	surname [sɔ́ːrnèɪm]	명 성(姓)
☐ 570	bestow [bɪstóu]	티 …(on)에게 주다
☐ 571	loyalty [lɔ́ɪəlti]	명 충성, 성실, 충성심 ←형 loyal 형 충성심 있는, 충실한
☐ 572	procure [prəkjúər]	티 손에 넣다, 획득하다, 입수하다

정성공은 명나라 말기에 대만에서 유럽 세력을 몰아낸 대만의 국민적 영웅이다. 그는 1624년에 나가사키 히라도에서 중국인 부친과 일본인 모친 밑에서 태어나 7세에 복건으로 이주할 때까지 그곳에서 자랐다. 명나라 황제에게 황실의 성인 '주' 씨를 받았다는 이유로 '황실 성을 쓰는 자'를 의미하는 '국성야'라고 불렸다. 정성공은 평생 명에 대한 충성을 지켰다. 그는 명나라가 멸망한 후에도 반청활동을 이어 나갔다. 1661년에는 새로운 저항 거점을 얻기 위해 당시 네덜란드 동인도회사의 지배를 받고 있던 대만을 공략했다. 이듬해 네덜란드인은 타이난의 전초기지인 젤란디아 요새를 내주면서 38년 동안 장악해 온 대만의 지배권을 잃게 되었다. 그 후로는 정성공과 그의 아들, 손자가 삼대에 걸쳐 대만을 통치했다. 하지만 1683년에 정씨의 군대가 평후 해전에서 패배하면서 대만은 청나라의 통치하에 들어가게 된다. 21년에 걸친 정씨 정권은 명나라의 연호를 충실히 따랐다. 일본에서 정성공은 지카마쓰 몬자에몬의 닌교조루리*인 『국성야합전』의 모델로 알려져 있다.

*조루리는 반주에 맞춰서 옛이야기를 낭창하는 일본의 전통 음곡으로, 닌교조루리란 조루리에 맞추어 인형을 놀리는 인형극을 말한다.

□ 573	outpost [áutpòust]	뗑 전초기지, 주둔지, 지점
□ 574	faithfully [féɪθfəli]	뿐 충실하게, 성실하게, 정확하게 ←뗑 faithful 뗑 충실한, 신의가 두터운, 정확한

+ Glossary

□ ℓ.9	Dutch West India Company	네덜란드 동인도회사
□ ℓ.10	Dutchman	네덜란드인(Dutchmen)
□ ℓ.13	fall under ... rule	…의 지배하에 들어가다
□ ℓ.13	Battle of Penghu	평후 해전
□ ℓ.15	era name	연호
□ ℓ.16	The Battle of Koxinga	『국성야 합전』
□ ℓ.16	puppet play	닌교조루리

64 Oliver Cromwell

1   Oliver Cromwell was an English statesman who led the Puritan Revolution.
Born the son of a **gentry landlord** in 1599, he became a committed Puritan
who was opposed to the Catholic Church, which he saw as denying the
primacy of the Bible in favor of papal and **clerical** authority. In 1640,
5   he was elected to Parliament for the **borough** of Cambridge. In 1642,
the English Civil War began between the Cavaliers, who supported King
Charles I, and the Roundheads, who were against him. After the civil
war ended in the victory of the Roundheads, who Cromwell commanded,
Charles was executed and the **Commonwealth** was established in 1649.
10 Cromwell then conquered Ireland. In 1650, he invaded Scotland after the
Scots installed Charles II, Charles I's son, as king. In 1653, Cromwell was
appointed Lord Protector. He died after suffering from a **bout** of fever
in 1658. Charles II was then invited back to the throne and restored the
monarchy in 1660. Cromwell was a controversial figure. Some praised him
15 as a hero, while others denounced him as a **hypocrite** or as a **ferocious**
dictator who would be looked down upon by **posterity** as a brave bad man.

☐ 575	**gentry** [dʒéntri]	몡 신사 계급(귀족 다음 가는 계급)
☐ 576	**landlord** [lǽndlɔ̀ːrd]	몡 주인, 지주
☐ 577	**clerical** [klérɪkl]	톙 사무원의, 서기의, 성직자의 ←圖**clerk** 몡 사무원, 서기, 행원
☐ 578	**borough** [bə́ːrou]	몡 군(郡), 구(區), 선거구
☐ 579	**commonwealth** [ká:mənwèlθ]	몡 <C->영(英)연방, 공화국
☐ 580	**bout** [báut]	몡 일시적인 기간, 발병, 발작

올리버 크롬웰

올리버 크롬웰은 청교도 혁명을 지도한 잉글랜드의 정치가이다. 1599년에 신사 계급인 지주의 아들로 태어난 그는 성서보다 교황이나 성직자의 권위를 중시하는 가톨릭교회에 반대하며 열렬한 청교도 신자가 되었다. 그는 1640년에 케임브리지 선거구에서 국회의원으로 당선되었다. 1642년, 국왕 찰스 1세를 지지하는 왕당파와 지지하지 않는 의회파 사이에서 잉글랜드 내전이 벌어졌다. 크롬웰이 이끄는 의회파가 승리해 1649년에 찰스 1세가 처형당하고 공화국이 수립되었다. 이후 크롬웰은 아일랜드를 정복했다. 이듬해인 1650년에는 찰스 1세의 아들 찰스 2세를 추대한 스코틀랜드를 침공했다. 크롬웰은 1653년, 호국경에 취임했다. 1658년에는 열병을 앓다 사망했다. 1660년 찰스 2세가 귀국해 즉위하며 왕정복고를 실현했다. 크롬웰은 평가가 엇갈리는 인물이다. 어떤 이들은 영웅이라 칭송했지만 다른 이들은 위선자나 잔인한 독재자로 후세에 두려움을 모르는 악인으로 치부될 것이라고 비난했다.

☐ **581**	**hypocrite** [hípəkrìt]	몡 위선자 ⇒몡 hypocrisy 몡 위선(☞141) ⇒몡 hypocritical 혱 위선적인, 위선의
☐ **582**	**ferocious** [fəróuʃəs]	혱 사나운, 잔인한, 흉포한 ⇒閅 ferociously 閅 사납게, 잔인하게
☐ **583**	**posterity** [pɑːstérəti]	몡 후세 사람들

+ Glossary

☐ ℓ.1	**Puritan Revolution**	청교도 혁명
☐ ℓ.2	**committed**	열렬한
☐ ℓ.4	**primacy**	탁월, 으뜸
☐ ℓ.4	**papal**	로마 교황의
☐ ℓ.6	**English Civil War**	잉글랜드 내전
☐ ℓ.6	**Cavalier**	왕당원
☐ ℓ.8	**Roundhead**	의회당원
☐ ℓ.11	**Scot**	스코틀랜드인
☐ ℓ.12	**Lord Protector**	호국경
☐ ℓ.16	**look down upon**	얕보다, 우습게보다

65 Louis XIV

Louis XIV was the 3rd king of the Bourbon dynasty of France. Born the son of Louis XIII in 1638, he succeeded the throne in 1643. After the chief minister **Cardinal** Jules Mazarin died in 1661, he began his personal rule, which was defined by **warfare**. He told his diplomats that their job was to create **strategic** advantages for the French military. In the Dutch War that began in 1672, he **annexed** several **fortified** towns in Flanders. Louis XIII had built a lodge in Versailles, about 20 kilometers southwest of Paris. Louis XIV transformed it into a lavish palace. His reign was so brilliant that the **aristocracy** of Europe adopted French. In 1685, he **revoked** the Edict of Nantes to exile Protestants. Many skilled Protestants fled, which **enriched** Protestant states. In the War of the League of Augsburg, France was utterly defeated by England and the Dutch Republic. The War of the Spanish Succession, which began in 1701 and lasted for over 10 years, was a **calamity**. Louis died in 1715 after 72 years on the throne.

☐ 584	cardinal [káːrdnl]	몡 추기경(로마 교황의 최고 고문) 혱 대단히 중요한, 주요한, 기본적인
☐ 585	warfare [wɔ́ːrfɛ̀ər]	몡 전쟁, 교전, 투쟁
☐ 586	strategic [strətíːdʒɪk]	혱 전략의, 전략적인, 전략상 중요한 ⇐몡 strategy 몡 전술, 전략
☐ 587	annex [ənéks]	目 병합하다
☐ 588	fortify [fɔ́ːrtəfàɪ]	目 요새화하다, 강화하다, 강하게 하다
☐ 589	aristocracy [æ̀rɪstáːkrəsi]	몡 귀족계급, 귀족사회 ⇐몡 aristocrat 몡 귀족
☐ 590	revoke [rɪvóuk]	目 무효로 하다, 취소하다, 폐지하다

루이 14세

루이 14세는 프랑스 부르봉 왕조의 제3대 국왕이다. 1638년에 루이 13세의 아들로 태어난 그는 1643년에 왕위를 물려받았다. 1661년에 재상인 추기경 쥘 마자랭이 죽자 전쟁으로 대표되는 루이 14세의 친정이 시작되었다. 루이 14세는 외교관에게 '그대들의 임무는 프랑스 군을 전략상 유리하게 하는 것'이라고 말하기도 했다. 1672년에 시작된 네덜란드 전쟁에서는 플랑드르의 몇몇 요새 도시를 병합했다. 루이 13세는 파리에서 남서쪽으로 약 20킬로미터 떨어진 베르사유에 별장을 짓고 있었다. 루이 14세는 이 저택을 호화로운 궁전으로 개축했다. 그의 치세는 유럽의 귀족들이 프랑스어를 사용하게 될 정도로 눈부셨다. 1685년에는 낭트 칙령을 폐지하고 신교도들을 추방했다. 다수의 신교도 기술자가 국외로 도망쳤고, 이는 신교 국가들을 풍요롭게 만들었다. 프랑스는 아우크스부르크 동맹 전쟁에서 영국과 네덜란드에 대패하고 말았다. 1701년부터 10년 이상 이어진 스페인 계승 전쟁도 나라에 큰 재난이었다. 72년 동안 왕위에 앉아 있던 루이 14세는 1715년에 사망했다.

☐ 591	enrich [enrítʃ]	태 향상시키다, 풍요롭게 하다, 풍부하다 ←파 rich 형 풍요로운
☐ 592	calamity [kəlǽməti]	명 대재해, 대참사, 고난

+ Glossary

☐ ℓ.2	Chief minister	재상
☐ ℓ.3	personal rule	친정
☐ ℓ.5	Dutch War	네덜란드 전쟁
☐ ℓ.7	lodge	별장
☐ ℓ.10	Edict of Nantes	낭트 칙령(신교도의 신앙을 인정하는 법령)
☐ ℓ.11	War of the League of Augsburg	아우크스부르크 동맹 전쟁
☐ ℓ.12	War of the Spanish Succession	스페인 계승 전쟁

66 Peter the Great

1   Peter the Great was the founder of the Russian Empire. Born in 1672, Peter
     became Tsar of the Romanov dynasty at age 10, with his **chronically** ill
     half-brother Ivan as **nominal** joint Tsar, and with his mother Natalya as
     regent. After Natalya died in 1694, Peter began his personal rule. When his
5   Grand Embassy was sent to European countries in 1697, Peter went along
     with them under a **fake** name. Visiting factories, **arsenals** and schools, he
     familiarized himself with conditions in the advanced European countries.
     After returning home in 1698, he **commenced** to **diligently** introduce
     European civilization into Russia. In 1700, the Great Northern War began,
10   which would last for over 20 years. After being beaten **hollow** in 1700, he
     delivered a heavy blow to the Swedes in 1709 and 1714. Russia and Sweden
     concluded a peace treaty in 1721, which transferred much of the Baltic
     Coast from Sweden to Russia, which thus emerged as a great power. That
     year, Peter was made emperor and created the Russian Empire. He died in
15   1725.

☐ 593	**chronic** [krá:nɪk]	형 만성적인, 상습적인, 장기간에 걸친 ⇒윤 chronically 분 만성적으로, 끊임없이
☐ 594	**nominal** [ná:mənl]	형 이름뿐인, 명목상의, 유명무실한
☐ 595	**fake** [féɪk]	형 가짜의, 위조의, 거짓된 명 가짜, 위조품, 사기꾼
☐ 596	**arsenal** [á:rsənl]	명 무기, 군수공장, 병기고
☐ 597	**familiarize** [fəmílijəràɪz]	타 친하게 하다, 능숙해지게 하다; <-oneself> ⋯(with)에 정통하다 ⇐윤 familiar 형 익숙한, 정통한
☐ 598	**commence** [kəméns]	타 개시하다, 시작하다, ⋯(to)하기 시작하다

표트르 대제

표트르 대제는 러시아 제국의 건국자이다. 1672년에 태어난 그는 10세의 나이에 로마노프 왕조의 차르로 즉위했는데, 만성 질환을 앓던 이복형 이반이 명목상 공동 차르였으며 어머니 나탈리야가 섭정을 맡았다. 1694년에 나탈리야가 죽은 후 그는 친정을 시작했다. 1697년에는 유럽 각국에 대사절단을 파견했으며 자신도 가명으로 동행했다. 그곳에서 그는 공장이나 병기고, 학교를 시찰하며 유럽 선진국들의 현황이 어떠한지를 잘 알게 되었다. 1698년에 귀국한 그는 서양 문명을 러시아에 도입하기 시작했다. 1700년에는 20년 넘게 이어지는 대북방전쟁이 시작되었다. 1700년에 크게 패한 이후 1709년과 1714년에는 스웨덴군에 큰 타격을 입혔다. 러시아와 스웨덴이 1721년에 평화조약을 체결하면서 발트해 연안 영토의 대부분이 스웨덴에서 러시아로 넘어갔고 러시아는 대국으로 부상했다. 같은 해 그는 황제의 칭호를 받았고, 러시아 제국을 세웠다. 표트르 대제는 1725년에 사망했다.

□ 599	diligent [dílɪdʒənt]	휑 근면한, 부지런한, 공들인 ⇒ 凰 diligently 휫 근면히, 부지런히, 열심히
□ 600	hollow [háːloʊ]	휫 완전히, 철저히 휑 텅 빈, 공동(空洞)의, 움푹 들어간

+ Glossary

□ ℓ.2	tsar	차르(군주의 칭호)
□ ℓ.3	half-brother	이복(이부)형제
□ ℓ.9	Great Northern War	대북방전쟁
□ ℓ.11	blow	일격, 타격
□ ℓ.12	Baltic Coast	발트해 연

67 Frederick the Great

1   Frederick the Great was King of Prussia. He is one of the foremost examples of an enlightened absolute **monarch**. Born in 1712, he was crowned king in 1740. He was victorious over Austria in the three Silesian Wars, which lasted **intermittently** from 1740 to 1763. As a result of the wars,
5   Prussia acquired the majority of Silesia. Frederick was also an influential military theorist whose analysis emerged from his **battlefield** experience and covered issues of **tactics** and **mobility**. While **courageously** fighting **external** wars, he made enlightened reforms, such as the prohibition of **torture**, the freedom of the press and the freedom of faith. In his closing
10 years, he suffered from rheumatism until he died in an armchair in his study in 1786. He had hoped to be buried beside the Sanssouci Palace, which he had **erected**, but his nephew and successor Frederick William II laid his **coffin** in a church in Potsdam.

□ 601	monarch [mánɔrk]	몡 군주, 국왕, 황제 ⇒몡 monarchy 몡 왕정, 제정, 왕실(☞44)
□ 602	intermittent [ìntɔrmítnt]	혱 간헐적인, 때때로 중단되는, 산발적인 ⇒뮌 intermittently 뮌 간헐적으로, 산발적으로
□ 603	battlefield [bǽtlfìːld]	몡 전장, 싸움터, 쟁점
□ 604	tactic [tǽktɪk]	몡 작전, 책략, 전법
□ 605	mobility [moʊbílɔti]	몡 유동성, 이동성, 기동력 ⇐몡 mobile 혱 움직이기 쉬운, 이동식의
□ 606	courageous [kɔréɪdʒɔs]	혱 용감한, 용기 있는, 과감한 ⇒뮌 courageously 뮌 용감하게, 용기 있게, 과감하게

프리드리히 대왕

프리드리히 대왕은 프로이센의 왕이다. 가장 대표적인 계몽 절대군주 중 한 사람으로 꼽힌다. 1712년에 태어나 1740년에 즉위했다. 그는 1740년부터 1763년에 걸쳐 산발적으로 지속된 세 차례의 슐레지엔 전쟁에서 오스트리아에 승리했다. 이 전쟁에서 프로이센은 슐레지엔 지역의 대부분을 획득했다. 그는 저명한 군사 이론가이기도 했는데, 전장에서의 경험을 바탕으로 한 그의 분석은 전술과 기동성 문제까지 다뤘다. 그는 과감한 대외 전쟁을 펼치는 한편, 고문 금지, 출판의 자유, 신앙의 자유 등 계몽적인 개혁들을 실행에 옮겼다. 만년에는 류머티즘을 앓다 1786년에 서재의 안락의자에 앉아 사망했다. 자신이 조성한 상수시 궁전 곁에 잠들고 싶다는 유지와는 다르게 왕위를 이어받은 조카 프리드리히 빌헬름 2세는 대왕의 관을 포츠담의 교회에 안치했다.

☐ 607	external [ɪkstɔ́ːrnl, eks-]	형 외부의, 외부에서의, 대외적인 ⇔반 internal 형 내부의, 국내의
☐ 608	torture [tɔ́ːrtʃər]	명 고문 타 고문하다
☐ 609	erect [ɪrékt]	타 세우다, 건립하다, 창설하다 형 직립한, 똑바로 선
☐ 610	coffin [kɔ́ːfn, kɑ́ːf-]	명 관(棺)

+ Glossary

☐ ℓ.1	Prussia	프로이센
☐ ℓ.8	prohibition	금지
☐ ℓ.10	rheumatism	류머티즘

68 Maria Theresa

1   Maria Theresa was a ruler of the Habsburg lands. Born the daughter of
Holy Roman Emperor Charles VI in 1717, she married Francis Stephen of
Lorraine to be Duchess of Lorraine in 1736. Upon Charles's death in 1740,
the War of the Austrian Succession broke out over her **inheritance** of the
5   family lands. She defended her rule over most of the lands and had Francis
elected as Holy Roman Emperor, but she assumed real power. Seeing a
link between **peasant productivity** and state revenue, she tried to improve
her people's living standards. She ordered the **expulsion** of Jews in 1744,
although the order was later retracted due to pressure from other countries
10   criticizing her as **intolerant**. A self-conscious mother, she felt **entitled** to
exert authority over her 16 children, and married 6 of them off to Bourbons
to strengthen her alliance with the Bourbons. After Francis died and her son
Joseph II became Holy Roman Emperor in 1765, Maria Theresa continued
to hold the **reins** of government until she died in 1780 of a cold she caught
15   when she went hunting pheasants.

☐ 611	inheritance [ɪnhérətns]	몡 상속, 계승, 상속권 ⇐몡 inherit 타 상속하다
☐ 612	peasant [péznt]	몡 소작농, 농민, 백성
☐ 613	productivity [pròudʌktívəti]	몡 생산성, 생산력 ⇐몡 productive 혱 생산력이 있는, 생산성이 높은
☐ 614	expulsion [ɪkspʌ́lʃən, eks-]	몡 추방, 구축, 제명
☐ 615	retract [rɪtrǽkt]	타 철회하다, 취소하다, 취하하다
☐ 616	intolerant [ɪntɑ́:lərənt]	혱 너그럽지 못한, 참을 수 없는 ⇐몡 tolerant 혱 관용적인, 관대한
☐ 617	entitle [entáɪtl]	타 …를 가질 권리를 주다, …할 권리를 주다, …라는 표제를 붙이다

마리아 테레지아

마리아 테레지아는 합스부르크 가문의 군주이다. 신성 로마 황제 카를 6세의 딸로 1717년에 태어난 마리아 테레지아는 1736년에 로트링겐 공(公) 프란츠 슈테판과 결혼해 로트링겐 공작부인이 되었다. 1740년에 카를 6세가 죽자 가문의 영토 상속권을 둘러싸고 오스트리아 계승 전쟁이 일어났다. 마리아 테레지아는 영토의 대부분을 지켜냈고 남편의 신성 로마 황제 즉위도 승인되었지만 실권은 그녀가 차지했다. 농민 생산성과 국가의 세수 사이의 관련성을 알고 있었던 마리아 테레지아는 민중의 생활수준 향상에 힘썼다. 1744년에는 유대인 추방령을 발표했으나 관용적이지 못하다며 비난하는 여러 외국의 압력에 추방령은 이후 철회했다. 자의식이 지나친 어머니였던 마리아 테레지아는 자신이 열여섯 명의 자식을 마음대로 할 수 있다고 생각해 여섯 명을 부르봉 가문과 결혼시켜서 부르봉 가문과의 연대를 강화하는 데 이용했다. 1765년에 프란츠가 죽고 아들인 요제프 2세가 신성 로마 황제에 오른 뒤에도 실권을 놓지 않았던 마리아 테레지아는 꿩 사냥 도중 걸린 감기 때문에 1780년에 사망했다.

□ 618	exert [ɪgzɔ́ːrt, egz-]		🖽 쓰다, 행사하다, (압력을) 가하다
□ 619	rein [réin]		🏷 고삐, 지배, 제어

+ Glossary

□ ℓ.2	Holy Roman Emperor	신성 로마 황제
□ ℓ.3	duchess	공작부인
□ ℓ.8	living standard	생활수준
□ ℓ.10	self-conscious	자의식이 지나친
□ ℓ.11	marry ... off	…를 (to)와 결혼시키다
□ ℓ.12	Bourbons	부르봉 가문(프랑스의 왕가)
□ ℓ.15	pheasant	꿩

69 Napoleon Bonaparte

1   Napoleon Bonaparte was a French soldier who became emperor. Born in Corsica in 1769, he enlisted in an artillery regiment in 1785. In the Siege of Toulon in 1793, he was injured in the thigh, but managed to rout the British. With his spectacular feat in crushing a rebellion in 1795, he earned
5   the patronage of the Directory. In 1799, he staged a bloodless coup to be elected First Consul. In 1804, he was crowned emperor. When he entered Moscow in an attempt to invade Russia in 1812, a huge fire broke out and his army had to withdraw. The harsh weather made the retreat disastrous. After a lull in fighting, Prussia, Austria and other countries formed a
10   coalition. In 1814, the allied troops seized Paris and deposed Napoleon, who was then exiled to Elba. In 1815, he escaped from Elba and returned to the throne in Paris. However, he was defeated by Britain and Prussia in the Battle of Waterloo. He was obliged to step down from the throne and was sent to Saint Helena, where he died in 1821.

☐ 620	enlist [enlíst]	困 입대하다, 참가하다 匝 …에 협력을 요청하다, 입대시키다	
☐ 621	thigh [θáɪ]	團 허벅지, 대퇴부	
☐ 622	spectacular [spektǽkjələr]	團 장관의, 눈이 휘둥그레지는, 놀라운 ⇐匝 spectacle 團 장관, 놀라운 광경, 볼 만한 것	
☐ 623	feat [fíːt]	團 위업, 공적, 곡예	
☐ 624	directory [dəréktəri]	團 인명부, 명감; <D->총재정부	
☐ 625	harsh [háːrʃ]	團 엄한, 잔혹한, 무정한 ⇒匝 harshly 團 매몰차게	
☐ 626	disastrous [dɪzǽstrəs, -sǽs-]	團 비참한, 손해가 큰, 재난을 일으키는 ⇐匝 disaster 團 재해, 대참사	

나폴레옹 보나파르트

나폴레옹 보나파르트는 프랑스의 군인에서 황제의 자리에 오른 인물이다. 1769년에 코르시카에서 태어난 나폴레옹은 1785년에 포병연대에 입대했다. 1793년에 툴롱 포위전에서 허벅지에 부상을 입으면서도 영국군을 물리쳤다. 1795년에는 반란 진압에 눈부신 활약을 펼쳐 총재정부의 지원을 받게 되었다. 그는 1799년에 무혈 쿠데타를 일으켜 제1통령으로 취임했다. 그리고 1804년에는 황제로 대관했다. 1812년에 러시아 원정으로 모스크바에 입성하지만 큰 화재가 발생해 나폴레옹의 병력은 퇴각할 수밖에 없었다. 혹독한 기후로 인해 퇴각은 비참하게 끝이 났다. 잠깐의 전투 소강상태 후, 프로이센과 오스트리아 등의 나라들이 연합군을 결성했다. 1814년, 연합군이 파리를 함락시키자 나폴레옹은 폐위되어 엘바섬으로 추방당했다. 그는 1815년에 엘바섬에서 탈출해 파리로 복위했다. 하지만 워털루 전투에서 영국과 프로이센에 패배했다. 퇴위할 수밖에 없게 된 그는 세인트헬레나섬으로 보내졌고, 1821년에 그곳에서 사망했다.

☐ 627	lull [lʌl]	몡 일시적인 고요, 소강, 잠잠함	
		탄 안심시키다, 달래서 재우다	
☐ 628	coalition [kòuəlíʃən]	몡 연합체, 제휴, 동맹	

+ Glossary

☐ ℓ.2	artillery regiment	포병연대
☐ ℓ.5	patronage	지원
☐ ℓ.5	bloodless coup	무혈 쿠데타
☐ ℓ.6	First Consul	제1통령
☐ ℓ.10	allied troops	연합군
☐ ℓ.11	return to the throne	복위하다
☐ ℓ.13	step down from the throne	퇴위하다

70 Johann Wolfgang von Goethe

Johann Wolfgang von Goethe was a German writer and statesman. His works include novels, epic and lyric poetry, dramas and literary and aesthetic criticism. He was born in 1749 to a wealthy family in Frankfurt. He reluctantly followed his father's prescription to study law, but he
5 detested memorizing statutes and ordinances, and became interested in literature. He started a legal practice in 1771, but soon gave up pursuing a career as a lawyer. In 1774, he published *The Sorrows of Young Werther*, which won him fame across Europe. In 1775, he was invited by Duke Karl August to Weimar, where he later became prime minister. In 1786,
10 he traveled to Italy, where he befriended a number of artists. In 1794, he began his friendship with the writer Friedrich Schiller. He fell in love with several teenage girls, who inspired him to write some of his works. He died in 1832, after completing *Faust, Part Two*.

□ 629	epic [épɪk]	형 서사시의, 장대한, 거대한 명 서사시
□ 630	lyric [lírɪk]	형 서정적인, 서정시의, 노래를 위한 명 서정시, 가사
□ 631	aesthetic [esθétɪk, ɪs-]	형 미적 감각이 있는, 심미안이 있는, 미적인
□ 632	reluctantly [rɪlʌ́ktəntli]	부 마지못해 ⇐형 reluctant 형 내키지 않는, 마지못해 하는
□ 633	prescription [prɪskrípʃən]	명 처방전, 조언, 지시 ⇐형 prescribe 타 처방하다, 규정하다, 지시하다(☞13)
□ 634	detest [dɪtést]	타 증오하다, 몹시 싫어하다
□ 635	statute [stǽtʃuːt]	명 제정법, 성문법, 규칙

요한 볼프강 폰 괴테

요한 볼프강 폰 괴테는 독일의 작가이자 정치가이다. 소설, 서사시, 서정시, 희곡, 문예 비평서, 미학 비평서 등을 썼다. 괴테는 1749년에 프랑크푸르트의 유복한 가정에서 태어났다. 그는 아버지의 지시에 따라 마지못해 법학을 배웠지만 규칙이나 조례 암기를 몹시 싫어해 점차 문학으로 경도되었다. 1771년에 법률 사무소를 차렸으나 얼마 지나지 않아 변호사의 길을 접게 된다. 1774년, 괴테는『젊은 베르테르의 슬픔』을 출판하며 유럽 전체에 명성을 떨쳤다. 1775년에는 카를 아우구스트 공의 초빙을 받아 바이마르로 이주했고, 이후 총리가 되었다. 1786년에 이탈리아로 여행을 떠나 많은 예술가와 친구가 되었다. 1794년에는 작가 프리드리히 실러와 교류하기 시작했다. 괴테는 십 대 소녀와 몇 차례 사랑에 빠진 적이 있는데, 여기서 영감을 받은 작품도 있다. 그는『파우스트』의 제2부를 완성한 후 1832년에 죽었다.

☐ 636	ordinance [ɔ́ːrdənəns]	圐 조례, 명령, 법령
☐ 637	sorrow [sá:rou, sɔ́:r-]	圐 슬픔, 고뇌, 비애 ⇒圐 sorrowful 圐 슬픔에 젖은, 수심을 띤
☐ 638	befriend [bɪfrénd]	圑 돕다, …에게 친절하게 대하다, …와 친구가 되다

+ Glossary

☐ ℓ.7	*The Sorrows of Young Werther*	『젊은 베르테르의 슬픔』
☐ ℓ.8	win ... fame	…을 유명하게 하다
☐ ℓ.8	duke	공작
☐ ℓ.13	*Faust*	『파우스트』

71 Muhammad Ali

1 Muhammad Ali was the founder of the Muhammad Ali dynasty of Egypt. Born around 1769 in Ottoman Macedonia, he was sent to Egypt in 1801 as a second commander of a contingent of mercenaries as part of the Ottoman forces dispatched to recapture Egypt from the French occupation
5 under Napoleon. After Napoleon's withdrawal, Muhammad Ali took office as governor in 1805. He made various reforms to modernize Egypt, such as the revision of the taxation system and the inauguration of a national printing press. He sent a series of expeditions to the Arabian Peninsula, Sudan, Greece and Syria to expand Egypt's influence. Egypt thus rose as a
10 mighty empire, but then the European powers intervened. In 1840, Britain, Russia, Austria and Prussia requested him to withdraw his forces from all the realms he had conquered except Sudan and to tear down Egypt's import barriers. He had no option but to accept a brokered peace, and his ambition for an empire collapsed. He died in 1849, but his dynasty lasted until the
15 July Revolution in 1952 led by Nasser.

☐ 639	contingent [kəntíndʒənt]	몡 파견단, 대표단, 분견대
☐ 640	mercenary [mɔ́:rsənèri]	몡 병사, 용병 혱 돈을 위한, 보수를 목적으로 하는
☐ 641	recapture [rɪkǽptʃər]	톄 되찾다, 탈환하다, 다시 체포하다 ≒ 통 retake
☐ 642	withdrawal [wiðdrɔ́:l, wɪθ-]	몡 이탈, 철수, 중지 ⇐통 withdraw 톄 물러나게 하다, 탈퇴시키다, 철수시키다 쟤 손을 떼다, 탈퇴하다, 철수하다
☐ 643	modernize [mɑ́:dərnàɪz]	톄 근대화하다, 현대화하다 ⇐통 modern 혱 근대의, 현대의 ⇒통 modernaization 몡 근대화, 현대화
☐ 644	revision [rɪvíʒən, rə-]	몡 수정, 변경, 개정판 ⇐통 revise 톄 바꾸다, 수정하다, 개정하다

무함마드 알리

무함마드 알리는 이집트에서 무함마드 알리 왕조를 창시한 인물이다. 1769년경, 오스만 제국령 마케도니아에서 태어난 그는 1801년에 나폴레옹이 이끄는 프랑스군에게 점령당한 이집트를 탈환하기 위해 파견된 오스만 제국군의 용병 분견대 부사령관으로서 이집트로 향했다. 나폴레옹이 철수한 후 그는 1805년에 총독으로 취임했다. 그는 세제 개혁이나 관립 인쇄소 개설 등, 이집트를 근대화하기 위한 다양한 개혁을 실행했다. 아라비아반도, 수단, 그리스, 시리아로 연달아 출병해 세력을 확장하기도 했다. 이집트는 그렇게 강대한 제국으로 부상했지만 유럽 열강이 개입하기 시작했다. 1840년, 영국, 러시아, 오스트리아, 프로이센은 그에게 수단을 제외한 정복지에서 철수하고 수입 장벽을 철폐할 것을 요구했다. 무함마드 알리는 타협에 의한 평화를 받아들일 수밖에 없었고, 제국을 향한 그의 야망은 무너졌다. 무함마드 알리는 1849년에 죽었지만 그의 왕조는 1952년에 나세르가 주도한 7월 혁명까지 이어졌다.

□ 645	inauguration [ɪnɔ̀ːɡjəréɪʃən]	명 취임, 개업, 낙성식
□ 646	mighty [máɪti]	형 강력한, 강대한, 강렬한 ⇐回 might 명 힘, 권력
□ 647	broker [bróʊkər]	타 …의 중개를 하다, (타협안을)찾다 명 중개인, 브로커

+ Glossary

□ ℓ.5	take office	취임하다
□ ℓ.12	tear down	허물어뜨리다
□ ℓ.12	import barrier	수입 장벽
□ ℓ.13	have no option but to	…하는 수밖에 없다

72 George Stephenson

George Stephenson was an English engineer who put steam locomotives into practical use. He was born in 1781 as the son of a mechanic who operated atmospheric engines. He began to work as his father's assistant, and was hired as an engineer in 1798. After that, moving from place to
5　place, he came to be an expert in steam engines. As he had received no formal schooling, he was illiterate until he started to learn reading, writing and arithmetic at age 18. He repaired shoes and fixed clocks to supplement his income. In 1814, he successfully tried his first steam locomotive, which could haul 30 tons of coal, thus proving their utility. In 1825, his steam
10　locomotive became the first train to carry passengers. From this time on, he acted as chief engineer on many railroad projects at home and abroad, until he died in 1848. His rail gauge of 1,435 mm became the standard gauge for most of the world's railways.

□ 648	locomotive [lòukəmóutɪv]	몡 기관차
□ 649	mechanic [məkǽnɪk, mi-]	몡 정비공, 수리공, 기계공
□ 650	atmospheric [æ̀tməsférik]	혱 대기의, 공기의, 대기압의 ⇐몡 atmosphere 몡 대기(권), 분위기
□ 651	illiterate [ɪlítərət]	혱 읽고 쓰기를 할 수 없는 ⇔몡 literate 혱 읽고 쓰기를 할 수 있는
□ 652	arithmetic [əríθmətìk]	몡 산수, 산술, 계산 ⇒몡 arithmetical 혱 산수의, 산술의
□ 653	supplement 타 [sʌ́pləmènt] 몡 [sʌ́pləmənt]	타 보충하다, 보강하다, …에 부록을 달다 몡 추가, 보충, 보유(補遺)

조지 스티븐슨

조지 스티븐슨은 증기기관차를 실용화한 잉글랜드의 기술자이다. 스티븐슨은 1781년에 대기압 기관을 다루는 기계공의 아들로 태어났다. 아버지를 돕기 시작한 스티븐슨은 1798년에 기술자로 채용되었다. 이후로 그는 여러 곳을 전전하며 증기기관의 전문가가 되었다. 정식으로 학교 교육을 받은 적이 없었기 때문에 18세에 읽기와 쓰기, 계산을 배우기 시작하기 전까지 글자를 읽을 줄 몰랐다. 그는 수입에 보태기 위해 신발을 수선하거나 시계 고치는 일을 하기도 했다. 1814년, 스티븐슨은 자신의 제1호 증기기관차로 30톤의 석탄을 성공적으로 운반해 증기기관차의 실용성을 증명했다. 1825년에는 그의 증기기관차가 처음으로 승객을 태우고 달렸다. 이후로 그는 1848년에 사망하기까지 수석 기술자로서 국내외의 여러 철도 사업에 관여했다. 그가 채택한 1,435밀리미터의 궤간*은 철도의 세계 표준이 되었다.

*두 철로 사이의 간격

□ 654	haul [hɔ́:l]	囲 끌다, 운반하다, 연행하다
□ 655	utility [ju:tíləti]	몡 공공설비, 실용성, 실용품
□ 656	gauge [géɪdʒ]	몡 계기, 구경, 궤간

+ Glossary

□ ℓ.1	put ... into use	쓰이게 되다
□ ℓ.4	from place to place	이곳저곳으로
□ ℓ.10	from this time on	이때부터

73 Simón Bolívar

¹ Simón Bolívar was a statesman who led South American countries to independence from Spain. Born in 1783 in what is currently Venezuela, he joined the independence movement in 1808. After establishing the Republic of Colombia in 1819, he launched outright independence campaigns in
⁵ Venezuela and Ecuador, which ended in his victory. In 1821, he created Gran Colombia, which covered today's Venezuela, Colombia, Panama and Ecuador, and was elected its first president. Then, he liberated Peru and Bolivia and was appointed president in both countries. Thus, he was president of three countries simultaneously. Gran Colombia was so fragile
¹⁰ as to appear to be on the verge of collapse. To preserve the union, Bolivar declared an amnesty. In 1826, he proposed a mutual defense treaty to cope with the threats emanating from European countries, but only Gran Colombia ratified the treaty. When Ecuador and Venezuela withdrew from Gran Colombia in 1830, Bolívar's dream of unifying South America
¹⁵ perished. He died that year, after telling his aide to burn the archive of his writings on his deathbed.

☐ 657	outright [áʊtràɪt]	휑 완전한, 철저한, 솔직한
☐ 658	liberate [líbərèɪt]	탄 해방하다, 석방하다 ⇒ 몡liberation 몡 해방, 석방, 자유화(☞51)
☐ 659	simultaneously [sàɪməltéɪniəsli]	뷔 동시에 ⇐ 몡simultaneous 휑 동시의, 동시에 일어나는
☐ 660	verge [vɔ́ːrdʒ]	몡 가장자리, 변두리, 테두리 cf. on the verge ⋯하기 직전에, 당장이라도 ⋯하려고
☐ 661	amnesty [ǽmnəsti]	몡 사면, 대사, 특사
☐ 662	emanate [émənèɪt]	쟈 나다, 나오다, 퍼지다 탄 발산하다

시몬 볼리바르

시몬 볼리바르는 스페인으로부터 여러 남미 국가의 독립을 이끈 정치가이다. 1783년에 오늘날의 베네수엘라에서 태어난 그는 1808년에 독립운동에 투신했다. 1819년에 콜롬비아 공화국을 수립한 후 베네수엘라와 에콰도르에서 철저한 독립투쟁을 벌여 승리를 거두었다. 1821년, 오늘날의 베네수엘라, 콜롬비아, 파나마, 에콰도르를 합친 지역에 그란 콜롬비아를 건국해 초대 대통령으로 선출되었다. 이후 페루와 볼리비아를 해방하고 양국의 대통령으로 취임했다. 이렇게 그는 3개국의 대통령을 겸임했다. 취약했던 그란 콜롬비아는 당장이라도 분열될 위기였다. 나라를 하나로 모으기 위해 볼리바르는 특사를 선언했다. 1826년, 유럽 각국의 위협에 대처하기 위한 상호방위조약을 제안했지만 비준한 것은 그란 콜롬비아뿐이었다. 1830년에 에콰도르와 베네수엘라가 그란 콜롬비아에서 탈퇴하면서 남미를 통합하려던 그의 꿈은 무너졌다. 같은 해, 볼리바르는 임종을 앞두고 측근에게 보관하던 자신의 기록물을 모두 태우라는 말을 남기고 세상을 떴다.

□ 663	**ratify** [rǽtəfàɪ]	퇴	승인하다, 인가하다, 비준하다
□ 664	**perish** [pérɪʃ]	자	죽다, 소멸하다, 사라지다
□ 665	**archive** [ɑ́ːrkaɪv]	명	공문서, 기록문서, 보관서

+ Glossary

□ ℓ.3	independence movement	독립운동
□ ℓ.11	mutual defense treaty	상호방위조약
□ ℓ.15	aide	측근
□ ℓ.16	deathbed	임종

74 Lin Zexu

Lin Zexu was an official of the Qing dynasty of China who tackled the opium problem head-on. He was born to the family of a **petty** official in 1785. After passing the imperial examination, he served various posts in provincial governments. In 1838, he was appointed Imperial **Commissioner** and sent to Guangdong, where he cracked down on opium smuggling. Hostilities between Qing China and Britain culminated in the First Opium War, which ended with China's defeat. Blamed for causing the war, Zexu was exiled to Xinjiang. There, while **reclaiming** land, he issued warnings that it was Russia rather than Britain who would be a future **menace** to China. In 1850, he was appointed back as Imperial Commissioner to put down the Taiping Rebellion, but died on his way to the place of appointment. The *Illustrated Treatise on the Maritime Kingdoms*, written by **notable** thinker Wei Yuan, was based on foreign literature collected by Zexu in Guangdong, and explained the threat of the Western Powers. This book **garnered** interest from many Japanese **patriots**, and provided one of the driving forces for the Meiji **Restoration**.

☐ **666**	**petty** [péti]	웹 사소한, 하찮은, 중요하지 않은	
☐ **667**	**commissioner** [kəmíʃənər]	명 위원, 장관, 대신 cf. **imperial commissioner** 흠차대신 ⇐명 **commission** 명 위원회	
☐ **668**	**reclaim** [rıkléım]	타 되찾다, 회수하다, 개간하다	
☐ **669**	**menace** [ménəs]	명 위협, 위험한 것(사람), 골칫거리 타 ···에게 위협을 가하다, 위협하다	
☐ **670**	**treatise** [trí:təs]	명 논문, 전문서	
☐ **671**	**notable** [nóutəbl]	웹 중요한, 저명한 ⇒명 **notably** 부 특히, 그중에서도(☞111)	

임칙서

임칙서는 아편 문제에 정면으로 맞선 청나라의 관료이다. 그는 1785년에 하급 관리 집안에서 태어났다. 과거에 합격한 뒤에는 지방관으로 다양한 직책을 역임했다. 1838년에 흠차대신으로 광둥에 파견되어 아편 밀수를 단속했다. 청과 영국의 대립이 격해지면서 아편전쟁이 일어났고, 청은 패배하게 된다. 임칙서는 개전의 책임을 물어 신강으로 좌천되었다. 그곳에서 개간 사업에 종사하며 훗날 중국에 위협이 될 것은 영국이 아닌 러시아임을 경고했다. 1850년에 태평천국의 난을 진압하기 위해 다시 흠차대신에 임명되지만 임지로 이동하는 중에 타계했다. 저명한 사상가 위원이 쓴 『해국도지』는 임칙서가 광둥에서 수집한 외국의 논문을 바탕으로 서양 열강의 위협에 대해 논한 책이다. 일본의 여러 지사(志士)가 이 책에 관심을 가졌으며, 메이지 유신의 추진력이 되었다.

☐ 672	garner [gáːrnər]	타 얻다, 모으다, 수집하다
☐ 673	patriot [péɪtriət, -àːt]	명 애국자, 애국주의자 ⇒파 patriotism 명 애국심, 애국주의(☞110)
☐ 674	restoration [rèstəréɪʃən]	명 복원, 부활, 유신 cf. **Meiji Restoration** 메이지 유신 ⇐파 **restore** 타 회복하다

+ Glossary

☐ ℓ.2	opium	아편
☐ ℓ.2	head-on	정면으로
☐ ℓ.3	imperial examination	과거
☐ ℓ.4	provincial government	지방정부
☐ ℓ.5	crack down on	엄하게 단속하다
☐ ℓ.6	First Opium War	아편전쟁
☐ ℓ.11	put down	진압하다
☐ ℓ.11	Taiping Rebellion	태평천국의 난
☐ ℓ.14	Western Powers	서양 열강
☐ ℓ.16	driving forces	추진력

75 Hong Xiuquan

1   Hong Xiuquan was the leader of the Taiping Rebellion. He was born in 1814 in Guangzhou, China. In 1837, he dreamed of an old man who told him to **exterminate** evil. He combined this dream with Christian pamphlets he later read, and founded a religious **cult** called Shangdijiao in 1843. He

5   claimed to be God's second son and Christ's younger brother. In 1851, under the banner of bringing down the Qing dynasty and returning to ancient times, he founded the Taiping Heavenly Kingdom with himself as Heavenly King. In 1853, he captured Nanjing and renamed it Tianjing. He **prohibited** opium use and separated men and women. The kingdom began

10   to **wane** after the 1856 Tianjing Incident, in which Hong killed commander Yang Xiuqing, who often **lapsed** into **trances** and claimed to hear the voice of God. In 1864, Tianjing was surrounded by the Qing forces, and ran low on food. Hong ate **weeds**, which he called sweet **dew**. Possibly due to this, he soon died. He was succeeded by his eldest son Hong Tianguifu, who was

15   powerless to do anything to prevent the kingdom from falling to the Qing forces.

☐ **675**	**exterminate** [ıkstə́ːrmənèıt, eks-]	匝 멸종시키다, 몰살하다, 완전히 구제(驅除)하다
☐ **676**	**cult** [kʌ́lt]	몡 종교 집단, 신흥 교단
☐ **677**	**prohibit** [prouhíbət]	匝 금지하다, 금하다 ⇒ 팬 prohibition 몡 금지
☐ **678**	**wane** [wéın]	쟈 쇠퇴하다, 약해지다
☐ **679**	**lapse** [lǽps]	쟈 무효가 되다, 약해지다, 사라지다 cf. **lapse into** …의 상태가 되다, 빠지다 몡 중단, 간격
☐ **680**	**trance** [trǽns]	몡 최면 상태, 망연자실, 트랜스 상태

홍수전

홍수전은 태평천국의 난을 주도한 인물이다. 그는 1814년에 중국 광저우에서 태어났다. 1837년, 홍수전은 노인으로부터 악을 근절하라는 명을 받는 꿈을 꾸었다. 그는 이후에 읽은 기독교 소책자와 이 꿈을 결부 지어 1843년에 상제교라는 신흥종교를 세웠다. 홍수전은 신의 둘째 아들이자 그리스도의 동생을 자칭했다. 1851년, 청조 타도와 태고로의 회귀를 기치로 내걸고 태평천국을 건국해 천왕으로 즉위했다. 1853년, 홍수전은 남경을 함락하고 이름을 천경으로 바꾸었다. 그는 아편 흡입을 금지하고 남녀가 따로 생활하게 했다. 1856년의 천경사변 이후 태평천국은 쇠퇴의 길로 접어들게 되는데, 이 사건에서 홍수전은 최면 상태에서 신의 목소리를 들었노라 주장했던 군사 양수청을 살해했다. 1864년, 천경은 청군에게 포위되어 식량 부족에 빠졌다. 홍수전은 잡초를 천로(달콤한 이슬)라 부르며 먹었다. 그리고 그 탓인지 머지않아 사망했다. 장남인 홍천귀복이 왕위를 이었지만 청군 앞에서는 손쓸 도리가 없었기에 태평천국은 멸망하고 말았다.

□ 681	weed [wíːd]	명 잡초, 해조
□ 682	dew [d(j)úː]	명 이슬

+ Glossary

□ ℓ.2	dream of	…의 꿈을 꾸다
□ ℓ.6	under the banner of	…라는 기치를 내걸고
□ ℓ.6	bring down	타도하다
□ ℓ.7	Taiping Heavenly Kingdom	태평천국
□ ℓ.10	Tianjing incident	천경사변
□ ℓ.12	run low on	…이 결핍되다

알아두면 좋은 명언집 2

51 **Bartolomé de Las Casas** 바르톨로메 데 라스카사스

This deep, bloody American tragedy is now concluded and my pen chokes with Indian blood and gore.

이 심각하고 피로 물든 아메리카의 비극에 대해서는 이만 펜을 놓겠다. 원주민의 피로 막혀버린 나의 펜으로는 더 이상 글을 이어나갈 수 없다.

58 **William Shakespeare** 윌리엄 셰익스피어

You gods will give us some faults to make us men.

신들은 우리를 인간답게 만들기 위해 몇 가지 결점을 내려준다.

67 **Frederick the Great** 프리드리히 대왕

The sovereign, far from being the absolute master of his people, is nothing more than their chief servant.

군주는 신민의 절대적인 주인이 아니라 신민의 첫 번째 종에 불과하다.

69 **Napoleon Bonaparte** 나폴레옹 보나파르트

He who fears being conquered is sure of defeat.

두려움을 모르는 자는 반드시 패배한다.

70 **Johann Wolfgang von Goethe** 요한 볼프강 폰 괴테

He who does not know foreign languages knows nothing of his own.

외국어를 모르는 자는 모국어에 대해서도 아무것도 모른다.

CHAPTER III

근대

Modern Period

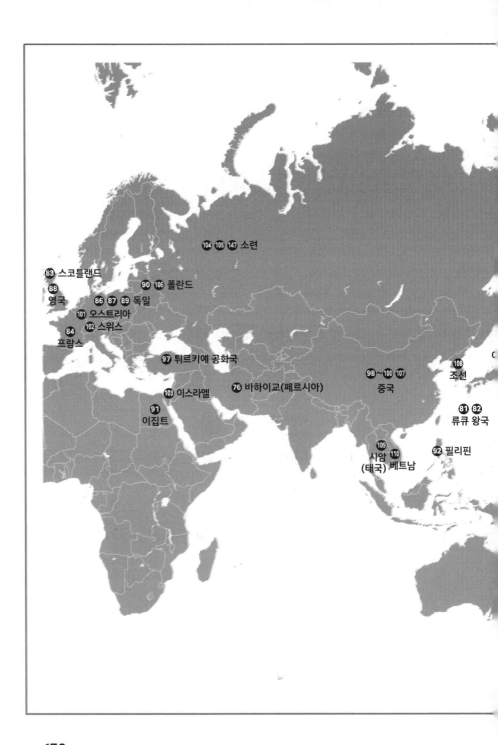

93 94 캘리포니아

78 수 족

•워싱턴

쇼니족 77 95 버지니아주

79 하와이 왕국

96 멕시코

85 에콰도르

갈라파고스 제도

76 Baha'i Faith

1   The Baha'i Faith is the youngest world religion with nearly 6 million followers. It draws its membership from every religion, race, **ethnic** background, nationality and **creed**. The largest Baha'i communities are in South Asia and Africa. Baha'is believe in one God and Creator. An

5   important goal of this religion is that of promoting the **well-being** of **humankind**. Baha'is are not required to renounce their previous beliefs, but to accept a new **unfolding** of religious understanding. The Baha'i Faith began when Baha'u'llah understood that God had called on him to be God's messenger in Persia in 1852. After Baha'u'llah died, his son 'Abdu'l-Baha

10   and then his great-grandson Shoghi Effendi became the leader of the faith. After Shoghi Effendi died in 1957, the leadership of the faith passed to the Universal House of Justice in Israel. One source of scripture for the Baha'i Faith is *Gleanings from the Writings of Baha'u'llah*. After the 1979 Islamic Revolution, Baha'is in jobs with government **oversight** were fired in Iran.

15   Since then, Baha'is have suffered persecution in their religion's **homeland**, even though an **outcry** from across the world has brought some relief.

□ **683**	**ethnic** [éθnɪk]	휑 민족의, 민족적인, 인종적인
□ **684**	**creed** [kríːd]	몡 신조, 교리, 종교
□ **685**	**well-being** [wélbíːiŋ]	몡 행복, 복리, 건강
□ **686**	**humankind** [hjúːmənkàɪnd]	몡 인간, 인류
□ **687**	**unfold** [ʌnfóuld]	쟤 펼쳐지다, 전개하다, 펴지다 탸 털어놓다, 펴다
□ **688**	**glean** [glíːn]	탸 수집하다, 모으다 ⇒핕 gleaning 몡 선집, 수집물, 이삭줍기

바하이교

바하이교는 가장 늦게 생겨난 세계종교로 약 600만 명의 신자를 두고 있다. 신자로는 다양한 종교, 인종, 민족, 국적, 신조를 지닌 사람들이 있다. 가장 큰 바하이교 공동체는 남아시아와 아프리카에 있다. 바하이교는 유일한 조물주를 믿는 일신교이다. 이 종교의 핵심 목표는 인류의 복리 증진이다. 바하이교도는 본래의 신앙을 포기할 필요는 없으며 새로운 종교적 이해를 받아들일 수만 있으면 된다. 바하이교는 1852년, 페르시아에서 바하올라가 자신이 신의 전령이 되었다고 깨달은 순간 탄생했다. 바하올라가 죽은 후에는 아들인 압둘 바하가, 그다음엔 증손인 쇼기 에펜디가 지도자의 자리에 올랐다. 1957년에 쇼기 에펜디가 죽은 뒤에는 이스라엘의 세계정의원에서 신앙을 이끌게 되었다. 바하이교의 성전으로는 『바하올라 선집』이 있다. 1979년의 이슬람 혁명 이후, 이란의 정부 기관에서 근무하던 바하이교도가 면직되었다. 이후 세계적인 항의를 받아 사태는 어느 정도 진정되었지만 바하이교도는 바하이교의 모국에서 박해를 받아왔다.

☐ 689	oversight [óuvərsàit]	명 간과, 감독, 관리	
☐ 690	homeland [hóumlænd]	명 모국, 고국, 본국	
☐ 691	outcry [áutkrài]	명 항의	

+ Glossary

☐ ℓ.8	call on	추구하다
☐ ℓ.10	great-grandson	증손자
☐ ℓ.12	Universal House of Justice	세계정의원
☐ ℓ.13	Islamic Revolution	이슬람 혁명

77 Tecumseh

1 Tecumseh was a chief of the Shawnee Indians in the United States who made a **futile** effort to form an intertribal Indian alliance. Born in Ohio in 1768, he became a war leader around age 20, and led raids against white settlements. In 1805, his brother Lalawethika, who had been an **alcoholic**
5 drinker, began to be called the Prophet. **Undoubtedly** influenced by Tecumseh, the Prophet advocated the **formation** of an Indian alliance that could resist the **erosion** of the Indian land. Their following grew daily, **swelled** by Indians gathering from various tribes. In 1808, they built a town at a **confluence** of rivers in Indiana, and began spreading the Prophet's
10 vision of the future. In the War of 1812, the Indians cooperated with the British to fight against the Americans to drive them out of the Continent. But one day Tecumseh was shot to death right before **dusk**. His death marked the demise of the idea of an Indian alliance.

☐ 692	futile [fjúːtl]	쁺 쓸데없는, 무익한, 효과 없는	
☐ 693	alcoholic [æ̀lkəhάːlɪk, -hɔ́ːlɪk]	쁺 알코올의, 알코올에 의한, 알코올 중독의 ←圖alcohol 몡 알코올 음료, 술	
☐ 694	undoubtedly [ʌndάʊtɪdli]	凰 의심할 여지없이, 확실히, 분명히 ←圖undoubted 쁺 의심할 여지가 없는, 확실한	
☐ 695	formaion [fɔːrméɪʃən]	몡 결성, 설립, 생성 ←圖form 타 결성하다, 형성하다	
☐ 696	erosion [ɪróʊʒən]	몡 침식, 부식, 저하 ←圖erode 타 침식하다	
☐ 697	swell [swél]	타 부풀게 하다, 팽창시키다, 증가시키다 재 부풀다, 팽창하다, 증가하다	

테쿰세

테쿰세는 아메리카 원주민인 쇼니족의 족장으로, 원주민의 부족 간 연합을 실현하기 위해 힘썼지만 결실을 보지는 못했다. 1768년에 오하이오주에서 태어난 테쿰세는 20세 무렵 전쟁의 지도자가 되어 백인들의 정착지 습격을 지휘했다. 그러다 1805년, 본래 술꾼이었던 동생 랄라웨티카가 예언자라 불리기 시작했다. 의심의 여지 없이 테쿰세의 영향을 받았던 예언자는 원주민의 토지가 잠식되는 사태에 저항하기 위한 원주민 연합 결성을 주장했다. 다양한 부족에서 원주민들이 모여들었고, 지지자는 나날이 늘어났다. 1808년, 인디애나주의 강이 합류하는 지점에 마을을 건설한 이들은 미래에 대한 예언자의 비전을 전파하기 시작했다. 1812년에 발발한 영미전쟁에서 아메리카 원주민은 영국과 손을 잡고 대륙에서 미국인을 몰아내기 위해 싸웠다. 하지만 어느 날 해가 저물 무렵, 테쿰세는 총에 맞아 사망했다. 그의 죽음과 함께 원주민 연합이라는 구상도 사라지고 말았다.

☐ 698	confluence [káːnfluəns]	몡 합류 지점, 합류한 하천
☐ 699	dusk [dʌ́sk]	몡 땅거미, 황혼 ⇔반 dawn 몡 새벽

+ Glossary

☐ ℓ.1	Shawnee Indians	쇼니족 원주민
☐ ℓ.2	intertribal	부족 간의
☐ ℓ.10	War of 1812	영미전쟁
☐ ℓ.11	drive out of	…에서 몰아내다

78 Sitting Bull

1   Sitting Bull was a Sioux Indian chief in the United States. He was born in
1831. After several battles with the white people, he decided never to sign
any unreasonable treaty with them. When **settlers** discovered gold on the
land of the Sioux in 1874, the government demanded that they sign a treaty
5   to give up their rights to the land, but Sitting Bull refused. In 1877, he led
his band to Canada. But there as well, buffalo **herds** had been **depleted** by
the whites. In **desperation**, he and his band surrendered to the United States
in 1881. After being **detained** for two years, he was moved to a reservation.
Soon the government **grudged** the food they had promised them in the
10   treaty. Many Sioux children began to die of diseases such as the **flu**. In this
bleak situation, a new religion called 'Ghost Dance' spread which preached
the resurrection of the Indians. In 1890, the white people mistakenly
regarded Sitting Bull as an **instigator**, and sent the police to arrest him as a
precaution. A struggle ensued, and Sitting Bull was shot to death by Indian
15   police officers.

□ **700**	**settler** [sétlər]	圐 정착민, 개척자 ⇐唗 **settle** 困 정착하다
□ **701**	**herd** [hə́ːrd]	圐 무리
□ **702**	**deplete** [dɪplíːt]	唗 격감시키다 ⇒唗 **depletion** 圐 감소, 고갈
□ **703**	**desperation** [dèspəréɪʃən]	圐 절망, 자포자기, 필사적임 ⇐唗 **desperate** 혱 절망적인, 자포자기의 ⇒唗 **desperately** 埀 필사적으로
□ **704**	**detain** [dɪtéɪn]	唗 구류하다, 유치하다, 감금하다
□ **705**	**grudge** [grʌ́dʒ]	唗 아까워하다, 주기 싫어하다, 샘내다 圐 원한, 유감, 악의

시팅 불

시팅 불은 아메리카 원주민인 수족의 족장이다. 1831년에 태어났다. 그는 백인과의 몇 차례 싸움을 거치면서 백인과의 불합리한 조약에 절대 서명하지 않기로 결의했다. 1874년, 백인 개척자들이 수족의 땅에서 금광을 발견하자 정부는 토지의 권리를 포기하는 조약에 서명하기를 요구했지만 그는 응하지 않았다. 그는 1877년에 동료들과 캐나다로 도피했다. 하지만 캐나다에서도 들소 무리는 백인들의 손에 크게 줄어들고 있었다. 절망에 빠진 그와 그의 동료들은 1881년에 미국에 투항했다. 2년간 구금된 뒤에 그는 보호지역으로 이송되었다. 얼마 지나지 않아 정부는 조약에 보장된 식량을 제대로 지급하지 않으려 했다. 많은 수족의 아이들이 인플루엔자 등의 질병에 죽어갔다. 이 암담한 상황에서 원주민의 부활을 설파하는 '유령의 춤'이라는 신흥종교가 유행했다. 1890년, 시팅 불을 주모자로 오해한 백인들은 만일을 대비해 경찰을 파견해서 그를 체포하려 했다. 이에 싸움이 벌어졌고, 시팅 불은 원주민 경찰의 총에 맞아 사망했다.

□ 706	**flu** [flúː]	명 인플루엔자, 유행성 독감	
□ 707	**bleak** [blíːk]	형 어두운, 차가운, 황량한	
□ 708	**instigator** [ínstɪgèɪtər]	명 주도자, 선동자 ⇐파 **instigate** 타 개시하다, 선동하다	
□ 709	**precaution** [prɪkɔ́ːʃən]	명 조심, 경계, 예방책	

+ Glossary

□ ℓ.1	**Sioux Indian**	수족 원주민
□ ℓ.6	**buffalo**	들소

79 Kingdom of Hawai'i

1   When British navigator James Cook reached Hawai'i in 1778, the Hawaiian Islands were separately governed by three kings. One of them, Kamehameha, overpowered the other kings with the help of Western cannons, and unified the Hawaiian Islands to establish the Kingdom of 5 Hawai'i in 1810. But as Kamehameha relied on Westerners to stay in power, they gradually came to exert their influence, until finally most of the cabinet was occupied by foreigners. In 1887, the white leaders announced a new constitution which deprived the king of most of his authority, including his right to veto. When Queen Lili'uokalani tried to issue a new constitution to 10 bolster the king's sovereign power in 1893, white people carried out a coup to depose her and terminate the Kingdom of Hawai'i, and then founded the Republic of Hawai'i the following year. The republic was annexed by the United States in 1898, and became the 50th state of the United States in 1959. In 1993, the US Congress passed a resolution that officially 15 apologized, conceding that the overthrow of the Kingdom of Hawai'i had been illegal.

□ 710	separately [sépərətli]	튀 따로따로, 갈라져, 개별적으로 ⇐핀 separate 휑 따로따로의 태 가르다, 분리하다
□ 711	overpower [òuvərpáuər]	태 제압하다, 압도하다, 이기다
□ 712	constitution [kàːnstət(j)úːʃən]	몡 헌법 ⇒핀 constitutional 휑 헌법상의, 합헌의
□ 713	deprive [dipráiv]	태 …에게서~(of)를 빼앗다, 박탈하다
□ 714	veto [víːtou]	태 거부하다, 부인하다 몡 거부권
□ 715	bolster [bóulstər]	태 높이다, 개선하다, 강화하다

하와이 왕국

영국인 항해사 제임스 쿡이 1778년에 하와이에 도착했을 때, 하와이 제도는 세 사람의 왕에 의해 분할 통치되고 있었다. 그중 한 명인 카메하메하가 서양의 대포를 이용해 나머지 두 왕을 제압하고 1810년에 하와이 제도를 통일해 하와이 왕국을 건국했다. 하지만 카메하메하가 정권 유지를 위해 서구인에 의존하면서 그들이 서서히 영향력을 끼치기 시작했고, 급기야 각료 대부분이 외국인으로 채워지기에 이르렀다. 1887년, 백인 지도자들은 새로운 헌법을 반포하며 거부권을 비롯한 대부분의 왕권을 박탈했다. 1893년, 릴리우오칼라니 여왕이 왕권을 강화하는 새로운 헌법을 반포하려 했지만 백인이 쿠데타를 일으켜 여왕을 폐위시키고 하와이 왕국을 멸망시킨 뒤, 이듬해 하와이 공화국을 건국했다. 1898년에 공화국은 미국과 합병되었고 1959년에 미국의 50번째 주가 되었다. 1993년, 미국 연방의회는 하와이 왕국을 전복시킨 사실이 불법이었음을 인정하며 공식으로 사죄하는 결의안을 채택했다.

□ **716**	**sovereign** [sá:vərən]	형 독립된, 군주의, 왕위의　명 군주, 주권자 ⇒명 **sovereignty** 명 주권, 통치권, 자치권(☞86)
□ **717**	**terminate** [tá:rmənèit]	타 끝내다, 종결시키다, 철폐하다 ⇒명 **termination** 명 종료, 종말
□ **718**	**congress** [káːŋgrəs, káːŋrəs]	명 의회; <C->국회, 미국 연방의회 cf. **US Congress** 미국 연방의회 ⇒형 **congressional** 형 국회의, 의회의(☞95)
□ **719**	**concede** [kənsíːd]	타 인정하다, 허락하다, 양보하다 ⇒명 **concession** 명 양보

+ Glossary

□ ℓ.1	navigator	항해사
□ ℓ.1	James Cook	제임스 쿡(통칭 캡틴 쿡. 유럽인으로서는 최초로 하와이에 도달했다)
□ ℓ.3	Kamehameha	카메하메하 대왕
□ ℓ.4	cannon	대포
□ ℓ.5	stay in power	권력을 유지하다

80 Ainu

1 The Ainu are an **indigenous** people of Japan who have resided mainly in
Hokkaido. Throughout history, the Wajin, or the Yamato people, gradually
encroached on their territory. Koshamain's War was an armed conflict
that took place in 1457, where Ainu leader Koshamain and his followers
5 sacked the Wajin's forts after an Ainu was stabbed to death by a Wajin
blacksmith. It ended when Takeda Nobuhiro, later renamed Kakizaki
Nobuhiro, **slew** Koshamain. After that, the Kakizaki clan gained control
of Ezochi, or the Ainu territory. In the Edo period, the Matsumae clan,
renamed from the Kakizaki clan, **monopolized** trade with the Ainu. The
10 Ainu's discontent with **exploitation** under conditions advantageous to the
Wajin exploded into rebellions such as Shakushain's Revolt in 1669 and
the Menashi-Kunashiri Battle in 1789. But each time the Matsumae clan
won and **boosted** its control over the Ainu. In the Meiji period, the Ainu
territory was incorporated into Japan as Hokkaido, with the Ainu being
15 distinguished from the Wajin as "Former Aborigines." This distinction led
to **discrimination** against the Ainu people and a policy of their **assimilation**
into the Wajin people.

□ 720	indigenous [ɪndídʒənəs]	형 토착의, 원산의, 고유의	
□ 721	encroach [ɪnkróutʃ, en-]	자 ···(on)을 침해하다, 침략하다, 잠식하다	
□ 722	slay [sléɪ]	타 살해하다, 학살하다, 죽이다(slew, slain)	
□ 723	monopolize [mənάːpəlàɪz]	타 독점하다, ···의 전매권을 갖다, 독차지하다 ←派 monopoly 명 독점(권), 독점기업(☞137)	
□ 724	exploitation [èksplɔɪtéɪʃən]	명 착취, 개발, 개척 ←派 exploit 타 이용하다, 착취하다, 개척하다	
□ 725	boost [búːst]	타 증대시키다, 밀어 올리다, 높이다	

아이누는 일본의 선주민족으로, 주로 홋카이도에 거주하고 있다. 역사를 통틀어 그들은 점차 야마토 민족, 즉 와진*에게 토지를 잠식당했다. 1457년에 벌어진 코샤마인 전쟁은 와진 대장장이가 아이누인을 살해한 사건을 계기로 아이누족의 리더인 코샤마인과 아이누인들이 와진의 요새를 함락시킨 무장 분쟁이다. 훗날 가키자키 노부히로로 개명하는 다케다 노부히로가 코샤마인을 살해하면서 전쟁은 끝이 났다. 이를 기점으로 가키자키 가문이 아이누의 토지, 즉 에조치(蝦夷地)를 지배하게 되었다. 에도 시대에는 가키자키 가문이 이름을 바꾼 마쓰마에번**이 대 아이누 교역을 독점했다. 와진에게 유리한 조건으로 착취가 이어지자 그에 따른 불만은 1669년에 일어난 샤쿠샤인 전쟁과 1789년에 일어난 쿠나시리·메나시 전쟁 등의 반란으로 폭발했다. 하지만 매번 마쓰마에번이 승리하며 아이누에 대한 지배를 공고히 다져나갔다. 메이지 시대에 이르러 아이누의 영토는 홋카이도로 일본에 편입되었고, 아이누인은 '구토인(舊土人)'이라는 이름으로 와진과 구별되었다. 이러한 구별은 아이누인에 대한 차별과 와진으로의 동화정책으로 이어졌다.

* 화인(和人). 일본 본토인이 자신들과 아이누인을 구별하기 위해 사용했던 자칭
** 藩, 에도 시대에 영주가 다스리는 영지나 그 정치 형태를 이르는 말

☐ 726	**discrimination** [dɪskrìmənéɪʃən]	명 차별 ⇐태 **discriminate** 자 …(against)를 차별하다
☐ 727	**assimilate** [əsíməlèɪt]	타 동화시키다, 녹아들게 하다, 흡수하다 ⇒명 **assimilation** 타 흡수, 동화

+ Glossary

☐ ℓ.3	**armed**	무장한
☐ ℓ.5	**fort**	요새
☐ ℓ.6	**blacksmith**	대장장이
☐ ℓ.7	**gain control of**	…를 지배하다
☐ ℓ.15	**aborigine**	선주민

81 Ryukyu Kingdom

1   In the 14th century, the island of Okinawa was divided into three domains, ruled by Sanhoku-ô, Chūzan-ô and Sannan-ô. In 1429, Sh. Hashi of Chūzan prevailed over his rivals and established the First Shô dynasty, which was soon replaced by the Second Shô dynasty. Ryukyu seized on

5   the opportunity provided by Ming China's prohibition of foreign trade and its tribute system, and Ryukyuan merchants made profits in East Asian trade. In 1609, the kingdom was invaded by the Satsuma clan and came under the control of the Tokugawa shogunate. Under Satsuma's rule, however, Ryukyu continued its tributary relationship with Qing China.

10   The Ryukyu government adopted an unusual national identity in its dual allegiance, keeping a balance of power between Japan and China. But in 1872, the Ryukyu Kingdom was transformed into the Ryukyu clan, and the tribute missions to China were called off. In 1879, the Meiji government terminated the Ryukyu clan and incorporated it into Japan as Okinawa

15   Prefecture. Through this series of events known as the Disposition of the Ryukyu Kingdom, the kingdom was annexed to Japan and detached from China. China objected, but the possibility of restoration of the kingdom disappeared with the defeat of China in the First Sino-Japanese War.

☐ 728	domain [douméin]	몡 영역, 분야, 영토
☐ 729	prevail [privéil]	巫 ⋯(over)에게 이기다, 보급하다 ⇒闠 prevalent 뤵 유포된, 보급된, 유행하는(☞11)
☐ 730	tributary [tríbjətèrí]	뤵 공물을 바치는, 속국의, 지류의 ⇐闠 tribute 몡 증정물, 공물, 연공(☞15)
☐ 731	dual [d(j)úːəl]	뤵 이중의, 두 부분으로 이루어진
☐ 732	allegiance [əlíːdʒəns]	몡 충성, 충실함, 헌신

류큐 왕국

14세기의 오키나와섬은 산북왕, 중산왕, 산남왕이 지배하는 삼산(三山)으로 나뉘어 있었다. 1429년에는 중산왕 쇼하시가 경쟁자들을 물리치고 제1쇼씨 왕조를 열었으나 머지않아 제2쇼씨 왕조로 교체되었다. 류큐는 명나라의 해금정책과 조공 체제를 기회로 삼았고, 류큐의 상인들은 동아시아 무역에서 이득을 거두었다. 류큐 왕국은 1609년에 일본의 사쓰마번에 침략당해 도쿠가와 막부 체제로 편입되었다. 그러나 사쓰마의 지배를 당하면서도 류큐는 청나라와의 책봉 관계를 유지했다. 중일양속이라는 독자적인 국가상을 지향하면서 일본과 중국 사이에서 힘의 균형을 유지한 것이다. 하지만 1872년, 류큐 왕국은 류큐번으로 바뀌었고, 중국에 대한 조공도 중단되었다. 1879년, 메이지 정부는 류큐번을 폐지하고 오키나와현으로 일본에 편입시켰다. 이 류큐 처분으로 류큐 왕국은 일본에 합병되었고, 중국으로부터 분리되었다. 중국은 항의했지만 청일전쟁에서 중국이 패배하며 류큐 왕국 부흥의 가능성은 사라지고 말았다.

☐ 733	**prefecture** [príːfektʃər]	명 현(縣) ⇒ 파 **prefectural** 형 현의	
☐ 734	**disposition** [dìspəzíʃən]	명 처분, 배치, 기질 ⇐ 파 **dispose** 타 배치하다	
☐ 735	**detach** [dɪtǽtʃ]	타 떼어놓다, 분리하다 ⇒ 파 **detachment** 명 거리를 두는 것, 분리	

+ Glossary

☐ ℓ.4	**seize on**	…에 달려들다
☐ ℓ.5	**Ming**	명나라
☐ ℓ.8	**come under the control of**	…의 지배하에 들어가다
☐ ℓ.8	**Tokugawa shogunate**	도쿠가와 막부
☐ ℓ.9	**Qing**	청나라
☐ ℓ.12	**Ryukyu Clan**	류큐번
☐ ℓ.13	**call off**	취소하다
☐ ℓ.18	**First Sino-Japanese War**	청일전쟁

82 Shô Tai

1 Shô Tai was the last king of the Ryukyu Kingdom. Born in 1843 as the
second son of Sho Iku, the 18th king of the Second Sho dynasty, he
became the 19th king upon his father's death in 1848. As a result of the
Disposition of the Ryukyu Kingdom, he was obliged to step down and was
5 sent to Tokyo in 1879. There he met with Emperor Meiji and was given a
mansion in Kôji-machi, where he lived for the rest of his life. In order to
assimilate the former Ryukyu royal family into Japan, the Meiji government
exhorted him to **mingle** with Japanese people and often invited him to
luncheons in the Ministry of the Imperial Household. In 1884, Tai was
10 allowed to **temporarily** return to Okinawa, where, as ordered by the Meiji
government, he won over those who resisted Japan's **takeover** of Ryukyu.
After returning to Tokyo, he was awarded the title of *kôshaku*, the second
tier of **nobility**, in 1885, and became a member of the House of **Peers** in
1890. He died of acute catarrh of the **bowels** in 1901. His funeral was held
15 in Okinawa, and his coffin was buried in the royal **cemetery** next to Shuri
Castle. People across Okinawa **mourned** for him.

☐ 736	exhort [ɪgzɔ́ːrt, egz-]	匣 촉구하다, 장려하다, 권하다	
☐ 737	mingle [míŋgl]	짜 …(with)와 섞이다, 교제하다, 어울리다 匣 섞다, 혼합하다	
☐ 738	temporarily [tèmpərérəli, ´-`--]	뷔 일시적으로, 임시로, 잠시 ⇔匣 permanently 뷔 영구히	
☐ 739	takeover [téɪkòʊvər]	몡 매수, 탈취, 접수	
☐ 740	tier [tɪár]	몡 층, 열, 계층	
☐ 741	nobility [noʊbíləti]	몡 귀족 ⇐匣 noble 혱 고귀한, 고매한	

쇼타이

쇼타이는 류큐 왕국의 마지막 왕이다. 1843년에 제2쇼씨 왕조의 제18대 왕 쇼이쿠의 차남
으로 태어난 그는 부왕이 승하하며 1848년에 제19대 왕으로 즉위했다. 류큐 처분 결과, 그
는 1879년에 류큐 번왕의 지위를 잃고 도쿄로 보내졌다. 도쿄에서 쇼타이는 메이지 천황과
만난 후 고지마치에 저택을 하사받아 그곳에서 평생을 지냈다. 메이지 정부는 옛 류큐 왕실
을 일본에 동화시키기 위해 쇼타이로 하여금 일본인과 교류하게 했고, 종종 궁내성*의 오찬
회에 초대했다. 1884년에 오키나와로 일시 귀국을 허가받은 쇼타이는 메이지 정부의 지시
를 받아 일본의 류큐 찬탈에 저항하는 사람들을 설득했다. 귀국 후 1885년에 오등작 중 두
번째인 후작이 수여되었고, 1890년에는 귀족원 위원이 되었다. 그는 1901년에 급성 장카타
르로 사망했다. 장례는 오키나와에서 치러졌고, 관은 슈리성 인근의 왕릉에 안장되었다. 모
든 오키나와 사람들이 그를 애도했다.

* 일본 황실과 관련된 업무를 전담하는 일본의 행정기관. 현재는 궁내청

☐ 742	peer [píər]	명 동배(同輩), 동료, 귀족 cf. **House of Peers** 귀족원
☐ 743	bowel [báuəl]	명 장, 내장, 창자 cf. **Catarrh of the bowel** 장카타르
☐ 744	cemetery [sémətèri]	명 공동묘지
☐ 745	mourn [mɔ́:rn]	자 …(for)를 애도하다, 추도하다, 조의를 표하다 ⇒ 형 **mournful** 형 슬픔에 잠긴, 죽은 이를 애도하는

+ Glossary

☐ ℓ.5	Emperor Meiji	메이지 천황
☐ ℓ.9	luncheon	오찬회
☐ ℓ.9	Ministry of the Imperial Household	궁내성
☐ ℓ.11	win over	설득하다
☐ ℓ.15	Shuri Castle	슈리성

83 Thomas Glover

Thomas Glover was a Scottish trader. Born in northeast Scotland in 1838, he was sent by the trading company Jardine Matheson to Shanghai in 1856, where he checked the **crates** of imported opium and wrote **inventories** in a **makeshift** marketplace. In 1859, he crossed to Nagasaki, where he set up Glover and Co. in 1861. From his devotion to free trade, rather than for reasons of political principle, he supported rebels such as Sakamoto Ryoma. As he assisted in **overturning** the Tokugawa shogunate, he had **cordial** relations with the Meiji government, and was treated as an **insider** by government officials. He began to manage Takashima Coal Mine in 1868, but went **bankrupt** in 1870. From 1876, he served as a consultant to Mitsubishi. In 1885, he helped establish the Japan Brewery Company, which is now the Kirin Brewery Company. The **whiskers** of the imaginary creature on Kirin beer labels are based on Glover's **mustache**. Having been awarded the Second-Class Order of the Rising Sun in 1908, Glover died of **kidney** failure in 1911.

☐ **746**	**crate** [kréɪt]	몡 나무상자, 나무틀, 상자
☐ **747**	**inventory** [ínvəntɔ̀ːri]	몡 목록, 일람표, 재고품 목록
☐ **748**	**makeshift** [méɪkʃìft]	혱 임시변통의, 일시적인, 가설의
☐ **749**	**overturn** [òuvərtə́ːrn]	탭 뒤집다, 전복시키다, 넘어뜨리다
☐ **750**	**cordial** [kɔ́ːrdʒəl]	혱 우호적인, 마음에서 우러난, 진심의
☐ **751**	**insider** [ɪnsáɪdər]	몡 내부인, 내정에 밝은 사람 ⇔팹 outsider 몡 외부자, 외부인
☐ **752**	**bankrupt** [bǽŋkrʌpt, -rəpt]	혱 지불 능력이 없는, 파산한, 파산 선고를 받은 cf. go bankrupt 파산하다 ⇒팹 bankruptcy 몡 파산, 도산

토머스 글로버

토머스 글로버는 스코틀랜드 출신의 상인이다. 1838년에 스코틀랜드 북동부에서 태어난 그는 1856년에 무역회사 자딘 매시슨 상회의 사원으로 상해에 파견되어 가설시장에서 수입아편 상자를 조사하고 재고 목록을 작성하는 업무를 맡았다. 이후 1859년에 나가사키로 넘어가 1861년에는 글로버 상회를 열었다. 그는 정치적인 이유보다는 자유무역을 위한 헌신으로 사카모토 료마를 비롯한 막부 말기의 유신지사들을 지원했다. 도쿠가와 막부 타도에 협력한 그는 메이지 정부와 우호적인 관계를 유지했고 정부 관계자들들로부터 내부인으로 대우받았다. 그는 1868년에 다카시마 탄광 운영을 시작했으나 1870년에 파산했다. 1876년부터는 미쓰비시 상회의 고문을 맡았다. 1885년에는 현재 기린 맥주의 전신인 재팬 브루어리 컴퍼니의 설립을 도왔다. 기린 맥주의 라벨에 그려진 상상 속 동물의 구레나룻은 글로버의 수염을 바탕으로 하고 있다. 그는 1908년에 훈2등 욱일중광장을 수여받았고 1911년에 신장 질환으로 사망했다.

□ 753	whisker [hwískər]	명 수염, 구레나룻
□ 754	mustache [mʌ́stæʃ, məstǽʃ]	명 콧수염
□ 755	kidney [kídni]	명 신장 cf. **kidney failure** 신장질환

+ Glossary

□ ℓ.2	trading company	무역회사
□ ℓ.3	opium	아편
□ ℓ.5	rather than	…보다는 오히려
□ ℓ.7	Tokugawa shogunate	도쿠가와 막부
□ ℓ.9	coal mine	탄광
□ ℓ.14	Second-Class Oder of the Rising Sun	훈2등 욱일중광장

84 Louis Braille

Louis Braille was a French teacher who invented braille. He was born the son of a saddle maker in 1809. At age 3, in his father's workshop, a knife slipped and sliced into his eye, an accident that resulted in depriving him of his **eyesight**. In 1819, he entered the Royal Institution for Blind Children in Paris. At the time, books for the blind were made by pressing heavy paper onto a large type to make letters raised above the surface of the page. Such books were big and **clumsy**. In 1824, Braille developed a way of forming the letters and the accents, as well as commas, full stops, and all other **punctuation** marks, using 6 dots and some **horizontal dashes**. In 1828, he became a teacher at the Institution. But the Institution did not allow his system to be used in class, because, they said, it would create an **impenetrable** barrier between the blind and the sighted, an idea that would be a **stumbling** block to the international **acceptance** of braille. Still, the students seized on it as it was easy to read. After Braille died in 1852, braille gradually spread across the world. The Korean system is a **variation** of braille.

□ 756	**eyesight** [áısàıt]	몡 시력, 시야
□ 757	**clumsy** [klʌ́mzi]	혱 서투른, 쓰기 불편한
□ 758	**punctuation** [pʌ̀ŋktʃuéıʃən, pʌ̀ŋkʃu-]	몡 구두점, 구두법 cf. **punctuation marks** 구두점
□ 759	**horizontal** [hɔ̀:rəzά:ntl]	혱 지평선의, 수평선의, 수평의 ⇐뗀**horizon** 몡 지평선 ⇔뗀**vertical** 혱 수직의
□ 760	**dash** [dǽʃ]	몡 돌진, 대시, 문장 부호인 '-'의 이름 짜 돌진하다, 달려 나가다 타 때려 부수다, 내동댕이치다

루이 브라유

루이 브라유는 점자를 창제한 프랑스의 교사이다. 그는 1809년에 안장을 만드는 장인의 아들로 태어났다. 3세 때 아버지의 작업장에서 칼이 미끄러져 눈을 베였고, 그 결과 시력을 잃고 말았다. 1819년에 그는 파리의 왕립 시각장애인 학교에 입학했다. 당시의 시각장애인용 책은 두꺼운 종이를 커다란 틀로 눌러서 글자가 종이 표면에 솟아오르도록 하는 방식으로 만들어졌다. 이러한 책은 너무 커서 사용하기 불편했다. 1824년, 브라유는 여섯 개의 점과 가로선으로 문자나 강조 기호, 그리고 쉼표나 마침표 등 다양한 구두점을 나타내는 방식을 개발했다. 1828년에 그는 시각장애인 학교의 교사가 되었다. 하지만 학교는 시각장애인과 일반인 사이에 넘을 수 없는 벽이 생긴다는 이유로 그의 방식을 수업에 적용하지 못하게 했고, 이러한 생각은 점자를 세계적으로 보급하는 데 걸림돌이 되었다. 그럼에도 학생들은 읽기 쉬운 점자에 매달렸다. 브라유는 1852년에 세상을 떴지만 점자는 서서히 전 세계로 보급되었다. 한국어 점자 역시 브라유 점자의 일종이다.

□ 761	impenetrable [ɪmpénətrəbl]	형 꿰뚫을 수 없는, 뚫고 지나갈 수 없는 ⇔반 penetrable 형 꿰뚫을 수 있는, 관통할 수 있는
□ 762	stumble [stʌ́mbl]	자 발부리가 걸리다, 비틀대며 걷다 cf. stumbling block 방해, 장애, 난점
□ 763	acceptance [əkséptəns, æk-, ɪk-]	명 수락, 찬성, 받아들임 ←파 accept 타 받아들이다
□ 764	variation [vɛ̀əriéɪʃən]	명 변화, 변동, 변종 ←파 vary 자 다르다

+ Glossary

□ ℓ.1	braille	점자, 브라유 점자
□ ℓ.2	saddle maker	안장 장인, 마구(馬具) 제조인
□ ℓ.8	comma	콤마, 쉼표
□ ℓ.8	full stop	마침표, 끝, 종지부
□ ℓ.12	sighted	눈으로 볼 수 있는, 눈이 잘 보이는
□ ℓ.14	seize on	…에 달려들다, 붙잡다

85 Charles Darwin

1 Charles Darwin was an English biologist who laid out the theory of
evolution. He was born in 1809 between a father who was a doctor and
a mother who was a member of the Wedgwood family, a **pottery** and
porcelain manufacturer. In 1831, he set off on the Beagle for the Galapagos
5 **Archipelago**, from where he sent home many **specimens**. After returning
home, he worked out his theory of evolution: the theory that **organisms**
better adapted to the environment survive to leave more **offspring** than
others. In 1859, he published *On the Origin of Species*. In 1871, he
published *The Descent of Man*, in which he described the **taboo** links that
10 **bound** human beings to the **apes**, such as gorillas. By the time he died in
1882, most scientists had **endorsed** his theory of evolution.

□ 765	**pottery** [pá:təri]	몡 도기류, 요업(窯業)
□ 766	**porcelain** [pɔ́:rsəlɪn]	몡 자기
□ 767	**archipelago** [ὰːrkəpéləgòu]	몡 군도, 제도, 열도 cf. **Galapagos Archipelago** 갈라파고스 제도
□ 768	**specimen** [spésəmən]	몡 표본, 검체
□ 769	**organism** [ɔ́:rgənìzm]	몡 생물, 생명체
□ 770	**offspring** [ɔ́:fsprìŋ]	몡 자식, 새끼, 자손
□ 771	**taboo** [təbú:, tæ-]	혱 터부의, 금기의, 금제의 몡 터부, 금기, 금제

찰스 다윈

찰스 다윈은 진화론을 제시한 영국의 생물학자이다. 1809년에 의사인 아버지와 도자기 제조업자 웨지우드 가문 출신인 어머니 사이에서 태어났다. 그는 1831년에 비글호를 타고 갈라파고스 제도로 출항해 현지에서 많은 표본을 고향으로 보냈다. 귀국 후에는 환경에 적응한 생물이 살아남아 더 많은 자손을 남긴다는 이론인 진화론을 생각해 냈다. 그는 1859년에 『종의 기원』을 출판했다. 1871년에는 고릴라 등의 유인원과 인간의 금기시되던 연결고리를 설명하는 『인간의 유래』를 출판했다. 그가 1882년에 사망할 무렵에는 대부분의 과학자가 진화론을 지지하게 되었다.

□ 772	**bind** [báɪnd]	태 묶다, 동여매다, 결박하다(bound, bound)
□ 773	**ape** [éɪp]	명 유인원
□ 774	**endorse** [endɔ́ːrs]	태 지지하다, 지원하다, 추천하다 ⇒ 파 **endorsement** 명 지지, 승인

+ Glossary

□ ℓ.1	**lay out**	설계하다
□ ℓ.10	**human being**	인간

86 Otto von Bismarck

1   Otto von Bismarck was a German politician. He was born the son of a squire in Prussia in 1815. After being sent abroad as an ambassador, he became prime minister at a critical juncture in Prussia's development in 1862. In 1864, Prussia and Austria defeated Denmark in the Second
5 Schleswig War. The Danish king transferred the duchies of Schleswig and Holstein to Prussia and Austria. Tensions intensified between Prussia and Austria over the sovereignty of the duchies. Prussia defeated Austria in the Austro-Prussian War in 1866, and Prussia and other North German states formed the North German Confederation with Prussia as its matrix in
10 1867. In 1870, Prussia defeated France in the Franco-Prussian War. French hostility caused by the German acquisition of Alsace-Lorraine was to haunt Germany. In 1871, the South German states joined the North German Confederation to create the German Empire. Having united Germany, Bismarck built several alliances, such as the Triple Alliance he formed
15 with Austria and Italy, and steadfastly used them to isolate France. After resigning as prime minister in 1890, he died in 1898.

□ 775	squire [skwáɪər]	명 대지주
□ 776	ambassador [æmbǽsədər]	명 대사, 공사
□ 777	juncture [dʒʌ́ŋktʃər]	명 시기, 단계, 접속
□ 778	intensify [inténsəfàɪ]	자 격렬해지다, 강해지다　타 강하게 하다, 증대하다 ⇐파 intense 형 격렬한, 맹렬한
□ 779	sovereignty [sáːvərənti]	명 주권, 통치권, 자치권 ⇐파 sovereign 형 독립된, 군주의, 왕위의(☞79)
□ 780	confederation [kɔnfèdəréɪʃən]	명 동맹, 연합, 연방 cf. North German Confederation 북독일 연방

오토 폰 비스마르크

오토 폰 비스마르크는 독일의 정치가이다. 그는 1815년에 프로이센의 대지주 가문에서 태어났다. 공사로서 해외에 부임한 이후인 1862년, 프로이센이 성장하는 데 중요한 시기에 수상으로 취임했다. 1864년, 제2차 슐레스비히 전쟁에서 프로이센과 오스트리아는 덴마크를 격파했다. 덴마크 왕은 슐레스비히·홀슈타인 두 공국을 프로이센과 오스트리아에 양도했다. 두 공국의 주권을 둘러싸고 프로이센과 오스트리아의 대립이 격렬해졌다. 1866년의 프로이센-오스트리아 전쟁에서 프로이센은 오스트리아를 물리쳤고, 프로이센을 비롯한 북독일의 여러 국가는 프로이센을 모체로 1867년에 북독일 연방을 결성했다. 1870년의 프로이센-프랑스 전쟁에서 프로이센은 프랑스를 물리쳤다. 독일이 알자스와 로렌을 손에 넣으면서 생겨난 프랑스의 적개심은 독일을 끈질기게 따라다니게 된다. 1871년, 북독일 연방에 남독일의 여러 국가가 가입하며 독일 제국이 성립되었다. 독일 통일을 이룩해낸 비스마르크는 오스트리아, 이탈리아와 맺은 삼국동맹 등 여러 동맹을 체결시키고 이들 동맹을 꾸준히 활용해 프랑스를 고립시켰다. 그는 1890년에 수상 자리에서 물러난 뒤 1898년에 사망했다.

☐ 781	**matrix** [méɪtrɪks]	圆 배열, 모체, 기반
☐ 782	**haunt** [hɔ́ːnt]	目 …에 출몰하다, 뇌리에서 떠나지 않다, 괴롭히다
☐ 783	**steadfast** [stédfæ̀st, -fəst]	圈 충실한, 꿋꿋한, 불변의 ⇒圖 steadfastly 團 꿋꿋하게, 단호하게
☐ 784	**isolate** [áɪsəlèɪt]	目 고립시키다, 격리하다 ⇒圖 isolation 圆 고립, 격리, 고독(☞48)

+ Glossary

☐ ℓ.4	**Second Schleswig War**	제2차 슐레스비히 전쟁
☐ ℓ.5	**Danish**	덴마크의
☐ ℓ.5	**duchy**	공국
☐ ℓ.8	**Austro-Prussian War**	프로이센-오스트리아 전쟁
☐ ℓ.10	**Franco-Prussian War**	프로이센-프랑스 전쟁
☐ ℓ.14	**Triple Alliance**	삼국동맹

87 Karl Marx

Karl Marx was a German thinker who formulated scientific **socialism**. Born in 1818 to a Jewish family of the middle class, he studied at the Universities of Bonn and Berlin. Having failed to get a university post, he made his living as a journalist, writing for such newspapers as the *New-York Daily*
5 *Tribune*. He met Friedrich Engels in 1844, and they **pledged unwavering** friendship. From then on, Engels kept on supporting and **subsidizing** Marx, allowing him to do research and write. In 1848, they published *The Communist Manifesto*, which famously begins, "A spectre **stalks** the land of Europe . the spectre of **communism**." In 1867, Marx published Capital,
10 Volume 1, in which he describes how the **capitalist** system works and predicts that **capitalism** will eventually destroy itself. After Marx died in 1883, Engels edited Marx's manuscripts and published *Capital*, Volumes 2 and 3 in 1885 and 1894, **respectively**.

☐ 785	socialism [sóuʃəlìzm]	명 사회주의 ⇒파 socialist 형 사회주의의 명 사회주의자
☐ 786	pledge [plédʒ]	타 굳게 약속하다, 맹세하다, 공약하다 명 굳은 약속, 서약, 공약
☐ 787	waver [wéɪvər]	자 약해지다, 흔들리다, 동요하기 시작하다 ⇒파 unwavering 형 확고한, 동요하지 않는
☐ 788	subsidize [sʌ́bsədàɪz]	타 …에게 조성금을 지급하다
☐ 789	stalk [stɔ́:k]	타 …에게 몰래 다가가다, …의 뒤를 밟다, …에 만연하다
☐ 790	communism [ká:mjənìzm]	명 공산주의 ⇒파 communist 형 공산주의의, 공산당의 명 공산주의자, 공산당원

카를 마르크스

카를 마르크스는 과학적 사회주의를 고안한 독일의 사상가이다. 1818년에 중산층 유대인 가정에서 태어난 그는 본대학과 베를린대학에서 학업을 쌓았다. 그는 대학에서 일자리를 얻지 못했기 때문에 『뉴욕 데일리 트리뷴』 등의 신문사에서 글을 쓰며 저널리스트로 생계를 꾸려나갔다. 1844년에는 프리드리히 엥겔스와 만났고, 두 사람은 평생 변하지 않는 우정을 맹세했다. 이후 엥겔스는 마르크스의 연구와 집필을 물심양면으로 지원했다. 1848년에 두 사람은 『공산당 선언』을 출판했는데, '하나의 유령이 유럽을 떠돌고 있다-공산주의라는 유령이'라는 첫머리가 유명하다. 1867년에 마르크스는 자본주의제도가 어떻게 작동하는지 설명하며 자본주의는 결국 자멸하리라는 예언을 남긴 『자본론』 제1권을 출판했다. 마르크스는 1883년에 사망했지만 엥겔스가 마르크스의 유고를 편집해 『자본론』 제2권, 제3권을 각각 1885년, 1894년에 출판했다.

□ 791 **capitalism**
[kǽpətəlìzm]

명 자본주의
⇒ 파 capitalist 형 자본주의의 명 자본주의자

□ 792 **respectively**
[rıspéktıvli]

부 각자
⇐ 파 respective 형 각자의, 각각의

+ Glossary

□ ℓ.2	middle class	중산층
□ ℓ.3	make one's living	생계를 꾸리다
□ ℓ.5	Friedrich Engels	프리드리히 엥겔스
□ ℓ.6	keep on ...ing	계속 …하다
□ ℓ.9	spectre	유령
□ ℓ.11	destroy *oneself*	자멸하다

88 Florence Nightingale

1 Florence Nightingale was a British nurse who founded modern nursing. She was born in 1820 to a **well-off** family. In 1844, she suddenly realized that her **vocation** would be to help the sick in hospital, and began to study hospitals and **sanitation**. In 1853, she was appointed **superintendent** at the

5 **Institute** for the Care of Sick Gentlewomen in Distressed Circumstances in London. In 1854, she led a party of nurses to the Barrack Hospital at Scutari, Turkey during the Crimean War. She became famous as the "Lady with the Lamp." When the war was over in 1856, she returned to Britain and opened the Nightingale Training School for Nurses in London in 1860.

10 She argued for prevention rather than cure. And she set forth a revolutionary theory that more windows, better **ventilation**, improved **drainage**, less **cramped** conditions, and regular **scrubbing** of the floors and bed frames could reduce hospital deaths. She continued to advise on hospital plans, until she died in 1910 after the 50-year **Jubilee** of the Nightingale Training

15 School for Nurses.

☐ **793**	**well-off** [wélɔ́:f]	혱 유복한, 풍부한, 풍부하게 가지고 있는
☐ **794**	**vocation** [voʊkéɪʃən]	몡 직업, 일, 천직 ⇒혱 **vocational** 혱 직업의, 직업에 관한
☐ **795**	**sanitation** [sæ̀nətéɪʃən]	몡 공중위생, 위생 설비, 하수 설비 ⇒혱 **sanitary** 혱 위생의, 위생적인, 청결한(☞109)
☐ **796**	**superintendent** [sù:pərɪnténdənt]	몡 감독자, 관리자, 최고 책임자
☐ **797**	**institute** [ínstət(j)ù:t]	몡 협회, 연구소, 대학
☐ **798**	**ventilation** [vèntəléɪʃən]	몡 환기, 통풍 ←혱 **ventilate** 타 …의 환기를 하다
☐ **799**	**drainage** [dréɪnɪdʒ]	몡 배수, 배수 설비

플로렌스 나이팅게일

플로렌스 나이팅게일은 현대 간호학을 창시한 영국의 간호사이다. 나이팅게일은 1820년에 유복한 가정에서 태어났다. 1844년, 그녀는 불현듯 병원에서 병자를 돌보는 것이 자신의 소임임을 깨닫고, 병원과 위생에 관한 공부를 시작했다. 1853년, 런던에서 병에 걸린 가난한 여성을 돌보는 협회의 지도 감독관이 되었다. 1854년에는 간호단을 이끌고 크림전쟁 중인 튀르키예 스쿠타리(위스퀴다르)의 야전병원으로 향했다. 그곳에서 나이팅게일은 '램프를 든 숙녀'라 불리며 유명해졌다. 1856년에 전쟁이 끝나고 영국으로 돌아간 그녀는 1860년 런던에서 나이팅게일 간호학교를 열었다. 나이팅게일은 치료보다 예방이 중요하다는 것을 주장했다. 창문을 늘리고, 환기를 잘하고, 배수 설비를 개선하고, 병실을 넉넉하게 배치하고, 바닥이나 침대 틀을 정기적으로 닦으면 환자의 사망률을 낮출 수 있다는 혁신적인 이론을 펼쳤다. 이후 병원의 설계에 대해 지속적으로 조언해 오던 나이팅게일은 1910년에 나이팅게일 간호학교의 50주년 기념일을 맞이한 후 세상을 떠났다.

□ 800	cramp [kræmp]	타 방해하다, 처박아 넣다, 구속하다 ⇒형 cramped 형 비좁은, 작고 갑갑한
□ 801	scrub [skrʌb]	타 문질러서 닦다, 세정하다, 문지르다
□ 802	jubilee [dʒúːbəli]	명 기념제(일), 축제, 축전

+ Glossary

□ ℓ.1	nursing	간호학
□ ℓ.5	distressed	곤궁한
□ ℓ.6	Barrack Hospital	야전병원
□ ℓ.7	Crimean War	크림전쟁
□ ℓ.10	set forth	설명하다

89 Friedrich Nietzsche

1   Friedrich Nietzsche was a German philosopher. He coined the phrase "God is dead" to express the **pessimistic** situation where established values are lost. He advised being a *Übermensch*, or Superman, which is a person who rises above the Ressentiment, or **spite** or jealousy, in a world where

5   God is dead. Born in 1844 to a **pious** Protestant family, he studied at the Universities of Bonn and Leipzig. His excellence was such that he was awarded an **honorary** doctorate before completing his doctor's thesis, and became professor at age 24. After serving as a medical **orderly** in the Franco-Prussian War, he became ill. He resigned as professor in 1879, and

10   thereafter lived in **solitude**. After he became **insane** in 1889, his **insanity** continued until he died of **pneumonia** in 1900. Nietzsche was not anti-Semitic, but his sister and literary executor Elisabeth intentionally revised his manuscripts to fit her own anti-Semitic views. This is why he has often been associated with the Nazis.

☐ 803	**pessimistic** [pèsəmístık]	형 비관적인, 염세적인 ⇔펜 optimistic 형 낙관적인
☐ 804	**spite** [spáɪt]	명 악의, 원한, 유한(遺恨)
☐ 805	**pious** [páɪəs]	형 신앙심이 깊은, 경건한
☐ 806	**honorary** [ɑ́:nərèri]	형 명예로 주어진, 명예의 cf. honorary doctorate 명예박사 학위 ⇐펜 honor 명 명예
☐ 807	**orderly** [ɔ́:rdərli]	명 당번병, 잡역부 형 정연한 cf. medical orderly 간호병 ⇐펜 order 명 정돈, 질서
☐ 808	**solitude** [sɑ́:lət(j)ù:d]	명 독거, 고독, 외로움 cf. in solitude 고독하게

프리드리히 니체는 독일의 철학자이다. 기성의 가치가 사라진 비관적인 상황을 "신은 죽었다"라는 말로 표현했다. 그는 신이 죽은 세계에서 르상티망, 즉 질투나 원한을 초월한 인간을 위버멘쉬, 혹은 초인이라 부르며 초인이 될 것을 권고했다. 1844년에 신앙심 깊은 프로테스탄트 가정에서 태어난 그는 본대학과 라이프치히대학에서 수학했다. 대단히 우수했기 때문에 박사 논문을 마치기도 전에 명예박사 학위를 받았으며 24세에 교수로 취임했다. 그는 프로이센-프랑스 전쟁에 의무병으로 종군한 이후 병을 얻었다. 1879년에 교수를 사임한 이후로는 고독하게 지냈다. 1889년에 정신질환이 발병했으며, 그가 1900년에 폐렴으로 사망할 때까지 정신질환은 계속되었다. 니체는 반유대주의자가 아니었지만 유고(遺稿)를 관리했던 여동생 엘리자베트가 자신의 반유대주의에 맞춰 오빠의 유고를 의도적으로 수정했다. 이것이 그가 종종 나치스와 연좌되는 이유다.

☐ 809	insane [ɪnséɪn]	혱 제정신이 아닌, 광기의 ⇒ 몡 insanity 몡 정신 이상, 광기, 미친 짓(☞47)
☐ 810	pneumonia [n(j)u(:)móʊniə]	몡 폐렴

+ Glossary

☐ ℓ.4	rise above	…를 초월하다
☐ ℓ.4	Ressentiment	르상티망
☐ ℓ.7	doctor's thesis	박사 논문
☐ ℓ.10	thereafter	그 후에, 그 이래
☐ ℓ.11	anti-Semitic	반유대주의의
☐ ℓ.12	executor	유언 집행자
☐ ℓ.14	associated with	…와 관련된
☐ ℓ.14	Nazis	나치스

90 Ludwik Zamenhof

1   Ludwik Zamenhof was the inventor of the international auxiliary language
Esperanto. He was born in Poland under Imperial Russian rule in 1859.
As he learned that there is repression and injustice all over the world, he
became convinced that he needed to create an equitable artificial language
5   that could serve as a reconciling language. He initiated his attempt at age
15. He completed his international language in 1885, and 2 years later,
he published a booklet that described the language under the pen name
"Dr. Esperanto." "Esperanto," which means "a person who hopes" in this
language, was adopted as the name of the language. Esperanto grammar
10 is simple and straightforward as, for instance, the plural of nouns is
invariably marked by the ending -oj. While working as an eye doctor in
Warsaw, Zamenhof traveled across the world to promote Esperanto until
he died in 1917. There are now around 2 million speakers of Esperanto
throughout the world, and more than 1,000 of them are its native speakers.

☐ 811	**auxiliary** [ɔːgzíljəri, ɑːgz-, -zíləri]	⑱ 보조의, 원조하는, 예비의
☐ 812	**repression** [ripréʃən]	⑲ 억압, 진압 ⇐圓 **repress** ㉣ 억제하다, 억누르다
☐ 813	**injustice** [indʒʌ́stisə]	⑲ 부당한 대우, 불공평, 부정
☐ 814	**convinced** [kənvínst]	⑱ …(that)라고 확신하는, …(of)를 확신하는, 신념 있는
☐ 815	**equitable** [ékwətəbl]	⑱ 공평한, 공정한, 지당한
☐ 816	**reconcile** [rékənsàil]	㉣ 조화시키다, 일치시키다, 화해시키다
☐ 817	**initiate** [iníʃièit]	㉣ 시작하다, …에 착수하다 ⇒圓 **initiative** ⑲ 새로운 계획, 새로운 시도

루도비코 자멘호프

루도비코 자멘호프는 국제보조어인 에스페란토어의 창제자이다. 그는 1859년에 제정 러시아 치하의 폴란드에서 태어났다. 그는 전 세계에 억압과 불의가 존재한다는 사실을 알게 되었고 화해의 언어로 기능할 수 있는 공평한 인공 언어를 만들어야 한다고 확신하게 되었다. 그는 15세 때 그 작업에 착수했다. 1885년에 국제어를 완성했고, 2년 후에 '에스페란토 박사'라는 필명으로 이 언어를 설명하는 소책자를 출판했다. 이 언어로 '희망하는 사람'을 뜻하는 '에스페란토'가 언어의 이름으로 쓰이게 되었다. 명사의 복수형은 항상 어미가 -oj로 표시되는 등, 에스페란토어의 문법은 단순하고 직관적이다. 자멘호프는 바르샤바에서 안과의로 일하면서 한편으로는 전 세계를 오가며 1917년에 세상을 뜰 때까지 에스페란토어 보급에 힘썼다. 지금은 전 세계에 200만 명 정도의 에스페란토어 사용자가 있으며 그들 중 1,000명 이상이 에스페란토어를 모국어로 사용한다.

☐ 818	straightforward [strèɪtfɔ́ːrwərd]	형 간단한, 단순한, 솔직한
☐ 819	plural [plúərəl]	명 복수, 복수형 ⇔웹singular 명 단수, 단수형
☐ 820	invariably [ɪnvéəriəbli]	부 변함없이, 항상, 반드시

+ Glossary

☐ ℓ.2	Esperanto	에스페란토어
☐ ℓ.3	all over the world	전 세계에
☐ ℓ.10	for instance	이를테면
☐ ℓ.14	native speaker	모국어 화자

91 Muhammad Abduh

Muhammad Abduh was an ulama, or Islamic scholar, of the Muhammad Ali dynasty of Egypt. He was born in the Nile **Delta** in 1849. After he enrolled in al-Azhar University in Cairo at age 17, he apprenticed himself to Jamal al-Din al-Afghani, a pan-Islamic **preacher**, in 1871. Abduh graduated and became an ulama in 1877. In 1880, he was appointed editor-in-chief of the government's official journal, for which he wrote many articles in which he criticized **superstition** and the **luxurious** lives of the rich, among others. In 1882, he was forced abroad for supporting a revolt. After returning to Egypt around 1888, he was appointed a judge of the National Court. In 1895, he joined the Education Reform Committee and put forth proposals to improve examinations and the curriculum. He promoted scientific education that would **nurture** children's ability to reason. In 1899, he was appointed Grand Mufti, the highest position to make fatwas, or Islamic verdicts. He made many liberal fatwas, such as the one that allowed **utilizing** meat slaughtered by non-Muslim **butchers**. Thus, both as an ulama and as an **administrator**, he made reforms, maintaining a balance between tradition and modernization, until he died in 1905.

☐ 821	**delta** [déltə]	몡 델타, 삼각형인 것, 삼각주
☐ 822	**preacher** [príːtʃər]	몡 목사, 설교자, 창도자 ←몡 preach 재 설교하다, 선교하다, 전도하다(☞4)
☐ 823	**superstition** [sùːpərstíʃən]	몡 미신
☐ 824	**luxurious** [lʌɡʒúəriəs, lʌkʃúə-]	혱 호화로운, 사치스러운 ←몡 luxury 몡 호화로움, 사치품
☐ 825	**nurture** [nɔ́ːrtʃər]	탸 기르다, 키우다, 육성하다
☐ 826	**utilize** [júːtəlàɪz]	탸 이용하다, 활용하다

무함마드 압두

무함마드 압두는 무함마드 알리 왕조 이집트의 울라마, 즉 이슬람 법학자이다. 그는 1849년에 나일강 삼각주 지역에서 태어났다. 17세에 카이로의 아즈하르대학에 입학한 후, 1871년에 범(汎)이슬람주의의 창도자 자말룻딘 알 아프가니에게 가르침을 받았다. 압두는 1877년에 졸업해 울라마가 되었다. 그는 1880년에 관보의 편집장으로 취임해 미신이나 부유층의 사치스러운 생활을 비판하는 등 다수의 기사를 썼다. 1882년, 그는 반란을 지지했다는 이유로 국외로 추방당했다. 1888년경에 귀국한 후에는 국민 법정의 판사로 취임했다. 1895년에는 교육개혁 위원회에 참가해 시험과 교육 과정의 개선을 제안했다. 아동의 사고력을 길러주는 과학 교육을 추진하기도 했다. 1899년, 그는 법적 견해인 파트와를 내놓는 최고 직위인 대(大) 무프티로 취임했다. 비무슬림인 정육점 주인이 도살한 고기를 이용해도 된다고 허용하는 등, 진보적인 여러 파트와를 내놓았다. 이렇게 그는 1905년에 사망할 때까지 울라마이자 행정관으로서 전통과 근대화의 균형을 유지하며 개혁을 추진했다.

☐ 827	**butcher** [bútʃər]	몡 정육점 주인, 식육 처리업자
☐ 828	**administrator** [ədmínəstrèitər]	몡 관리자, 경영자, 행정관 ⇐뎁 **administer** 탸 관리하다, 통치하다, 운영하다(☞16)

+ Glossary

☐ ℓ.5	editor-in-chief	편집장
☐ ℓ.7	among others	…등, 그 중에서도
☐ ℓ.10	put forth	제출하다, 발표하다, 내놓다
☐ ℓ.13	mufti	무프티(파트와를 내놓는 법학자)

92 Philippine Revolution

The Philippines was a Spanish colony from the 16th century onward. In 1896, the Katipunan, a revolutionary society led by a warehouse clerk Andres Bonifacio, rose up for independence. In 1897, Emilio Aguinaldo took on the mantle of power and executed Bonifacio. After a number of
5 skirmishes, the revolutionary troops signed a cease-fire pact with the Spanish forces, and Aguinaldo accepted exile in Hong Kong. When the Spanish-American War broke out in 1898, Aguinaldo, unofficially allied with the United States, returned to the Philippines, where he declared independence and played the national anthem. The United States and
10 Spain signed a peace protocol and fought the Mock Battle of Manila. Spain surrendered and gave the Philippines to the United States without consulting the Filipinos. The revolutionary government established the Philippine Republic with Aguinaldo as president. But the United States did not recognize this and began the Philippine-American War. In 1901,
15 Aguinaldo was captured and took an oath of allegiance to the United States. The United States thus won the war and started to rule the Philippines as a colony.

☐ 829	colony [káːləni, kól-]	명 식민지 ⇒형 colonial 형 식민지의 ⇒타 colonize 타 식민지로 삼다 ⇒타 colonist 명 식민지 개척자, 정착민(☞149)
☐ 830	warehouse [wéərhàus]	명 창고, 상품 보관소
☐ 831	mantle [mǽntl]	명 책임, 직무 cf. take on the mantle of power 권력의 자리에 앉다
☐ 832	skirmish [skə́ːrmiʃ]	명 작은 접전, 분쟁, 논쟁
☐ 833	pact [pǽkt]	명 약속, 협정, 조약

필리핀은 16세기 이후로 스페인의 식민지였다. 1896년, 창고 직원이었던 안드레스 보니파시오가 이끄는 혁명 결사인 카티푸난이 독립을 요구하며 봉기했다. 1897년, 에밀리오 아기날도가 권력을 쥐었고 보니파시오는 처형당했다. 여러 소규모 분쟁 끝에 혁명군이 스페인군과 휴전협정을 맺으며 아기날도는 홍콩으로 망명했다. 1898년에 미국-스페인 전쟁이 발발하자 비공식적으로 미국과 손을 잡은 아기날도는 귀국해 독립을 선언하고 국가를 연주했다. 미국과 스페인은 평화조약 의정서에 조인하고 마닐라 모의전*을 벌였다. 항복한 스페인은 필리핀 국민과의 상의 없이 필리핀을 미국에 양도했다. 혁명정부는 아기날도를 대통령으로 하는 필리핀 공화국을 수립했다. 하지만 미국은 이를 인정하지 않았고, 필리핀-미국 전쟁이 시작되었다. 1901년에 아기날도는 체포되어 미국에 충성을 맹세했다. 이로써 미국은 전쟁에 승리하며 필리핀을 식민지로 삼았다.

* 미군에 맞서서는 이길 수 없음을 알고 있었던 당시 스페인의 필리핀 총독은 필리핀 혁명가들에게 도시를 넘기느니 미국인에게 넘겨주는 편이 낫다는 판단에 미국과 합의하에 모의 전투를 벌인 후 도시의 통제권을 미국에 이양했다

☐ 834	**unofficial** [ʌ̀nəfíʃəl]	혱 비공식의, 비공인의 ⇒囲 unofficially 뷔 비공식적으로, 비공인으로
☐ 835	**anthem** [ǽnθəm]	몡 찬가, 국가, 대표곡
☐ 836	**mock** [máːk]	혱 모의의, 위장의, 가짜의 타 조롱하다, 비웃다, 업신여기다
☐ 837	**oath** [óυθ]	몡 맹세, 서약, 선서

+ Glossary

☐ ℓ.3	**rise up**	봉기하다
☐ ℓ.5	**cease-fire**	정전, 휴전
☐ ℓ.10	**protocol**	조약 의정서
☐ ℓ.12	**Filipino**	필리핀인
☐ ℓ.14	**Philippine-American War**	필리핀-미국 전쟁

93 Ishi

Ishi was the last wild Indian in North America. After the discovery of gold in the gravel of a creek in California in 1848, what had been a trickle of new immigration became a stream. This was the Gold Rush. The Indian population plunged due to forced migrations and mass shootings by the
5 whites, as well as diseases the whites brought with them, such as flu, to which the Indians lacked immunity. Ishi was born between 1860 and 1862 as a Yahi Indian, a sub tribe of the Yana Indians, but when he was around 40, he and his family were the only Yahi Indians who survived. After his mother died in 1908, he lived alone in the wilderness. In 1911, he was
10 captured when he was trying to forage for food in town. From then on, he lived in the museum of the University of California. As a Yana Indian never spoke his or her own name, he was called Ishi after a Yana word that means "man." He learned a little English, and served as an informant on the Yana language and culture for scholars, until he died in 1916.

☐ 838	**gravel** [grǽvl]	몡 자갈
☐ 839	**creek** [krí:k]	몡 시내, 지류
☐ 840	**trickle** [tríkl]	몡 물방울, 작은 시내 짜 졸졸 흐르다　타 똑똑 떨어뜨리다
☐ 841	**immigration** [ìmɪgréɪʃən]	몡 입국, 이주, 이민 ⇐때 immigrate 짜 (외국에서)이주하다 ↔때 emigration 몡 타국으로의 이주, 이민(☞30)
☐ 842	**plunge** [plʌ́ndʒ]	짜 돌진하다, 거꾸러지다, 급락하다 타 밀어 넣다, 찌르다
☐ 843	**migration** [maɪgréɪʃən]	몡 이주, 이동, 이사 ⇐때 migrate 짜 이동하다, 이주하다, 이민을 가다(☞4)

이시는 북미 최후의 야생 원주민이다. 1848년에 캘리포니아의 냇가 자갈에서 금이 발견되자 이전까지는 적은 숫자였던 신규 이주자가 강물처럼 밀려들기 시작했다. 바로 골드러시였다. 원주민의 인구는 백인에 의한 강제 이주와 집단 사살, 그리고 인플루엔자같이 백인으로부터 유입되었으나 원주민에겐 면역력이 없는 질병으로 인해 급격히 감소했다. 이시는 1860년부터 1862년 사이에 야나족의 일파인 야히족으로 태어났으나 그가 40세가 될 무렵에 살아남은 야히족은 그의 가족뿐이었다. 1908년에 모친이 죽은 이후로는 대자연 속에서 홀로 살아갔다. 1911년에 마을로 내려온 이시는 먹을 것을 뒤지다 붙잡혔다. 이후로 그는 캘리포니아대학의 박물관에서 지냈다. 야나족은 자신의 이름을 밝히지 않기 때문에 그는 야나족 말로 '사람'을 뜻하는 이시라고 불렸다. 영어를 조금 배운 그는 1916년에 죽을 때까지 연구자들을 상대로 야나족 언어나 문화에 관한 정보를 제공하는 역할을 맡았다.

☐ 844	immunity [ɪmjúːnəti]	몡 면역, 면제, 면책 ←몡 immune 혱 면역이 있는	
☐ 845	wildness [wíldərnəs]	몡 황야, 대자연	
☐ 846	forage [fɔ́ːridʒ, fάːr-]	짜 …(for)을 뒤지며 찾다, 찾다, 찾아다니다 몡 사료, 여물, 마초	
☐ 847	informant [ɪnfɔ́ːrmənt]	몡 정보 제공자, 자료 제공자 ←몡 inform 타 통지하다, 알리다	

+ Glossary

☐ ℓ.3	Gold Rush	골드러시
☐ ℓ.4	mass shooting	집단 사살
☐ ℓ.5	as well as	…뿐 아니라

94. John Peabody Harrington

John Peabody Harrington was an American ethnologist. Born the son of an **attorney** in 1884, he became interested in Indian languages while at Stanford University. He worked for the **Bureau** of American Ethnology, gathering data on almost every **aboriginal** group in North America. The

5 primary value of the materials he left lies in the phonetic **accuracy** with which he recorded them. Many **anecdotes** about him serve to **accentuate** the **riddle** of his personality. Some people saw him as kindly, while others viewed him as **inhuman**. He was an **eccentric** person with few friends, suspicious of his colleagues who he feared might steal his data. He tried

10 to throw a cloak of **secrecy** over his activities. Since his death in 1961, improved access to his notes has resulted in the appearance of numerous papers based on his data.

☐ **848**	**attorney** [ətə́:rni]	몡 변호사, 법정 대리인
☐ **849**	**bureau** [bjúərou]	몡 사무소, 국(局), 부(部) cf. **Bureau of American Ethnology** 미국 민족학국
☐ **850**	**aboriginal** [æ̀bərídʒənl]	혱 토착의, 원주(原住)의
☐ **851**	**accuracy** [ǽkjərəsi]	몡 정확함, 확실함 ⇐ 혱 **accurate** 혱 정확한, 정밀한
☐ **852**	**anecdote** [ǽnɪkdòut]	몡 일화, 이야기, 비화
☐ **853**	**accentuate** [əksént ʃuèɪt, æk-, ɪk-]	탄 두드러지게 하다, 눈에 띄게 하다, 강조하다
☐ **854**	**riddle** [rídl]	몡 수수께끼, 난문

존 피보디 해링턴

존 피보디 해링턴은 미국의 민족학자이다. 1884년에 변호사의 아들로 태어난 그는 스탠퍼드대학 재학 중 여러 원주민 언어에 흥미를 느끼게 되었다. 그는 미국 민족학국에서 일하며 거의 모든 북미 원주민 집단의 자료를 수집했다. 그가 남긴 자료의 주된 가치는 기록의 음성 표기가 정확하다는 점에 있다. 그와 관련된 많은 일화를 살펴보면 그의 인간성에 관한 의문이 생겨난다. 친절했다는 사람도 있는가 하면 냉혹했다고 하는 사람도 있다. 친구가 거의 없는 괴짜였던 그는 자신의 자료를 동료들에게 도둑맞지 않을까 두려워했다. 그는 자신의 활동을 베일에 감춰두려 했다. 1961년에 그가 죽은 후, 그의 노트를 열람할 수 있게 되면서 그의 자료를 토대로 많은 논문이 발표되었다.

☐ 855	**inhuman** [ɪnhjúːmən]	혱 냉혹한, 잔혹한, 비인간적인 ⇔뻔 human 혱 인간의, 인간적인, 인간미가 있는
☐ 856	**eccentric** [ɪkséntrɪk]	혱 별난, 범상치 않은, 이상한
☐ 857	**secrecy** [síːkrəsi]	몡 비밀인 것, 비밀에 부칠 것, 비밀 엄수 ⇐펜 secret 혱 비밀의

+ Glossary

☐ ℓ.1	**ethnologist**	민족학자
☐ ℓ.5	**phonetic**	음성 표기의
☐ ℓ.10	**cloak**	망토, 가리는 것, 가면
☐ ℓ.12	**based on**	…에 근거해

95 Woodrow Wilson

Woodrow Wilson was the 28th president of the United States. Born in Virginia in 1856, he studied political science at Johns Hopkins University, and published *Congressional Government* in 1884. He became president of Princeton University in 1902, and upgraded the university financially
5 and intellectually. After serving as governor of New Jersey, he was elected president of the United States in 1912. He **meddled** in the Mexican Revolution, although at first he adopted a policy of **watchful** waiting. In World War I, he insisted that the United States be neutral and **impartial**. After being reelected in 1916, he made an appeal to the **belligerent**
10 countries to accept American **mediation**. After Germany initiated unrestricted **submarine** warfare against ships in the seas around the British **Isles** in 1917, the United States joined the war. In 1918, Wilson delivered a speech known as the 14 points, in which he called for the establishment of a League of Nations. The League of Nations was founded in 1920, but
15 the United States never joined it. That year, Wilson was awarded the Nobel Peace Prize. He left office in 1921, and passed away in 1924.

☐ 858	congressional [kəngréʃənl]	형 국회의, 의회의 ←명 congress 명 의회; <C->국회, 미국 연방의회(☞79)
☐ 859	meddle [médl]	자 …(in)에 간섭하다, 참견하다, 관여하다
☐ 860	watchful [wɑ́:tʃfl]	형 주의 깊은, 경계하는, 방심하지 않는
☐ 861	impartial [ɪmpɑ́:rʃəl]	형 치우치지 않은, 중립적인, 공평한 ↔명 partial 형 일부의, 불공평한
☐ 862	belligerent [bəlídʒərənt]	형 적의가 있는, 호전적인, 교전 중인
☐ 863	mediation [mìːdiéiʃən]	명 조정, 중재 ←명 mediate 타 조정하다

우드로 윌슨

우드로 윌슨은 미국의 제28대 대통령이다. 1856년에 버지니아주에서 태어난 그는 존스홉 킨스대학에서 정치학을 배우고 1884년에 『의회제 정치』를 출간했다. 1902년에 프린스턴대 학 총장으로 취임해 대학을 재정적으로나 학업적으로 개선했다. 그는 뉴저지주 지사를 지낸 후 1912년에 대통령으로 선출되었다. 그는 멕시코 혁명에 개입했지만 처음에는 신중하게 기다리는 방침을 채택했다. 제1차 세계대전에서는 미국이 한쪽으로 치우치지 않는 중립이 어야 한다는 입장을 취했다. 1916년에 재선된 후, 그는 교전국들에 미국의 중재를 받아들일 것을 요청했다. 1917년에 독일이 영국 제도 근해의 배에 대한 무제한 잠수함 작전을 개시하 자 미국이 전쟁에 참전했다. 1918년, 윌슨은 14개조 원칙을 연설하며 국제연맹의 설립을 주 장했다. 국제연맹은 1920년에 설립되었으나 미국이 참가하지는 않았다. 같은 해, 윌슨은 노 벨평화상을 수상했다. 그는 1921년에 물러나 1924년에 사망했다.

☐ 864	submarine [sʌ́bməriːn, ˌ--́]	명 잠수함
☐ 865	isle [áɪl]	명 섬, 작은 섬 cf. British Isles 영국 제도

+ Glossary

☐ ℓ.2	political science	정치학
☐ ℓ.6	Mexican Revolution	멕시코 혁명(☞96)
☐ ℓ.8	World War I	제1차 세계대전
☐ ℓ.14	League of Nations	국제연맹
☐ ℓ.15	Nobel Peace Prize	노벨평화상

96 Mexican Revolution

The Mexican Revolution took place in the 1910's. In Mexico, President Porfirio Diaz's dictatorship had lasted since 1876. In 1910, Francisco Madero challenged him for the presidency. After initially tolerating him, Diaz had Madero arrested and won a rigged election. After being
5 released, Madero called for a rebellion against the unlawfully elected Diaz. A nationwide movement forced Diaz into resignation in 1911, and Madero was elected president. But in 1913, he was assassinated by General Victoriano Huerta, who then became president and adopted reactionary policies. Revolutionary forces brought down the Huerta regime in 1914,
10 but they split into moderates led by Venustiano Carranza and radicals led by Emiliano Zapata, and contended with each other for power. Carranza dominated most of the country and became president in 1915. In 1917, a constitution was enacted. This constitution was very radical for its time in that it stipulated free and compulsory education and suppression of the
15 church, among other things.

☐ 866	dictatorship [dɪktéɪtərʃɪp]	똉 독재 ←똅 dictator 똉 독재자, 전제군주, 독재관(☞21)
☐ 867	tolerate [tɑ́:lərèɪt]	똍 허용하다, 너그럽게 보아주다, 묵인하다 ⇒똅 tolerance 똉 관용, 관대함, 자제(☞26)
☐ 868	rig [rɪ́g]	똍 인위적으로 조작하다, …에 부정을 저지르다
☐ 869	unlawful [ʌnlɔ́:fl]	똍 불법인, 위법인, 비합법인 ⇒똅 unlawfully 뜀 불법으로, 위법으로, 비합법으로
☐ 870	resignation [rèzɪɡnéɪʃən]	똉 사직, 사임, 사표 ←똅 resign 똍 사직하다
☐ 871	regime [rəʒíːm, reɪ-]	똉 정치제도, 정권, 정부
☐ 872	contend [kənténd]	똓 다투다, 경쟁하다 똍 주장하다

멕시코 혁명

멕시코 혁명은 1910년에 일어났다. 멕시코에서는 1876년부터 포르피리오 디아스 대통령의 독재가 이어지고 있었다. 1910년, 프란시스코 마데로가 디아스에게 맞서 대통령 선거에 입후보했다. 처음에는 묵인했지만 디아스는 마데로를 체포하고 부정선거로 당선되었다. 마데로는 석방되자 위법으로 당선된 디아스에 대한 반란을 촉구했다. 전국으로 운동이 확산되면서 디아스는 1911년에 사임했고, 마데로가 대통령으로 선출되었다. 하지만 1913년, 마데로가 빅토리아노 우에르타 장군에게 암살당하면서 우에르타가 대통령이 되었고 반동정치가 채택되었다. 1914년에는 혁명 세력이 우에르타 정권을 무너뜨리지만 베누스티아노 카란사가 이끄는 온건파와 에밀리아노 사파타가 이끄는 급진파로 분열되어 권력 투쟁을 벌였다. 국가 대부분을 장악한 카란사는 1915년, 대통령이 되었다. 1917년에는 헌법이 제정되었다. 무엇보다 이 헌법은 무상 의무교육과 종교 탄압 등이 명기되어 있었다는 점에서 당시로서는 매우 급진적이었다.

☐ 873	stipulate [stípjəlèɪt]	㉣ 규정하다, 명기하다 ⇒㈜stipulation 몡 규정, 조항	
☐ 874	compulsory [kəmpʌ́lsəri]	휑 의무적인, 강제적인, 필수의 ⇔㈜optional 휑 선택의, 임의의	

+ Glossary

☐ ℓ.3	presidency	대통령의 지위
☐ ℓ.6	nationwide	전국적인
☐ ℓ.9	bring down	무너뜨리다
☐ ℓ.10	moderate	온건파인 사람
☐ ℓ.10	radical	급진파인 사람
☐ ℓ.15	among other things	무엇보다도

97 Mustafa Kemal Atatürk

Mustafa Kemal Atatürk was the founder of the Republic of Turkey. Ataturk was born in 1881 in the Ottoman Empire. When the Ottoman Empire was defeated in World War I, most of its territories in Asia Minor were divided by European powers, leaving the Turks a small territory around
5 Ankara. **Resentful** of the treatment the Turks had been given, Ataturk led a liberation movement to make the whole Asia Minor independent as the Turks' country. In 1923, he abolished the Ottoman Empire and founded the Republic of Turkey. As the first president of the republic, he directed the Turkish Revolution to make Turkey a **secular Westernized** country.
10 He removed the clause of the constitution that stipulated that Islam be the state religion. He granted **suffrage** to women. Also, he adopted the Latin alphabet for Turkish, formerly written in the Arabic alphabet. Turkish people traditionally did not have surnames until the **adoption** of the 1934 Surname Law, which required citizens to adopt **hereditary** surnames like
15 Europeans. Atatürk died in 1938. He is Turkey's national hero. **Statues** of him **abound** around the country.

☐ 875	**resentful** [rızéntfl]	휑 …(of)에 분개한, 화가 난, 반발하는 ⇐ 囲 resent 囲 …에 대해 화를 내다, 분개하다
☐ 876	**secular** [sékjələr]	휑 비종교적인, 종교와 무관한, 세속적인
☐ 877	**Westernize** [wéstərnàız]	囲 서양화하다, 서양식으로 하다
☐ 878	**suffrage** [sʌ́frıdʒ]	몡 선거권, 참정권
☐ 879	**adoption** [ədá:pʃən]	몡 채용, 채택, 양자 결연 ⇐ 囲 adopt 囲 채용하다, 채택하다, 양자로 삼다
☐ 880	**hereditary** [hərédətèri]	휑 유전성의, 대물림의, 세습의

무스타파 케말 아타튀르크

무스타파 케말 아타튀르크는 튀르키예 공화국의 건국자이다. 아타튀르크는 1881년에 오스만 제국에서 태어났다. 오스만 제국이 제1차 세계대전에서 패배하고 소아시아 영토의 대부분이 유럽 열강에 의해 분할되면서, 튀르키예인에게 남은 것은 앙카라 주변의 작은 영토뿐이었다. 튀르키예인에 대한 처우에 분개한 아타튀르크는 소아시아 전체를 튀르키예인의 국가로 독립시키자는 조국 해방 운동을 이끌었다. 1923년, 그는 오스만 제국을 폐지하고 튀르키예 공화국을 건국했다. 초대 대통령이 된 그는 튀르키예 혁명을 추진해 튀르키예를 세속적이고 서구화된 나라로 만들고자 했다. 그는 이슬람교를 국교로 규정한 헌법 조문을 삭제했다. 여성에게는 참정권을 부여했다. 또한 튀르키예어의 표기를 기존의 아랍 문자에서 라틴 문자로 바꾸었다. 튀르키예인은 전통적으로 성을 갖지 않았지만 1934년에 제정된 성명법에 따라 서양식으로 세습되는 성을 채택하게 되었다. 아타튀르크는 1934년에 사망했다. 그는 튀르키예의 국민적 영웅이다. 전국 어디에서나 그의 조각상을 찾아볼 수 있다.

☐	881	statue [stǽtʃuː]	명 조각상
☐	882	abound [əbáund]	자 많이 있다, …(with)로 가득하다

+ Glossary

☐ ℓ.1	Republic of Turkey	튀르키예 공화국
☐ ℓ.4	European powers	유럽 열강
☐ ℓ.4	Turk	튀르키예인
☐ ℓ.11	state religion	국교
☐ ℓ.12	Turkish	튀르키예어
☐ ℓ.12	Arabic	아랍어의
☐ ℓ.14	Surname Law	성명법

98 Empress Dowager Cixi

1   Cixi was an empress dowager who held the reins of government in the late Qing dynasty of China. Born in 1835 into the Manchu Yehe Nara clan, she entered the harem in 1852. In 1856, she gave birth to Zaichun by the Xianfeng Emperor, and became the Xianfeng Emperor's second

5   consort. After the Xianfeng Emperor died in 1861, Cixi put Zaichun on the throne as the Tongzhi Emperor. At the death of the Tongzhi Emperor in 1875, she installed her nephew Zaitian as the Guangxu Emperor, with her niece as his empress. When Qing China lost the First Sino-Japanese War, the Guangxu Emperor had a sense of impending crisis and began

10   a reform movement known as the Hundred Days' Reform in 1898. Cixi forced him into seclusion and brought the reform to a deadlock. In 1900, Cixi took advantage of the Yihetuan Rebellion and declared war against the Western powers. When the allied forces captured Beijing, Cixi evacuated to Xi'an after drowning the Guangxu Emperor's consort Zhen in a well.

15   Cixi belatedly recognized the need for a reform, and started a sweeping reform which was actually a continuation of the Guangxu Emperor's reform agenda that she had thwarted. In 1908, on the day following the death of the Guangxu Emperor, reportedly poisoned, Cixi died after choosing her great-nephew Puyi as the new emperor.

☐ 883	**impending** [ɪmpéndɪŋ]	혱 당장이라도 일어날 듯한, 임박한, 절박한
☐ 884	**seclusion** [sɪklúːʒən]	몡 격리, 유폐, 은둔 ←� seclude 囘 틀어박히게 하다, 격리하다(☞28)
☐ 885	**evacuate** [ɪvǽkjuèɪt]	잒 피난하다 囘 피난시키다, …로부터 피난하다 ⇒囘 evacuation 몡 피난, 소개(疏開), 철수(☞128)
☐ 886	**well** [wél]	몡 우물, 유정(油井), 샘
☐ 887	**belated** [bɪléɪtɪd, bə-]	혱 늦은, 뒤늦은 ⇒囘 belatedly 凰 늦게, 뒤늦게

서태후

서태후는 청나라 말기에 정치의 실권을 쥐었던 황태후이다. 1835년에 만주족 예허나라 가문에서 태어난 서태후는 1852년에 후궁으로 입궁했다. 1856년에 함풍제와의 사이에서 재순을 낳으면서 함풍제의 제2후비라는 지위에 올랐다. 1861년에 함풍제가 세상을 뜨자 재순을 동치제로 즉위시켰다. 1875년에 동치제가 죽자 서태후는 조카인 재첨을 광서제로 옹립하고 조카딸을 황후로 삼았다. 청일전쟁에서의 패배로 위기감을 느낀 광서제는 1898년, 무술변법이라 불리는 개혁운동을 시작했다. 서태후는 광서제를 유폐해 개혁을 좌절시킨다. 1900년, 서태후는 의화단 운동에 편승해 열강에 선전포고했다. 연합군에게 북경을 점령당하자 광서제의 후비인 진비를 우물에 빠뜨려 살해한 후 서안으로 도망쳤다. 뒤늦게 개혁의 필요성을 인식한 서태후는 근본적인 개혁에 나서지만 이는 자신이 좌절시킨 광서제의 개혁을 계승한 것이었다. 1908년, 독살된 것으로 알려진 광서제가 사망한 다음 날, 서태후는 자신의 종손인 푸이를 다음 황제로 정하고 사망했다.

☐ 888	sweeping [swíːpɪŋ]		휑 포괄적인, 전면적인, 대강의
☐ 889	agenda [ədʒéndə]		몡 과제, 정책, 행동 지침
☐ 890	thwart [θwɔ́ːrt]		타 좌절시키다, 훼방 놓다, 방해하다

+ Glossary

☐ ℓ.1	empress dowager	황태후
☐ ℓ.3	harem	후궁
☐ ℓ.10	Hundred Days' Reform	무술변법, 변법자강운동
☐ ℓ.11	deadlock	막다른 골목
☐ ℓ.12	take advantage of	…를 이용하다
☐ ℓ.12	Yihetuan Rebellion	의화단 운동
☐ ℓ.13	allied forces	연합군
☐ ℓ.19	great-nephew	종손, 종손자

99 Sun Yat-sen

1   Sun Yat-sen was a statesman who founded the Republic of China. He is revered as the "father of the nation" both in Taiwan and mainland China. He was born in Guangdong in 1866. He became a doctor, but he soon began to aspire to the overthrow of the corrupt Qing dynasty. After plotting a
5   revolt in vain in 1895, he began a 16-year exile abroad. In 1905, he founded the United League of China, advocating a four-plank platform: "to expel the Manchus, to revive China, to establish a republic and to distribute land equally." This platform was based on his political doctrines summarized in his Three Principles of the People: "nationalism, democracy and people's
10 livelihood." When the Wuchang Uprising broke out in 1911, Sun returned home and directed the Xinhai Revolution. When the Republic of China was founded in 1912, he was elected provisional president. He soon gave the position to Yuan Shikai, who established the Beiyang government. Sun formed the Nationalist Party. In 1917, he established a military government
15 in Guangzhou, and was elected grand marshal. He prepared for the Northern Expedition to defeat the Beiyang government, but died of cancer in 1925.

□ 891	revere [rəvíər, rə-]	타 숭배하다, 경외하다, 존경하다
□ 892	mainland [méɪnlæ̀nd]	형 본토의 명 본토
□ 893	plank [plǽŋk]	명 널빤지, 두꺼운 판자, 항목 cf. **four-plank platform** 4대 강령
□ 894	doctrine [dɑ́:ktrɪn]	명 교의, 주의, 이념
□ 895	summarize [sʌ́mǝràɪz]	타 요약하다, 정리하다, 간략하게 말하다 ←타 summary 명 요약, 개요
□ 896	nationalism [nǽʃǝnǝlìzm]	명 민족주의, 국가주의, 내셔널리즘 ←타 nationalist 형 민족주의의 명 민족주의자

쑨원

쑨원은 중화민국을 건국한 정치가이다. 대만과 중국 본토 모두에서 '국부'로 존경을 받고 있다. 쑨원은 1866년에 광둥성에서 태어났다. 의사가 되었지만 곧 부패한 청나라 타도를 목표로 삼게 되었다. 1895년에 무장봉기를 계획하나 실패에 그치고 16년에 걸친 망명 생활을 시작했다. 그는 1905년에 중국동맹회를 결성해 '만주족 축출, 중화 회복, 공화국 창립, 토지 균등 소유'의 4대 강령을 내걸었다. 이 강령은 '민족주의, 민권주의, 민생주의'의 삼민주의로 요약되는 쑨원의 정치 이념에 근거한 것이었다. 1911년에 우창봉기가 일어나자 쑨원은 귀국해 신해혁명을 이끌었다. 1912년 중화민국이 건국되자 임시 대총통에 취임했다. 그는 머지않아 위안스카이에게 자리를 양위했고, 위안스카이는 북양정부를 열었다. 쑨원은 국민당을 결성했다. 그는 1917년에 광저우에서 군 정부를 조직해 대원수로 선출되었다. 그는 북양정부를 타도하기 위해 북벌을 준비했지만 1925년에 암으로 사망했다.

□ 897	livelihood [láɪvlihùd]	명 생활, 삶, 생계
□ 898	provisional [prəvíʒənl]	명 잠정적인, 임시의, 일시적인 cf. **provisional president** 임시 대총통
□ 899	marshal [má:rʃəl]	명 사령관, 원수 cf. **grand marshal** 대원수

+ Glossary

□ ℓ.10	**Wuchang Uprising**	우창봉기
□ ℓ.11	**Xinhai Revolution**	신해혁명
□ ℓ.14	**Nationalist Party**	국민당
□ ℓ.16	**Northern Expedition**	북벌

100 Yuan Shikai

Yuan Shikai was a Chinese soldier and politician during the late Qing and early Republican period. Born in 1859, he joined Li Hongzhang's **corps** and became a military officer in 1881. In 1899, he crushed the Yihetuan Rebellion and won Empress Dowager Cixi's trust. When Cixi began a reform effort in 1901, Yuan exerted his influence as grand councilor. In 1912, the Republic of China was established. Provisional president Sun Yat-sen negotiated with Yuan and agreed that he would give Yuan the presidency if Yuan ended the Qing dynasty. The Xuantong Emperor stepped down from the throne at Yuan's urging. Yuan thus became president. In 1915, he **convened** an **assembly**, which unanimously elected him emperor. After **ceremonially** declining, he agreed to take up the throne and declared the Empire of China with himself as the Hongxian Emperor. But he was violently opposed across the country, and foreign governments were either **indifferent** or **hostile** to his monarchy. He **deferred** the accession rite to **appease** his enemies, but in vain. He was obliged to abandon the monarchy, and died of a nervous **breakdown** in 1916.

☐ **900**	**corps** [kɔ́ːr]	명 군단, 부대, 단체	
☐ **901**	**convene** [kənvíːn]	타 개최하다, 소집하다 자 개최되다, 모이다	
☐ **902**	**assembly** [əsémbli]	명 의회, 집회, 회합 ⇐ 파 **assemble** 자 모이다 타 모으다	
☐ **903**	**ceremonial** [sèrəmóuniəl]	형 의식의, 의례적인 ⇒ 파 **ceremonially** 부 형식적으로, 의식적으로 ⇐ 파 **ceremony** 명 의식	
☐ **904**	**indifferent** [ɪndífərnt, -dífərənt]	형 무관심한, 개의치 않는, 냉담한 ⇒ 파 **indifference** 명 무관심, 개의치 않음	
☐ **905**	**hostile** [hɑ́ːstl]	형 적의가 있는, 반감을 가진 ⇒ 파 **hostility** 명 적의, 반감, 전투(☞47)	

위안스카이

위안스카이는 청나라 말기, 중화민국 초기의 군인이자 정치가이다. 그는 1859년에 태어나 1881년에 이홍장의 부대에 입대해 무관이 되었다. 1899년에는 의화단 운동을 진압하고 서태후의 신임을 얻었다. 1901년에 서태후가 개혁을 시작하자 위안스카이는 군기대신으로서 영향력을 떨쳤다. 1912년에 중화민국이 세워졌다. 임시 대총통인 쑨원은 위안스카이와 교섭해 청조의 막을 내린다면 위안스카이를 임시 대총통의 자리에 앉히기로 합의했다. 선통제는 위안스카이의 요구에 따라 퇴위했다. 이렇게 위안스카이는 대총통으로 취임했다. 1915년, 위안스카이는 의회를 소집해 만장일치로 황제에 추대되었다. 그는 의례적인 거절 후 즉위에 동의하면서 중화제국을 발족하고 자신을 홍헌제라고 칭했다. 하지만 그는 전국적으로 격렬한 반발에 부딪혔고, 외국 정부는 그의 제정에 무관심하거나 반대하는 자세를 취했다. 그는 즉위식을 연기했지만 반대파를 달래기에는 역부족이었다. 결국 그는 제정을 취소할 수밖에 없었고, 신경쇠약으로 1916년에 사망했다.

☐ 906	defer [dɪfɔ́ːr]	타 미루다, 연기하다	
☐ 907	appease [əpíːz]	타 회유하다, 달래다, 진정시키다	
☐ 908	breakdown [bréɪkdàun]	명 고장, 쇠약, 명세(서) cf. **nervous breakdown** 신경쇠약	

+ Glossary

☐ ℓ.3	Yihetuan Rebellion	의화단 운동
☐ ℓ.4	win ...'s trust	…의 신뢰를 얻다
☐ ℓ.4	Empress Dowager Cixi	서태후(☞98)
☐ ℓ.5	grand councilor	군기대신
☐ ℓ.6	provisional president	임시 대총통
☐ ℓ.9	at ...'s urging	…의 강한 요구에 따라
☐ ℓ.11	take up the throne	즉위하다
☐ ℓ.14	accession	즉위

101 Sigmund Freud

¹ Sigmund Freud was an Austrian psychiatrist who founded psychoanalysis. Born in 1856 to a Jewish family, he opened his own clinic in Vienna in 1886. After seeing a number of **neurotic** patients and those suffering from **hysterics**, he became convinced that sexual repression was the cause of ⁵ **hysteria**. He did not believe in **random** actions, but he believed that every action had its own **latent** cause. He tried to bring the patients' unconscious feelings into consciousness to free them from suffering **distorted** emotions. Believing that dreams were the key to the unconscious, he published *The Interpretation of Dreams* in 1899. Having moved to London after Nazi ¹⁰ Germany annexed Austria, he died of oral cancer in 1939. His research has remained controversial to this day. Some researchers think that his **conception** of the human mind is an utter **fraud**. Still, it is true that he found a way to explore the unconscious **motivations** behind behavior.

☐ **909**	**neurotic** [n(j)ʊərάːtɪk]	형 신경증의, 노이로제에 걸린
☐ **910**	**hysterics** [hɪstérɪks]	명 히스테리 발작, 히스테리 상태 ⇐酬 hysteria 명 히스테리
☐ **911**	**random** [rǽndəm]	형 닥치는 대로의, 임의의, 무작위의
☐ **912**	**latent** [léɪtənt]	형 숨어 있는, 잠재적인
☐ **913**	**distort** [dɪstɔ́ːrt]	타 뒤틀다, 왜곡하다, 곡해하다 ⇒酬 distorted 형 비뚤어진, 왜곡된, 곡해된
☐ **914**	**conception** [kənsépʃən]	명 구상, 착상, 생각 ⇐酬 **conceive** 타 생각해 내다, …라고 생각하다, 임신하다(☞34)

지크문트 프로이트

지크문트 프로이트는 정신분석을 창시한 오스트리아의 정신과 의사이다. 1856년에 유대인 가정에서 태어난 그는 1886년에 빈에서 진료소를 열었다. 그는 많은 신경증 환자와 히스테리에 고통받는 환자를 진찰하며 성적 억압이 히스테리의 원인이라 확신하기에 이르렀다. 그는 무작위로 하는 행동이란 없으며 모든 행동에는 감춰진 원인이 있다고 생각했다. 그는 무의식적인 감정을 의식으로 끌어내 왜곡된 감정의 고통에서 환자들을 벗어나게 하고자 했다. 꿈이 잠재의식의 열쇠라고 믿었던 그는 1899년에 『꿈의 해석』을 출간했다. 나치 독일이 오스트리아를 합병한 이후 런던으로 이주한 그는 1939년에 구강암으로 사망했다. 그의 연구는 오늘날에도 논쟁의 대상이다. 몇몇 학자들은 인간 심리에 대한 그의 생각을 완전히 사기라고 여긴다. 그럼에도 그가 행위의 배후에 존재하는 무의식적 동기를 탐구하는 방법을 찾아낸 사실은 분명하다.

☐ 915	**fraud** [frɔ́ːd]	몡 사기, 기만	
☐ 916	**motivation** [mòutəvéiʃən]	몡 의욕, 동기 ←呬 motivate 탄 동기를 부여하다	

+ Glossary

☐ ℓ.1	**psychiatrist**	정신과 의사
☐ ℓ.1	**psychoanalysis**	정신 분석
☐ ℓ.6	**bring ... into consciousness**	…를 의식게 하다
☐ ℓ.10	**oral cancer**	구강암

102 Ferdinand de Saussure

1   Ferdinand de Saussure was a Swiss linguist, called the "father of modern linguistics." He was born in 1857 into a socially prominent family in Geneva, Switzerland. From childhood, he was intrigued by languages. He studied linguistics in Leipzig, Berlin and Paris. In 1878, he published an
5   article titled *Memoir on the primitive system of vowels in Indo-European languages*, in which he set up a hypothesis of the existence of certain consonants in Proto-Indo-European, which would be attested 50 years later. In 1891, he became professor at the University of Geneva. He devoted most of his career to teaching ancient Indo-European languages, and
10   discussed the nature of language only privately. From 1906 to 1911, he taught a course in general linguistics, in which he emphasized the arbitrary and linear nature of the linguistic sign. After he died in 1913, his *Course in General Linguistics* was published in 1916. It was compiled by his colleagues from notes taken down by students who attended his lectures.
15   Since then, his structuralism has exerted a far-reaching influence not only on linguistics but on a wide range of disciplines.

☐ 917	**intrigue** 동 [ɪntríːg] 명 [´-, -´]	타 …의 흥미를 돋우다 명 음모, 책략 ⇒파 **intrigued** 형 …(by)에 흥미를 느끼는
☐ 918	**vowel** [váuəl]	명 모음
☐ 919	**hypothesis** [haɪpáːθəsɪs]	명 가설, 가정, 추측 ⇒파 **hypothetical** 형 가정의, 가설의
☐ 920	**consonant** [káːnsənənt]	명 자음
☐ 921	**attest** [ətést]	타 증명하다, 인증하다, …의 증거가 되다
☐ 922	**privately** [práɪvətli]	부 내밀히, 은밀히, 비공식적으로 ⇐파 **private** 형 사적인, 사사로운, 비밀의

페르디낭 드 소쉬르

페르디낭 드 소쉬르는 스위스의 언어학자로 '근대 언어학의 아버지'라 불린다. 1857년에 스위스 제네바의 명문가에서 태어났다. 어린 시절부터 그는 언어에 흥미를 가졌다. 라이프치히, 베를린, 파리에서 언어학을 공부한 소쉬르는 1878년에 『인도유럽어 원시 모음 체계에 관한 논고』라는 논문을 발표하고 인도유럽조어에 특정 자음이 존재했다는 가설을 세웠는데, 그 가설은 50년 뒤에 증명되었다. 1891년에 제네바대학의 교수로 취임했다. 그는 자신의 경력 대부분을 고대 인도유럽어족 교육에 바쳤으며, 언어의 본질에 대해서는 오로지 사적인 자리에서만 논했다. 1906년부터 1911년에 걸쳐 일반언어학 강의를 맡아 언어 기호의 자의적이며 선형적인 특성을 강조했다. 1913년에 사망한 후, 1916년에 그의 『일반언어학 강의』가 출판되었다. 이는 그의 강의를 청강한 학생의 노트를 바탕으로 동료들이 편집한 책이었다. 이후로 그의 구조주의는 언어학에 그치지 않고 폭넓은 학문 분야에 광범위한 영향을 끼쳤다.

☐ 923	arbitrary [áːrbətrèri]	형 임의의, 자의적인, 독단적인
☐ 924	linear [líniər]	형 선 모양의, 직선상의, 선형적인

+ Glossary

☐ ℓ.1	linguist	언어학자
☐ ℓ.2	linguistics	언어학
☐ ℓ.5	Indo-European	인도유럽어족의
☐ ℓ.7	Proto-Indo-European	인도유럽조어
☐ ℓ.14	take down	적어두다
☐ ℓ.15	structuralism	구조주의
☐ ℓ.15	far-reaching	광범위한
☐ ℓ.16	a wide range of	폭넓은

103 Eliezer Ben-Yehuda

Hebrew is the only language in history to have revived from death. Eliezer Ben-Yehuda played a central role in bringing the language back to life. In the Zionist movement that began in the late 19th century, Jews **emigrated** to Palestine. Among them was Ben-Yehuda. Born in the Russian Empire in 1858, he vowed to **dedicate** himself to restoring Hebrew. He engaged himself in **countless** activities, speaking only Hebrew, issuing several Hebrew newspapers, and compiling a Hebrew dictionary, among other things. His son became the first native speaker of Hebrew in the modern era. Initially, his activities caused deep resentment. Religious leaders **despised** him and **furiously** accused him of **soiling** the holy tongue. Villagers **shunned** him and his family, saying they were crazy to speak a language nobody understood. The Ottoman authorities **apprehended** him and **consigned** him to prison. Still, his activities gradually gained supporters, even after he died in 1922. When Israel declared independence in 1948, Hebrew was accorded official status along with Arabic.

☐ 925	emigrate [émɔgrèɪt]	困 (타국으로)이주하다, 타관에 벌이하러 가다 ⇒맹 emigration 圐 타국으로의 이주, 이민(☞30) ⇒맹 emigrant 圐 이민, 이주자 ⇔맹 immigrate 困 (외국에서)이주하다
☐ 926	dedicate [dédɔkèɪt]	団 바치다 cf. dedicate oneself to …에 전념하다, 몰두하다 ⇒맹 dedication 圐 헌신, 전념, 헌사(☞118)
☐ 927	countless [káʊntlɔs]	圀 셀 수 없을 정도의, 무수한
☐ 928	despise [dɪspáɪz]	団 혐오하다, 경멸하다
☐ 929	furious [fjúɔriɔs]	圀 노하여 펄펄 뛰는, 화내어 날뛰는, 맹렬한 ⇐맹 fury 圐 극심한 분노, 격노 ⇒맹 furiously 閂 미친 듯이 노하여, 맹렬히

엘리에제르 벤 예후다

히브리어는 사어(死語)에서 부활한 역사상 유일한 언어이다. 엘리에제르 벤 예후다는 히브리어가 부활하는 데 중심적인 역할을 한 인물이다. 19세기 후반에 시작된 시오니즘 운동으로 유대인들은 팔레스타인으로 이주했다. 그중 한 사람이 벤 예후다였다. 1858년에 러시아 제국에서 태어난 그는 히브리어를 되살리는 데 헌신하겠다고 맹세했다. 그는 히브리어로만 이야기를 나누고, 여러 히브리어 신문을 발행하고, 히브리어 사전을 편찬하는 등 수많은 활동에 참여했다. 그의 아들은 현대에 히브리어를 모국어로 사용하는 최초의 화자가 되었다. 애초에 그의 활동은 강한 반발을 샀다. 종교 지도자들은 그를 혐오했고, 성스러운 말을 더럽혔노라고 분노를 담아 비난했다. 마을 사람들에게는 아무도 이해하지 못하는 언어로 말하는 정신 나간 사람들로 취급을 받아 그와 가족 모두가 따돌림을 당했다. 오스만 제국 당국에 체포당해 투옥되기도 했다. 그럼에도 그의 운동은 서서히 지지자를 늘려나갔고, 이는 그가 1922년에 죽은 이후에도 변하지 않았다. 1948년에 독립을 선언한 이스라엘에서는 히브리어가 아랍어와 함께 공용어의 지위를 부여받았다.

☐ 930	**soil** [sɔíl]	邼 더럽히다, 훼손하다, 때 묻히다
☐ 931	**shun** [ʃʌ́n]	邼 피하다, 멀리하다
☐ 932	**apprehend** [æ̀prɪhénd]	邼 체포하다
☐ 933	**consign** [kənsáɪn]	邼 넘겨주다, 위임하다, 위탁하다 cf. **consign to prison** 투옥하다

+ Glossary

☐ ℓ.3	**Zionist**	시오니즘의
☐ ℓ.5	**engage** *oneself* in	…에 종사하다
☐ ℓ.12	**Ottoman**	오스만 제국의
☐ ℓ.15	**along with**	…와 함께

104 Vladimir Lenin

Vladimir Lenin was a Russian revolutionary and politician who founded
Soviet Russia. Born in 1870, Lenin **embraced** Marxism after reading
Capital, and started his career as a revolutionary in 1893. When the
Russian Social Democratic Labor Party split into two **caucuses** in 1903,
he founded the Bolsheviks, and encouraged **insurrection** during the
Revolution of 1905. In 1917, the February Revolution broke out, and a
provisional government of the **bourgeois** class was established. In the
October Revolution that year, the Bolsheviks overthrew the provisional
government and founded a one-party government headed by Lenin. The
Bolsheviks renamed themselves the Communist Party in 1918. Later that
year, Lenin was shot and badly injured. After he suffered a **seizure** in 1922,
he was **paralyzed** on his right side and temporarily lost his ability to speak.
After retiring later that year, he **mustered** his strength to dictate a testament
demanding that Stalin be **relieved** of his position as general secretary of the
Communist Party, **deeming** him **inappropriate** for the position, but this did
not happen. Lenin died in 1924.

☐ **934**	**embrace** [embréɪs]	태	안다, 받아들이다, 포괄하다
☐ **935**	**caucus** [kɔ́ːkəs]	명	당원 집회, 간부 회의, 집행부
☐ **936**	**insurrection** [ìnsərékʃən]	명	반란, 반역, 모반
☐ **937**	**bourgeois** [buərʒwɑː, ⌐⌐]	형	중산층의, 부르주아 계급의, 자본가 계급의
☐ **938**	**seizure** [síːʒər]	명	발작, 몰수, 탈취
☐ **939**	**paralyze** [pǽrəlàɪz]	태	마비시키다

블라디미르 레닌

블라디미르 레닌은 러시아 소비에트 공화국을 수립한 러시아의 혁명가이자 정치가이다. 1870년에 태어난 그는 『자본론』을 읽고 마르크스주의에 눈을 떠 1893년에 혁명가의 길을 걷기 시작했다. 1903년에 러시아 사회민주노동당이 둘로 분열되자 레닌은 볼셰비키당을 결성해 1905년 혁명 내내 반란을 선동했다. 1917년에 2월 혁명이 일어나 부르주아 계급의 임시정부가 탄생했다. 그해 일어난 10월 혁명에서 볼셰비키당은 임시정부를 타도하고 레닌 수반의 단독 정부를 수립했다. 그리고 1918년에 볼셰비키당은 공산당으로 이름을 바꾸었다. 그해 레닌은 저격을 당해 중상을 입게 된다. 1922년에는 발작이 일어나 우반신이 마비되었고, 일시적으로 언어 장애에 빠졌다. 그는 그해에 은퇴한 후, 스탈린이 공산당 서기장으로 적합하지 않다고 판단해 해임을 요구하는 유언을 온 힘을 다해 남겼지만 실현되지 않았다. 레닌은 1924년에 사망했다.

☐ 940	muster [mʌ́stər]	匝 불러일으키다, 소집하다, 모으다
☐ 941	relieve [rɪlíːv, rə-]	匝 경감하다, 덜다, 완화하다 cf. **relieve ~ of** … ~를 …에서 해임하다
☐ 942	deem [díːm]	匝 생각하다
☐ 943	inappropriate [ìnəpróupriət]	匮 …(for)에 부적합한, 어울리지 않는, 타당하지 않은 ⇔匵 **appropriate** 匮 적당한, 어울리는

+ Glossary

☐ ℓ.2	Soviet Russia	러시아 소비에트 공화국
☐ ℓ.2	Marxism	마르크스주의
☐ ℓ.4	Russian Social Democratic Labor Party	러시아 사회민주노동당
☐ ℓ.5	Bolsheviks	볼셰비키당
☐ ℓ.7	provisional government	임시정부
☐ ℓ.10	Communist Party	공산당
☐ ℓ.14	general secretary	서기장

105 Lev Trotsky

Lev Trotsky was a politician of the Soviet Union. He was born in 1879 to well-off Jewish farmers in Ukraine. After **inserting** himself into the labor movement in 1895, he joined the group of Social **Democrats** in 1902. After the Russian Social Democratic Labor Party split in two in 1903, he tried hard to **reunite** the party. He came to be revered as an **exceptionally** talented **agitator**. After joining the Bolsheviks in 1917, he worked with Lenin to lead the Bolsheviks in the October Revolution. He was consulted by Lenin on every **pressing** matter of government. But after Lenin's demise in 1924, he was defeated by Stalin in the struggle for succession. He was deported from the USSR in 1929 and given **asylum** in Turkey, France, Norway and Mexico. While in exile, he wrote **recollections** about his past career and lived on his book **royalties**. In 1936, he was charged as leader of an international terrorist **conspiracy** and sentenced to death in his absence. He was murdered with an ice ax in his home in Mexico in 1940.

□ 944	**insert** [ɪnsɔ́ːrt]	団 끼워 넣다, 삽입하다, 꽂다 ⇒명 insertion 명 끼워 넣기, 삽입
□ 945	**democrat** [déməkræt]	명 민주주의자; <D->민주당원 ⇒형 democratic 형 민주적인, 민주주의의
□ 946	**reunite** [rìjuːnáɪt]	団 재회시키다, 재결성시키다, 재통일하다 ⇐명 unite 団 결합하다, 통일하다
□ 947	**exceptionally** [ɪksépʃənəli, ek-, ək-]	부 특별히, 매우, 예외적으로 ⇐형 exceptional 형 예외적인, 보통을 벗어난
□ 948	**agitator** [ǽdʒətèɪtər]	명 선동자, 운동가 ⇐동 agitate 자 선동하다 団 휘젓다
□ 949	**pressing** [présɪŋ]	형 긴급한, 절박한 ⇐동 press 団 자 누르다, 내리누르다
□ 950	**asylum** [əsáɪləm]	명 망명, 보호, 피난

레프 트로츠키

레프 트로츠키는 소련의 정치가이다. 그는 1879년 우크라이나에서 유대계 부농 집안에서 태어났다. 1895년에 노동운동에 투신한 그는 1902년에 사회민주주의자 집단에 가담했다. 1903년에 러시아 사회민주노동당이 둘로 나뉘자 당의 재통일을 위해 힘썼다. 그는 뛰어난 재능의 선동가로 존경을 받았다. 1917년에 볼셰비키당에 가입해 레닌과 함께 볼셰비키당을 이끌어 10월 혁명을 성공시켰다. 그는 정치적으로 긴급한 문제가 일어날 때마다 레닌의 자문을 받았다. 하지만 1924년에 레닌이 죽자 후계자 분쟁에서 스탈린에게 패배했다. 1929년에 소련에서 추방된 그는 튀르키예, 프랑스, 노르웨이, 멕시코로 망명했다. 트로츠키는 망명지에서 과거에 대한 회상을 책으로 내서 그 인세로 생활했다. 1936년, 궐석재판에서 국제 테러 음모의 주모자로 고발당한 트로츠키는 사형을 선고받았다. 1940년 그는 멕시코의 자택에서 얼음도끼에 살해당했다.

□ 951	recollection [rèkəlékʃən]	명 기억, 추억, 회상 ⇐파 recollect 타 기억해 내다
□ 952	royalty [rɔ́iəlti]	명 인세
□ 953	conspiracy [kənspírəsi]	명 음모, 공모 ⇐파 conspire 자 공모하다, …(against)에 대해 음모를 꾸미다(☞50)

+ Glossary

□ ℓ.1	Soviet Union	소련(소비에트 연방)
□ ℓ.6	Bolsheviks	볼셰비키당
□ ℓ.7	October Revolution	10월 혁명
□ ℓ.10	USSR	= Union of Soviet Socialist Republics(소련)
□ ℓ.11	in exile	추방당해
□ ℓ.13	sentence ... to death	…에게 사형을 선고하다
□ ℓ.13	in ...'s absence	…의 부재 시에
□ ℓ.14	ice ax	얼음도끼, 피켈

106 Marie Curie

1   Marie Curie was a Polish-born, French-**naturalized** physicist and chemist. Born in Warsaw in 1867, she went to Paris in 1891 to study at the University of the Sorbonne. In 1895, she married the physicist Pierre Curie. They studied uranium **radiation** in a **grim shed**, and discovered radium in 1898.

5   They won the Nobel Prize in Physics in 1903. Pierre died in 1906, crushed by a **wagon** when he tried to cross a road crowded with **trams** and cars. Despite this misfortune, Marie developed a way of measuring the **purity** of radium preparations, and received the Nobel Prize in Chemistry in 1911, thus becoming the first person ever to receive the Nobel Prize twice. It was

10   unknown then that radiation damages the bone **marrow**. Taken seriously ill from years of being exposed to radiation, Marie died in 1934. The following year, her daughter Irene and Irene's husband Frederic Joliot were also awarded the Nobel Prize in Chemistry.

☐ 954	naturalize [nǽtʃərəlàɪz]	〔타〕 귀화시키다 ⇒〔파〕 naturalization 〔명〕 귀화	
☐ 955	radiation [rèɪdiéɪʃən]	〔명〕 방사능 에너지, 방사선, 방사능	
☐ 956	grim [grím]	〔형〕 험상스러운, 으스스해지는, 불쾌한	
☐ 957	shed [ʃéd]	〔명〕 오두막, 광, 창고	
☐ 958	wagon [wǽgən]	〔명〕 짐마차	
☐ 959	tram [trǽm]	〔명〕 노면전차, 시가전차, 트램	

마리 퀴리

마리 퀴리는 폴란드에서 태어나 프랑스로 귀화한 물리학자이자 화학자이다. 1867년에 바르샤바에서 태어난 마리 퀴리는 1891년에 소르본대학에서 공부하기 위해 파리로 건너갔다. 1895년에는 물리학자 피에르 퀴리와 결혼했다. 두 사람은 어둑어둑한 창고에서 우라늄의 방사능을 연구해 1898년에 라듐을 발견했다. 부부는 1903년에 노벨물리학상을 수상했다. 1906년, 피에르는 전차와 자동차가 오가는 도로를 건너다 짐마차에 치여 사망했다. 이러한 불행에도 굴하지 않고 마리 퀴리는 라듐 물질의 순도를 측정하는 방법을 고안해 내 1911년에 노벨화학상을 수상하며 노벨상을 두 번 수상한 최초의 인물이 되었다. 당시는 방사선이 골수를 손상시킨다는 사실이 밝혀져 있지 않았다. 오랫동안 방사선에 노출되었기 때문에 중병에 걸린 마리 퀴리는 1934년에 사망했다. 이듬해, 딸인 이렌 퀴리와 사위인 프레데릭 졸리오 역시 노벨화학상을 수상했다.

□ 960	misfortune [mɪsfɔ́ːrtʃən]	명 불운, 불행, 역경
□ 961	purity [pjuɔ́rəti]	명 맑음, 순결, 순도 ⇐ 파 pure 형 순수한, 맑은, 순결한
□ 962	marrow [mérou, mǽr-]	명 정수, 골수 cf. **bone marrow** 골수

+ Glossary

□ ℓ.4	uranium	우라늄
□ ℓ.4	radium	라듐
□ ℓ.10	(be) taken ill	병에 걸리다

107 Chen Duxiu

Chen Duxiu was a Chinese revolutionary who founded the Communist Party of China. He was born in Anhui in 1879. After studying in Japan, he founded a **periodical** called *New Youth* in 1915. After he was appointed Dean of Peking University, Peking University professors joined the
5 **editorial** board of *New Youth* and led the New Culture Movement. Chen criticized old-fashioned Confucian morality. At Chen's **persuasion**, Lu Xun began writing novels and became an important **contributor** to *New Youth*. In 1919, students **aroused** by *New Youth* protested against Japan retaining German interests in Shandong. In this May 4th Movement, Chen was jailed
10 for distributing **flyers** calling for freedom of speech. After his release, he founded the Communist Party of China and was elected the first secretary general in 1921. He formed the First United Front with Sun Yat-sen's Nationalist Party in 1924, but the United Front collapsed in 1927. After resigning as secretary general, Chen criticized the party for following Stalin
15 from the Trotskyist **standpoint** and was thrown out of the party. After being arrested by the Nationalist Party in 1932, he was **discharged** on **parole** in 1937, and died in 1942.

☐ 963	periodical [pìəriá:dɪkl]	몡 정기간행물, 잡지 ←囲 period 몡 정기, 시기
☐ 964	editorial [èdɪtó:riəl]	휑 편집의, 편집장의, 사설의 ←囲 editor 몡 편집장, 편집자
☐ 965	persuasion [pərswéɪʒən]	몡 설득, 당파, 종류 ←囲 persuade 囲 설득하다
☐ 966	contributor [kəntríbjətər]	몡 기고자, 투고자, 공헌하는 사람 ←囲 contribute 囲 제공하다, 공헌하다, 기고하다
☐ 967	arouse [əráʊz]	囲 자극하다, 불러일으키다, 분발하게 하다
☐ 968	flyer [fláɪər]	몡 (광고·안내용)전단

천두슈

천두슈는 중국 공산당을 창설한 중국의 혁명가이다. 천두슈는 1879년에 안후이성에서 태어났다. 일본 유학 후, 그는 1915년에『신청년』이라는 잡지를 창간했다. 천두슈가 베이징대학의 학부장으로 초빙되자『신청년』의 편집위원으로 베이징대학의 교수들이 결집하며 신문화운동을 견인했다. 천두슈는 낡은 유교적 도덕성을 비판했다. 그의 추천에 루쉰은 소설을 쓰기 시작했고,『신청년』의 핵심 기고가가 되었다. 1919년, 독일이 산둥성에 가지고 있던 권익을 일본이 이어받는 것에 항의해『신청년』에 고취된 학생들이 시위를 벌였다. 이 5.4 운동에서 천두슈는 언론의 자유를 요구하는 전단을 배포하다 투옥되었다. 석방 후인 1921년에 중국 공산당을 창설해 초대 총서기로 선출되었다. 1924년에는 쑨원의 국민당과 제1차 국공합작을 성립시키지만 국공합작은 1927년에 결렬되었다. 총서기에서 물러난 천두슈는 이후 트로츠키주의의 관점에서 당의 스탈린 노선을 비판하다 당에서 제명되었다. 1932년에 국민당에 체포된 그는 1937년에 가석방된 후 1942년에 사망했다.

☐ 969	standpoint [stǽndpɔ̀int]	명 관점, 견지, 입장	
☐ 970	discharge [dɪstʃɑ́ːrdʒ]	타 해방하다, 석방하다, 배출하다 명 해방, 석방, 배출	
☐ 971	parole [pəróul]	명 가석방, 가출소 cf. **on parole** 가석방되어, 가출소해서	

+ Glossary

☐ ℓ.1	Communist Party of China	중국 공산당
☐ ℓ.4	dean	학부장
☐ ℓ.5	New Culture Movement	신문화운동
☐ ℓ.6	old-fashioned	시대에 뒤처진
☐ ℓ.6	Confucian	유교의
☐ ℓ.12	United Front	국공합작
☐ ℓ.15	Trotskyist	트로츠키주의의
☐ ℓ.15	throw out of	…에서 쫓아내다

108 Kim Ok-gyun

1   Kim Ok-gyun was a Korean politician who led the Independence Party. Born in 1851, he became an official. He aspired to liberate Korea from Qing China, and formed the Independence Party. At the time, in the Joseon dynasty, Emperor Gojong's consort Empress Myeongseong and Gojong's

5   father Daewongun were vying for supremacy. With the support of Yuan Shikai, Empress Myeongseong had Daewongun escorted to Tianjin and took over the reins of government. Empress Myeongseong pursued a pro-Chinese policy. In 1884, Kim staged the Gapsin Coup and occupied the royal palace with the support of Japanese troops. Overnight, the

10 Independence Party became the prevailing party in the government. But the plans of the coup were leaked to Empress Myeongseong, who requested military intervention from Yuan. The Chinese army defeated the Japanese troops and restored power to Empress Myeongseong. Kim fled to Japan, but was treated unkindly by the Japanese government. Spending about 10 years

15 in Japan, he grew increasingly anxious. In 1894, when invited to meet with Chinese politician Li Hongzhang, he had no other option but to accept the invitation. When he arrived in Shanghai, he was shot with a pistol. His body was ripped to pieces in Korea.

□ 972	escort [동][ɪskɔ́ːrt, es-] [명][éskɔːrt]	태 호위하다, 바래다주다, 동행하다 명 호위인, 호위단, 호위
□ 973	overnight [óuvərnáit]	부 밤사이에, 하룻밤 동안, 하룻밤 사이에
□ 974	prevailing [prɪvéɪlɪŋ, prə-]	형 널리 퍼진, 지배적인, 우세한 ←태 prevail 자 …(over)에게 이기다, 보급하다(☞81)
□ 975	leak [líːk]	태 새게 하다, 누출시키다 자 새다, 누출하다
□ 976	intervention [ìntərvénʃən]	명 중재, 간섭, 개입 ←태 intervene 태 중재하다, 개입하다, 끼어들다(☞50)

김옥균

김옥균은 조선의 정치가이자 독립당의 지도자이다. 1851년에 태어나 관료가 되었다. 그는 청나라로부터 독립하기를 열망하며 독립당을 결성했다. 당시 조선에서는 고종의 황후인 명성황후와 고종의 아버지 흥선대원군이 권력투쟁을 벌이고 있었다. 위안스카이의 지원을 얻은 명성황후는 흥선대원군을 텐진에 유폐하고 정치적 실권을 쥐었다. 명성황후는 친청 정책을 펼쳤다. 1884년, 김옥균은 일본군의 지원을 받아 갑신정변을 일으켜 궁궐을 점거했다. 하룻밤 만에 독립당은 정부의 지배권을 손에 넣었다. 하지만 쿠데타 계획은 명성황후에게 새어 나갔고, 명성황후는 위안스카이에게 군대를 개입시켜 달라고 요청했다. 청군은 일본군을 물리치고 명성황후의 지배권을 회복시켰다. 김옥균은 일본으로 망명하지만 일본 정부로부터 냉담한 대우를 받아야 했다. 10년 남짓을 일본에서 지내며 김옥균은 점점 불안감에 빠졌다. 1894년에 청나라의 정치가 이홍장과의 면담이 타진되자 김옥균은 초빙에 응할 수밖에 없었다. 김옥균은 상하이에 도착했을 때 사살당했고, 시신은 조선에서 갈기갈기 찢겼다.

☐ 977	unkind [ʌnkáɪnd]	형 불친절한, 모진, 무정한 ⇒부 unkindly 부 불친절하게, 모질게, 무정하게
☐ 978	pistol [pístl]	명 피스톨, 권총
☐ 979	rip [ríp]	타 찢다, 떼어내다

+ Glossary

☐ ℓ.1	Independent Party	독립당
☐ ℓ.3	Joseon dynasty	조선
☐ ℓ.5	with the support of	⋯의 지원을 받아
☐ ℓ.8	pro-Chinese	친중국의
☐ ℓ.16	have no other option but to	⋯할 수밖에 없다
☐ ℓ.18	to pieces	갈기갈기

109 Chulalongkorn the Great

1   Chulalongkorn the Great, also known as Rama V, was the 5th monarch of
     the Chakri dynasty of Siam, today's Thailand. Born the 9th son of Rama IV
     in 1853, he rose to the throne after his father died of malaria in 1868. On a
     tour to Europe, he realized that Siam was **lagging** far behind the rest of the
5   world, and promoted modernization through a series of reforms collectively
     called the Chakri Reformation, including the **abolition** of **slavery**, the
     establishment of telecommunication networks, and the development of
     sanitary sewer and **plumbing** systems. At the time, Siam was under
     imminent threat of being colonized by Britain, which occupied Burma,
10   today's Myanmar, and Malaysia, and France, which occupied Vietnam. By
     conceding a part of the Malay Peninsula to Britain and Laos and Cambodia
     to France, Chulalongkorn managed to **evade** colonial rule. He died in 1910
     after reigning for over 40 years. He was the model for the prince in the
     movie *Anna and the King of Siam*. **Inconsistent** with a number of historical
15   facts, the movie is banned in Thailand.

□ 980	lag [læg]	困 처지다, 뒤떨어지다, 뒤지다
□ 981	abolition [æbəlíʃən]	명 폐지, 철폐 ←타 abolish 타 폐지하다, 철폐하다(☞14)
□ 982	slavery [sléɪvəri]	명 노예 상태, 노예제도 ←타 slave 명 노예, 포로
□ 983	sanitary [sǽnətèri]	형 위생의, 위생적인, 청결한 ←타 sanitation 명 공중위생, 위생 설비, 하수 설비(☞88)
□ 984	sewer [súːər]	명 하수도, 하수관, 하수구
□ 985	plumbing [plʌ́mɪŋ]	명 배관 계통, 배선 설비, 배관업 ←타 plumber 명 배관공

쭐랄롱꼰 대왕

라마 5세로도 알려진 쭐랄롱꼰 대왕은 현재 태국에 해당하는 시암의 짜끄리 왕조의 5대 국왕이다. 1853년에 라마 4세의 9번째 아들로 태어난 그는 부왕이 말라리아로 사망한 후 1868년에 즉위했다. 유럽 여행을 통해 자국이 세계에 비해 낙후되어 있다는 사실을 통감한 그는 노예제도 폐지, 전화 통신망 설비, 위생적인 하수 및 배관시설을 개발하는 등, 통칭 짜끄리 개혁이라 불리는 일련의 개혁으로 근대화를 추진했다. 당시 시암은 지금의 미얀마인 버마와 말레이시아를 점령한 영국과 베트남을 점령한 프랑스의 식민지가 될 위험에 처해 있었다. 쭐랄롱꼰 대왕은 영국에 말레이반도의 일부를, 프랑스에 라오스와 캄보디아를 할양해 식민지 지배를 면할 수 있었다. 그는 40년 넘게 나라를 다스리다 1910년에 사망했다. 쭐랄롱꼰 대왕은 영화 『왕과 나』에 등장하는 왕자의 모델이다. 이 영화는 사실과는 다른 몇몇 묘사 때문에 태국에서는 상영이 금지되었다.

☐ 986	imminent [ímənənt]	형 당장이라도 일어날 듯한, 임박한, 절박한	
☐ 987	evade [ɪvéɪd]	타 벗어나다, 회피하다, 피하다	
☐ 988	inconsistent [ìnkənsístənt]	형 …(with)와 일치하지 않는, 모순된, 맞지 않는 ⇔반 consistent 형 일관된, 일치한	

+ Glossary

☐ ℓ.3	malaria	말라리아
☐ ℓ.7	telecommunication networks	전화 통신망
☐ ℓ.11	Malay Peninsula	말레이반도

110 Phan Bội Châu

Phan Bội Châu was a leader of the Vietnamese independence movement. He was born in 1867. He was scraping a living by running a private school when he joined the independence movement against France in 1900. After going over to Japan to get military support in 1905, he began to believe that the priority should be on education, and launched the Đông Du, or "Visit the East," Movement, in which he brought around 200 young Vietnamese to Japan for training. Due to pressure from France, however, Japan expelled the Vietnamese students including Châu in 1909 to end the Đông Du Movement. Châu then continued his efforts in China. In 1925, he was arrested by the French Consular Police and hauled back to Vietnam. He was sentenced to death, but the governor-general received a flood of petitions and telegrams requesting a reduction of the sentence, and the sentence was mitigated to life imprisonment, and then further to house arrest. From that time on, Châu lived in a wretched hut in Hue, where he wrote many books that aroused patriotism among the people. He had a covert influence on the independence movement until he died about a month after Japan invaded northern Vietnam in 1940.

☐ 989	scrape [skréip]	타 긁다, 긁어내다, 간신히 얻다 cf. **scrape a living** 근근이 생계를 이어가다
☐ 990	priority [praió:rəti]	명 우선사항, 우선권
☐ 991	consular [káːnsələr]	형 영사의, 영사관의, 집정관의
☐ 992	petition [pətíʃən]	명 탄원, 진정, 신청서 자 …(for)를 요구해 진정하다
☐ 993	telegram [téləgræm]	명 전보, 전신
☐ 994	mitigate [mítəgèit]	타 완화시키다, 누그러뜨리다, 경감하다

판 보이 쩌우

판 보이 쩌우는 베트남의 독립운동 지도자이다. 그는 1867년에 태어났다. 사립학교를 열어 근근이 살아가던 그는 1900년에 반(反)프랑스 독립운동에 참여했다. 1905년에 군사적 지원을 받기 위해 일본으로 건너가지만 교육이 먼저라는 생각에 동유운동이라 부르는 유학 운동으로 방향을 돌려 200명에 가까운 베트남 청년을 일본으로 유학 보냈다. 하지만 1909년, 프랑스의 압력에 일본은 그를 비롯한 유학생을 국외로 추방했고, 동유운동은 막을 내렸다. 이후 판 보이 쩌우는 중국에서 독립운동을 이어 나갔다. 1925년에 그는 프랑스 영사 경찰에게 체포당해 조국으로 압송되었다. 그는 사형을 선고받았지만 식민지 총독 앞으로 감형을 요청하는 진정서와 전보가 쇄도했기 때문에 종신형으로 감형된 후 다시 가택 연금으로 감형되었다. 이후 그는 후에의 낡은 오두막에서 사람들의 애국심을 북돋우는 집필 활동에 전념했다. 독립운동에 은밀히 영향을 끼치던 그는 1940년, 일본이 베트남 북부를 침공한 후 약 한 달 뒤에 사망했다.

□ 995	wretched [rétʃɪd]	휑 불쌍한, 비참한, 아주 초라한	
□ 996	hut [hʌt]	몡 오두막, 산장	
□ 997	patriotism [péɪtriətìzm]	몡 애국심, 애국주의 ⇐파 patriot 몡 애국자, 애국주의자(☞74)	
□ 998	covert [kóuvərt, ⌐⌐]	휑 숨은, 암암리에, 은밀한	

+ Glossary

□ ℓ.1	independence movement	독립운동
□ ℓ.4	go over to	…로 바다를 건너가다
□ ℓ.11	governor-general	식민지 총독
□ ℓ.11	a flood of	다수의
□ ℓ.13	house arrest	가택 연금

알아두면 좋은 명언집 3

78 **Sitting Bull** 시팅 불

What law have I broken? Is it wrong for me to love my own? Is it wicked for me because my skin is red, because I am Sioux, because I was born where my father lived, because I would die for my people and my country?

내가 무슨 법을 어겼다는 것인가? 내 것을 사랑하는 것이 잘못된 일인가? 내 살갗이 붉은 것이, 내가 수족인 것이, 내 아버지가 살던 토지에서 내가 태어난 것이, 내 동료나 토지를 위해서라면 목숨마저 던지겠다는 생각이 잘못된 일인가?

86 **Otto von Bismarck** 오토 폰 비스마르크

Only a fool learns from his own mistakes. The wise man learns from the mistakes of others.

어리석은 자는 경험으로 배우고 현명한 자는 역사로 배운다.

87 **Karl Marx** 카를 마르크스

The philosophers have only interpreted the world in various ways; the point is to change it.

철학자들은 세계를 다양하게 해석했을 뿐이다. 중요한 것은 세계를 바꾸는 것이다.

88 **Florence Nightingale** 플로렌스 나이팅게일

I attribute my success to this: I never gave or took any excuse.

내가 성공한 원인을 꼽으라면 스스로에게 변명하지 않고, 타인의 변명에도 귀를 기울이지 않았다는 것이다.

89 **Friedrich Nietzsche** 프리드리히 니체

Many a man fails to become a thinker for the sole reason that his memory is too good.

많은 사람이 사상가가 될 수 없는 유일한 이유는 기억력이 너무 좋기 때문이다.

CHAPTER IV

Contemporary Period

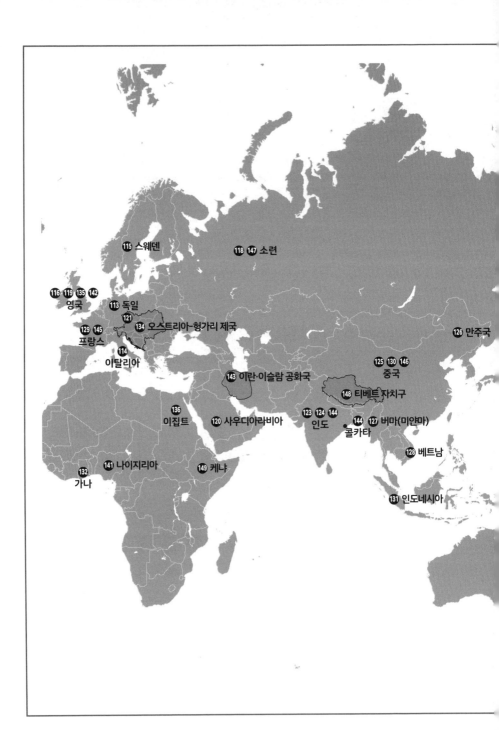

117 오펜하이머
150 인디언 카지노
140 닉슨
112 나바호

139 맬컴 엑스
122 카슨
138 몽고메리(앨라배마주)

137 쿠바
111 자메이카

133 사모아

111 Rastafari

1   Rastafari is a Jamaican religious movement. In the 1910's, Black Jamaican Marcus Garvey founded the Universal Negro Improvement Association under the motto "One God, One Aim, One Destiny," and claimed Africa as the home of all black people. When Ras Tafari Makonnen was crowned
5   Emperor Haile Selassie of Ethiopia in 1930, Garvey's followers believed that his supposed prophecy that a black king would be born in Africa had come true. The Rastas recognize His Imperial Majesty Haile Selassie as Jah, or God. Rastafari gained greater visibility in the 1960's and 70's through the popularity of reggae musicians, most notably Bob Marley.
10   Rastas do not consume alcoholic beverages or dairy products. They smoke a herb called ganja to meditate. They shape their hair into matted lengths, or dreadlocks. Rasta women do not dress outrageously. The Rasta colors are red, yellow and green. Red stands for the blood of black martyrs, yellow for the wealth of the homeland, and green for the fertility of the earth.

☐ 999	mottto [mɑ́:toʊ]	몡 좌우명, 모토
☐ 1000	prophecy [prɑ́:fəsi]	몡 예언 ⇐囤 prophet 몡 예언자(☞27)
☐ 1001	majesty [mǽdʒəsti]	몡 위엄, 권위, 폐하 cf. His Imperial Majesty 황제 폐하
☐ 1002	notably [nóʊtəbli]	튀 특히, 그중에서도 ⇐囤 notable 혱 중요한, 저명한(☞74)
☐ 1003	beverage [bévəridʒ]	몡 음료, 마실 것
☐ 1004	dairy [déəri]	혱 유제품의 몡 유제품 회사 cf. dairy products 유제품
☐ 1005	herb [ɔ́:rb, hɔ́:rb]	몡 향료용 식물, 약용식물, 허브

라스타파리

라스타파리는 자메이카의 종교운동이다. 1910년대에 자메이카 흑인인 마커스 가비는 '유일한 신, 유일한 목적, 유일한 운명'이라는 모토를 내걸고 만국 흑인 진보 연합을 창설하며 아프리카가 모든 흑인의 고향임을 선언했다. 1930년에 라스타파리 마콘넨이 에티오피아 황제 하일레 셀라시에로 대관했을 때, 가비의 지지자는 흑인 왕이 아프리카에서 탄생하리라는 그의 예언이 실현되었다고 생각했다. 라스타들은 하일레 셀라시에를 자(jah), 즉 신으로 인정한다. 라스타파리는 1960, 70년대에 밥 말리를 비롯한 레게 음악가의 인기와 함께 인지도가 높아졌다. 라스타들은 술이나 유제품을 입에 대지 않는다. 그리고 간자라고 불리는 식물의 연기를 들이마시며 명상에 잠긴다. 그들은 헝클어뜨린 긴 머리나 드레드 헤어*를 한다. 라스타 여성들은 화려한 차림새를 하지 않는다. 라스타의 색깔은 빨강, 노랑, 초록이다. 빨간색은 흑인 순교자의 피를, 노란색은 고국의 부(富)를, 초록색은 대지의 풍요로움을 나타낸다.

* 곱슬머리를 길게 길러서 여러 갈래로 땋거나 뭉쳐서 만든 머리 모양

□ **1006** **outrageous**
[àutréɪdʒəs]
휑 극악한, 무례한, 엉뚱한
⇒囲 outrageously 믠 터무니없이

□ **1007** **fertility**
[fərtíləti]
몡 비옥, 다산, 풍요
⇐囲 fertile 휑 비옥한, 다산인, 열매를 잘 맺는

+ Glossary

□ ℓ.7	come true	실현하다
□ ℓ.7	Rasta	라스타파리의 신봉자
□ ℓ.9	reggae musician	레게 음악가
□ ℓ.11	matted	헝클어진
□ ℓ.12	dreadlocks	드레드 헤어
□ ℓ.13	stand for	…를 나타내다
□ ℓ.13	martyr	순교자

112 Navajo

The Navajo Indians are the largest Native Tribe in the United States. Their language, Navajo, is an indigenous language with the largest number of speakers in the United States, spoken by about 170,000 people. In World War II, the US Marine Corps used it as a code to **transmit** military
5 messages. It was deemed an ideal code as it was much harder for the Japanese to **decipher** than any artificial code. Any other Native American language would have suited the purpose just as well, but Navajo was chosen because the Navajo Tribe had a large number of young men **fluent** in English and their native **tongue**. A Navajo word was selected for each
10 military term, for instance, "hawk" for *bomber* and "swallow" for *torpedo plane*. From the Battle of Guadalcanal in 1942 until the end of the war, altogether 420 Navajo code **talkers** were set in motion. A US Marine major general said, "Without the Navajos, the Marines would never have taken Iwo Jima." In 1982, a proclamation by President Ronald Reagan **designated**
15 August 14 as "National Navajo Code Talkers Day."

☐ 1008	**transmit** [trænsmít, trænz-]	타 송신하다, 보내다, 전하다 ⇒명 **transmission** 명 전달, 통신
☐ 1009	**decipher** [dɪsáɪfər]	타 해독하다, 판독하다 ⇔명 **cipher** 암호로 쓰다
☐ 1010	**fluent** [flúːənt]	형 유창한, 유창하게 말하는 ⇒명 **fluency** 명 유창함
☐ 1011	**tongue** [tʌ́ŋ]	명 혀, 언어 cf. **native tongue** 모국어
☐ 1012	**bomb** [báːm]	타 폭격하다 명 폭탄 ⇒명 **bomber** 명 폭격기
☐ 1013	**torpedo** [tɔːrpíːdou]	명 어뢰 cf. **torpedo plane** 뇌격기
☐ 1014	**talker** [tɔ́ːkər]	명 화자, 이야기하는 사람, 말이 많은 사람 cf. **code talker** 암호 통신병

나바호

나바호족은 미국 최대의 원주민이다. 이들의 언어 나바호어는 미국에서 사용자가 가장 많은 원주민 언어로 화자는 약 17만 명이다. 이 언어는 제2차 세계대전에서 미국 해병대가 군사 정보를 전달하는 암호로 사용되었다. 일본인에게 나바호어는 인공적인 암호보다 훨씬 해석하기 어려웠기 때문에 이상적인 암호로 여겨졌다. 다른 미국 원주민어도 이 목적에 부합했겠으나 나바호어가 선택된 것은 나바호족에 영어와 원주민어를 구사할 수 있는 젊은 남성이 많았기 때문이다. 예를 들어 '매'는 '폭격기', '제비'는 '뇌격기' 등, 군사용어마다 나바호어 단어가 배정되었다. 1942년의 과달카날 전투 이후로 전쟁이 끝날 때까지 총 420명의 나바호 암호 통신병이 동원되었다. 어떤 미 해병대 소장은 "나바호족이 없었다면 해병대는 결코 이오지마를 점령하지 못했으리라"라고 말했다. 1982년에 로널드 레이건 대통령의 발표로 8월 14일이 '나바호 암호 통신병의 날'로 제정되었다.

☐ 1015	designate [dézɪgnèɪt]	타 지명하다, 지정하다, 임명하다 ⇒파 designation 명 지명, 지정, 임명

+ Glossary

☐ ℓ.1	Navajo	나바호(어)
☐ ℓ.1	Native Tribe	원주민
☐ ℓ.4	US Marine Corps	미 해병대
☐ ℓ.10	for instance	예를 들어
☐ ℓ.10	hawk	매
☐ ℓ.10	swallow	제비
☐ ℓ.12	set ... in motion	움직이다
☐ ℓ.12	major general	소장

113 Albert Einstein

1   Albert Einstein was a German-born **theoretical** physicist. He was born into
    a Jewish family in 1879. After graduating from the Institute of Technology
    in Zurich, Switzerland, he began to work for the **Patent** Office in Bern in
    1902. In 1905, called his "**miraculous** year," he completed his Ph.D. thesis
5   and published four papers of such **astonishing** originality as to **electrify**
    the field of physics. In these papers, he **outlined** his theory of relativity and
    formulated his famous **equation**, E=mc². He achieved world **renown** when,
    in 1919, the observation of a solar **eclipse** confirmed his theory. He received
    the Nobel Prize in Physics in 1921. After the Nazis took control of Germany
10 in 1933, Einstein settled in the United States. He continued to think and
    reason until he died in 1955.

☐ 1016	theoretical [θìːərétɪkl]	휑 이론적인, 이론의 ←핀 theory 몡 학설, 이론
☐ 1017	patent [pǽtnt]	몡 특허 cf. Patent Office 특허국
☐ 1018	miraculous [mərǽkjələs]	휑 기적의, 기적적인, 놀랄 만한 ←핀 miracle 몡 기적
☐ 1019	astonishing [əstάːnʃɪŋ]	휑 깜짝 놀라게 하는, 눈부신, 놀라운 ←핀 astonish 타 놀라게 하다
☐ 1020	electrify [ɪléktrəfàɪ]	타 전기를 통하게 하다, 전화(電化)하다, 충격을 주다 ←핀 electric 휑 전기의, 전기로 움직이는
☐ 1021	outline [áʊtlàɪn]	타 …의 요점을 말하다, 개요를 서술하다, …의 윤곽을 그리다 몡 개략, 개설, 윤곽

알베르트 아인슈타인

알베르트 아인슈타인은 독일 태생의 이론물리학자이다. 그는 1879년에 유대인 가정에서 태어났다. 스위스의 취리히공과대학을 졸업한 후, 1902년에 베른의 특허국에 취직했다. 그의 '기적의 해'라 불리는 1905년에는 박사 논문을 완성했고, 놀라운 독창성으로 물리학계에 충격을 안겨주게 될 논문 네 편을 발표했다. 그 논문으로 그는 상대성이론의 개략을 설명했으며 유명한 방정식인 E=mc²을 공식화했다. 1919년, 일식의 관측을 통해 그의 이론이 실증되면서 아인슈타인은 세계적으로 유명해졌다. 1921년에는 노벨물리학상을 수상했다. 1933년에 나치스가 독일을 지배하자 아인슈타인은 미국으로 이주했다. 그 후로도 그는 1955년에 사망할 때까지 계속해서 사고하고 추론했다.

☐ 1022	equation [ɪkwéɪʒən, -ʃən]	몡 등식, 방정식, 동일시
☐ 1023	renown [rɪnáʊn]	몡 명성, 명망 ⇒혱 renowned 혱 유명한, 고명한, 이름 높은
☐ 1024	eclipse [ɪklíps]	몡 식, 퇴색 cf. solar eclipse 일식

+ Glossary

☐ ℓ.4	Ph.D	박사학위
☐ ℓ.6	theory of relativity	상대성이론
☐ ℓ.9	take control of	…를 지배하다

114 Benito Mussolini

1　Benito Mussolini was an Italian politician who founded fascism. He was born in 1883. After working as a substitute teacher, he served as editor of a Socialist Party newspaper. In 1915, he went to World War I, and was **accidentally** injured by a bomb explosion in his **trench**. He won the general
5　election to the Chamber of Deputies in 1921, and then formed the National Fascist Party with the goal of establishing a **totalitarian** state. After being appointed prime minister in 1922, he declared dictatorship in 1925. After Italy joined World War II as a German ally in 1940, the situation in Italy got worse and worse. There was a chronic shortage of food, and factories
10　were brought to a **standstill**. In 1943, people's discontent culminated in a wave of strikes. Mussolini was dismissed as prime minister, but established a German puppet state called the Italian Social Republic in northern Italy. When the Allied forces advanced into northern Italy in 1945, he tried to escape, disguised as a German soldier in a **convoy** of trucks. He was
15　recognized and shot by communist **partisans**. His body was carried in a **van** to Milan, where it was hung head **downward** in a square.

□ 1025	accidentally [æ̀ksədéntəli]	튀 우연히, 잘못하여, 뜻하지 않게 ←파 accidental 형 우연의, 예기치 않은
□ 1026	trench [trén⨍]	명 도랑, 해자, 참호
□ 1027	totalitarian [toutæ̀lətéəriən, tòutælə-]	형 전체주의의　명 전체주의자 ⇒파 totalitarianism 명 전체주의
□ 1028	standstill [stǽndstìl]	명 정지, 휴지, 멈춤 cf. bring to a standstill …을 멈추다
□ 1029	convoy [ká:nvɔɪ]	명 차량 부대, 호위대, 호위
□ 1030	partisan [pá:rtəzən]	명 열렬한 지지자, 빨치산, 게릴라 대원 형 빨치산의, 게릴라의

베니토 무솔리니

베니토 무솔리니는 파시즘을 창시한 이탈리아의 정치가이다. 그는 1883년에 태어났다. 임시 교사로 근무한 후 사회당 기관지의 편집장을 지냈다. 1915년에는 제1차 세계대전에 참전했는데, 참호에서 불의에 터진 폭탄에 부상을 당했다. 그는 1921년에 하원 총선거에 당선되며 전체주의국가를 창설하고자 국가파시스트당을 결성했다. 1922년에 수상으로 취임했고 1925년에는 독재를 선언했다. 1940년에 독일의 동맹국으로서 제2차 세계대전에 참전한 이후로 이탈리아의 상황은 악화 일로를 걸었다. 식량은 항상 부족했고 공장은 가동을 멈췄다. 1943년, 민중의 불만이 폭발해 파업이 빈발했다. 무솔리니는 수상에서 해임되었지만 북부 이탈리아에서 독일의 괴뢰국인 이탈리아 사회 공화국을 건국했다. 1945년, 연합군이 북부 이탈리아로 진군해 오자 무솔리니는 독일 병사로 위장해 호송 트럭을 타고 도주를 꾀했다. 하지만 공산당 빨치산에게 발각당해 총살당했다. 시체는 소형 트럭에 실려 밀라노로 운반되었고, 광장에 거꾸로 매달렸다.

☐ 1031	van [væn]	명 소형 트럭, 라이트밴
☐ 1032	downward [dáunwərd]	부 아래쪽으로, 아래로 향하여 cf. head downward 아래로 향하여, 거꾸로

+ Glossary

☐ ℓ.1	fascism	파시즘
☐ ℓ.3	World War I	제1차 세계대전
☐ ℓ.5	Chamber of Deputies	하원
☐ ℓ.5	National Fascist Party	국가파시스트당
☐ ℓ.6	with the goal of	…를 목표로
☐ ℓ.8	World War II	제2차 세계대전
☐ ℓ.12	Italian Social Republic	이탈리아 사회 공화국
☐ ℓ.13	Allied forces	연합군

115 Raoul Wallenberg

Raoul Wallenberg was a Swedish diplomat who saved many Jews in World War II. Born in 1912, he imported **exotic** food. In 1944, Nazi Germany occupied Hungary and began to massacre the Jews. In search of someone to free the Jews from persecution, the War Refugee Board, set up by US president Franklin Roosevelt, turned to Sweden. Wallenberg jumped at the opportunity. He was given diplomatic status and left for Budapest, where he worked with **ingenuity**. He designed a document that looked like a passport. By bribing and **blackmailing** Hungarian officials, he turned out over 10,000 passes. When he could not get any more printed, he issued a **simplified** document. It made its **holders** appear Swedish. When the Soviets entered Budapest, the Jews were saved. But Wallenberg was arrested by the Soviets. Having been sent by Roosevelt, he was regarded as an American spy. His **whereabouts** are still unknown. He has been awarded many **humanitarian** honors since his **presumed** death.

☐ **1033**	**exotic** [ɪgzάːtɪk, egz-]	형 색다른, 이국적인, 외국산의
☐ **1034**	**ingenuity** [ìndʒən(j)úːəti]	명 발명의 재주, 창의력, 교묘함 cf. **with ingenuity** 교묘하게
☐ **1035**	**blackmail** [blǽkmèɪl]	타 협박하다, 공갈하다, 강요하다
☐ **1036**	**simplify** [símpləfàɪ]	타 간단하게 하다, 단순화하다, 평이하게 하다 ⇐형 **simple** 형 간단한, 단순한, 평이한
☐ **1037**	**holder** [hóuldər]	명 소유자, 보유자, 소지자 ⇐타 **hold** 타 소유하다, 보유하다, 소지하다
☐ **1038**	**whereabouts** [wéərəbàuts, hwéər-]	명 소재, 행방, 있는 곳

라울 발렌베리

라울 발렌베리는 제2차 세계대전 당시 많은 유대인을 구한 스웨덴의 외교관이다. 1912년에 태어난 그는 외국산 식품 수입업에 종사했다. 1944년, 나치 독일이 헝가리를 점령하고 유대 인을 학살하기 시작했다. 이에 미국 대통령 프랭클린 루스벨트가 조직한 전쟁 난민 위원회 는 유대인을 박해로부터 구해줄 인물을 찾아 스웨덴과 논의했다. 발렌베리는 그 임무에 뛰어들었다. 외교관 자격을 받아 부다페스트로 향한 그는 그곳에서 교묘하게 활동했다. 그는 여권과 꼭 닮은 증서를 만들었다. 그리고 헝가리의 관리들을 매수하거나 협박해 1만 장 이 상의 증서를 인쇄했다. 그러다 더 이상 증서를 인쇄할 수 없게 되자 간결한 서류를 발행했다. 그 서류가 있으면 스웨덴인으로 대우를 받았다. 소련군이 부다페스트에 입성했을 때 유대 인은 구출되었다. 하지만 발렌베리는 소련군에게 체포되고 말았다. 루스벨트가 파견한 그는 미국의 스파이로 간주되었다. 이후로 그의 행방은 알려진 바가 없다. 사망했다고 추정된 이 후, 그에게는 인도적 업적을 기리는 수많은 영예가 주어졌다.

☐ 1039	humanitarian [hjuːmænətéəriən]	형 인도적인, 인도주의의, 박애주의의 ⇒파 humanitarianism 명 인도주의, 박애주의	
☐ 1040	presume [prɪz(j)úːm]	타 간주하다, 추정하다, 전제로 하다	

+ Glossary

☐ ℓ.3	in search of	…을 찾아서
☐ ℓ.5	Franklin Roosevelt	프랭클린 루스벨트
☐ ℓ.5	turn to	…에 의지하다
☐ ℓ.5	jump at	…에 달려들다
☐ ℓ.8	turn out	만들어내다

116 Winston Churchill

Winston Churchill was a British politician. He was born in 1874. After filling various posts, such as that of first lord of the admiralty, he served as prime minister from 1940 to 1945. He consistently opposed Indian independence. In 1941, he issued the Atlantic **Charter** with US president Franklin Roosevelt. The third clause of the charter stipulated self-**determination**, but Churchill denied its universal **applicability**, saying that it was not meant to apply to the British colonies. In 1942, he jailed Mahatma Gandhi. In 1946, he gave his "Iron Curtain" speech, which **foresaw** the **onset** of the Cold War. From 1951 to 1955, he served as prime minister the second time, and this time as well, he **stubbornly adhered** to his imperial vision. A renowned writer as well, he was awarded the Nobel Prize in Literature in 1953 "for his **mastery** of historical and biographical description as well as for brilliant oratory in defending **exalted** human values." He died on January 24, 1965, which was, by **coincidence**, the anniversary of his father's death.

☐ **1041**	**charter** [tʃáːrtər]	몡 헌장, 선언서, 강령 cf. **Atlantic Charter** 대서양 헌장
☐ **1042**	**determination** [dɪtə̀ːrmənéɪʃən]	몡 결의, 결심, 결정 cf. **self-determination** 민족 자결권
☐ **1043**	**applicable** [ǽplɪkəbl, əplíkəbl]	혱 적용할 수 있는, 해당하는, 들어맞는 ⇒몡 applicability 몡 적용 가능성
☐ **1044**	**foresee** [fɔːrsíː]	탄 예상하다, 예측하다, 예견하다(foresaw, foreseen)
☐ **1045**	**onset** [ɔ́nsèt]	몡 개시, 시작, 도래
☐ **1046**	**stubborn** [stʌ́bərn]	혱 완고한, 완강한, 단호한 ⇒몡 stubbornly 분 완고하게, 완강하게, 단호히
☐ **1047**	**adhere** [ədhíər, æd-]	짜 …(to)에 들러붙다, 고집하다, 충실히 따르다 ⇒몡 adherent 몡 지지자

윈스턴 처칠

윈스턴 처칠은 영국의 정치가이다. 그는 1874년에 태어났다. 해군 장관을 비롯한 요직을 거친 후 1940년부터 45년까지 수상을 역임했다. 그는 인도의 독립을 일관되게 반대했다. 1941년에는 프랭클린 루스벨트 미국 대통령과 대서양 헌장을 발표했다. 헌장의 세 번째 조항에는 민족 자결권이 규정되어 있었지만 처칠은 이 조항이 영국의 식민지에는 적용되지 않는다며 보편적인 적용 가능성을 부정했다. 1942년에는 마하트마 간디를 투옥했다. 1946년에 그는 '철의 장막' 연설로 다가올 냉전을 예고했다. 1951년부터 55년까지 두 번째로 총리를 역임했는데, 이때 역시 제국주의적 비전을 고집하는 자세에는 변함이 없었다. 저명한 작가이기도 했던 그에게는 '역사와 전기(傳記)의 탁월한 묘사와 더불어 고귀한 인간의 가치관을 수호하는 빼어난 수사 능력을 기리고자' 1953년에 노벨문학상이 수여되었다. 처칠은 1965년 1월 24일에 세상을 떴는데, 그날은 공교롭게도 그의 아버지의 기일이었다.

□ 1048	mastery [mǽstəri]	명 숙련, 숙달, 지배 ←파 master 타 숙달하다 명 지배자, 명인	
□ 1049	exalt [ɪgzɔ́:lt]	타 승진시키다, 찬미하다, 고귀하게 하다	
□ 1050	coincidence [kouínsədəns]	명 일치, 부합, 동시 발생 cf. by coincidence 우연히, 우연히도, 공교롭게도	

+ Glossary

□ ℓ.2	first lord of the admiralty	해군 장관
□ ℓ.8	Iron Curtain	철의 장막
□ ℓ.9	Cold War	냉전
□ ℓ.12	biographical	전기(傳記)의
□ ℓ.13	oratory	수사(修辭) 능력

117 J. Robert Oppenheimer

J. Robert Oppenheimer was an American theoretical physicist, called the
father of the atomic bomb. Born to a family of Jewish descent in 1904, he
became assistant professor at the University of California at Berkeley in
1929. He joined the Manhattan Project in 1942. As the director of the Los
Alamos Laboratory, he **supervised** the construction of the atomic bomb,
which was dropped on Hiroshima and Nagasaki in August 1945. **Post-
war**, he **wielded** power over international control for nuclear weapons as
the chairman of the General **Advisory** Committee to the Atomic Energy
Commission. He tried to halt the arms race against the USSR, and worked
to **retard** the development of the **hydrogen** bomb. During the Red Scare,
he was accused of being a Communist and a Russian **sympathizer** in 1954.
After his political career was **wrecked**, he returned to his academic career.
When he visited Japan in 1960 at the invitation of the Japanese Committee
for Intellectual **Interchange**, he commented, "I do not regret that I had
something to do with the technical success of the atomic bomb." In his
closing years, he could walk only with the help of a stick and a leg **brace**.
He died of throat cancer in 1967.

☐ **1051**	**supervise** [sú:pərvàɪz]	㘭 감독하다, 관리하다, 지휘하다 ⇒㘭 supervisor 몡 감독자
☐ **1052**	**post-war** [póustwɔ́:r]	뫈 전후에 휑 전후의
☐ **1053**	**wield** [wíːld]	㘭 휘두르다, 행사하다 cf. **wield power** 권력을 행사하다
☐ **1054**	**advisory** [ədváɪzəri]	휑 조언하는, 권고하는, 자문의 ⇐㘭 advise 㘭 쟈 조언하다, 충고하다
☐ **1055**	**retard** [rɪtáːrd, rə-]	㘭 늦추다, 방해하다
☐ **1056**	**hydrogen** [háɪdrədʒən]	몡 수소 cf. **hydrogen bomb** 수소폭탄, 수폭

로버트 오펜하이머

로버트 오펜하이머는 미국의 이론물리학자로 '원자폭탄의 아버지'라 불린다. 1904년에 유대인 집안에서 태어난 그는 1929년에 캘리포니아대학 버클리 캠퍼스의 조교수가 되었다. 그는 1942년에 맨해튼 계획에 참가했다. 로스앨러모스 연구소 소장으로서 원자폭탄 제작을 지휘했고, 1945년 8월에는 히로시마와 나가사키에 원자폭탄이 투하되었다. 전후에는 원자력 연구회의 일반 자문 위원회 위원장으로서 핵병기의 국제 관리에 영향력을 행사했다. 그는 소련과의 군비 확장 경쟁을 멈추고자 수소폭탄의 개발을 저지하려 했다. 적색 공포가 한창이던 1954년, 오펜하이머는 공산당원이며 소련의 지지자라는 고발을 당했다. 정치생명이 단절된 그는 연구 생활로 돌아갔다. 1960년에 일본지적교류위원회의 초대를 받아 일본을 방문했을 때는 "원자폭탄의 기술적 성공에 관여한 것은 후회하지 않는다"라고 발언했다. 만년에는 지팡이와 다리 보조기 없이는 걷지 못하게 되었고, 1967년에 인후암으로 사망했다.

☐ 1057	**sympathize** [símpəθàɪz]	째 …에 동정하다, 딱하게 여기다, 공명하다 ⇒곕 sympathizer 똉 동조자, 지지자 ⇐곕 sympathy 똉 동정, 배려	
☐ 1058	**wreck** [rék]	타 파괴하다, 엉망으로 만들다, 망가뜨리다	
☐ 1059	**interchange** [ìntərʃéɪndʒ]	똉 교환, 교역, 교류	
☐ 1060	**brace** [bréɪs]	똉 죔쇠, 보강재, 보조 기구	

+ Glossary

☐ ℓ.2	atomic bomb	원자폭탄, 원폭
☐ ℓ.7	nuclear weapon	핵병기
☐ ℓ.9	arms race	군비 확장 경쟁
☐ ℓ.10	Red Scare	적색 공포*
☐ ℓ.13	at the invitation of	…의 초대로
☐ ℓ.17	throat cancer	인후암

* 미국에서 1917년부터 1920년, 1947년부터 1957년까지 두 차례 발생했던 공산주의에 대한 국민적 히스테리

118 Joseph Stalin

Joseph Stalin was a Soviet politician who ruled as a dictator. Born in 1878 to the family of a shoemaker in Georgia, he enrolled in a **theological** school and got involved in the labor movement. After he left school and launched his career as a revolutionary in 1899, he gained prominence as a leader in
5 Lenin's Bolsheviks. He was **nominated** by Lenin as general secretary of the Russian Communist Party in 1922. Soon **disagreements** between them grew, but after Lenin died in 1924, Stalin reached dictatorship by **purging** Trotsky and other **veteran** leaders and promoting young and **obedient** administrators devoid of ideological **dedication**. World War II saw the
10 Soviet Union emerge as a superpower on par with the United States. After the war, Stalin organized the Cominform to **coordinate** the communist parties of Europe, thus establishing the Cold War. He censored movies and books for the purpose of controlling thought. The cult of his personality reached its climax at his 70th birthday ceremony in 1949. As his health
15 waned, he began to **mistrust** his doctors. He died in 1953.

☐ 1061	**theological** [θìːəlɑ́ːdʒɪkl]	혱 신학의, 신학상의 ⇐몡 **theology** 몡 신학, 종교학, 신학 체계(☞38)
☐ 1062	**nominate** [nɑ́ːmənèɪt]	타 지명하다, 추천하다, 임명하다 ⇒몡 **nomination** 몡 지명, 추천, 노미네이트
☐ 1063	**disagreement** [dìsəgríːmənt]	몡 의견 차이, 논쟁, 모순 ⇐몡 **disagree** 자 의견이 다르다
☐ 1064	**purge** [pə́ːrdʒ]	타 추방하다, 숙청하다, 배제하다
☐ 1065	**veteran** [vétərən]	혱 노련한, 경험이 많은 몡 경험이 풍부한 사람, 노련한 사람, 퇴역 군인
☐ 1066	**obedient** [oʊbíːdiənt]	혱 …(to)의 말을 잘 듣는, 순종적인, 복종하는 ⇐몡 **obey** 자 복종하다
☐ 1067	**dedication** [dèdɪkéɪʃən]	몡 헌신, 전념, 헌사 ⇐몡 **dedicate** 타 바치다(☞103)

이오시프 스탈린

이오시프 스탈린은 독재자로 군림한 소련의 정치가이다. 1878년, 조지아에서 구두장이의 아들로 태어난 스탈린은 신학교에 진학하며 노동운동에 참여하기 시작했다. 그는 1899년에 퇴학당해 혁명가의 길을 걷기 시작한 후, 레닌이 이끄는 볼셰비키당의 지도자로서 두각을 나타냈다. 1922년에는 레닌의 지명으로 러시아 공산당의 서기장에 취임했다. 이후 레닌과 대립하지만 1924년에 레닌이 죽자 트로츠키를 비롯한 베테랑 지도자들을 숙청하고 순종적이며 이념적 지향성이 없는 젊은 행정관을 등용해 독재적 지위를 손에 넣었다. 제2차 세계대전에서 소련은 미국과 어깨를 견주는 초강대국으로 대두했다. 전쟁이 끝나고 스탈린은 유럽 각국 공산당의 조정기관으로 코민포름을 결성하며 냉전의 막을 열었다. 그는 영화나 책을 검열해서 사상을 통제했다. 스탈린 개인에 대한 숭배는 1949년, 70번째 생일 기념식에서 정점에 달했다. 건강이 악화되자 그는 의사들에게로 의심의 눈길을 돌리기 시작했고, 1953년에 사망했다.

☐ 1068	coordinate [kouɔ́ːrdənèɪt]	타 통합하다, 조정하다, 조화시키다 ⇒뗑 coordination 뗑 조직, 조정, 조화	
☐ 1069	mistrust [mìstrʌ́st]	타 신뢰하지 않다, 신용하지 않다, 의심하다	

+ Glossary

☐ ℓ.4	gain prominence	유명해지다
☐ ℓ.5	general secretary	서기장
☐ ℓ.10	superpower	초강대국
☐ ℓ.10	on par with	…와 동등한
☐ ℓ.11	Cominform	코민포름(유럽 9개국의 공산당이 조직한 국제기관)
☐ ℓ.12	Cold War	냉전

119   Charles Chaplin

1   Charles Chaplin was an English **comedian**. Born in London in 1889 to parents who were both vaudevillians, he spent his childhood **fraught** with poverty and **hardship**. His mother's skillful mimes laid the foundation for his artistic skills. Starting his career as a vaudevillian at age 10, he became

5   a successful comedian in his company. Then, on his American tour in 1913, he was invited by a film producer to enter the world of film. From *Kid Auto Races at Venice* in 1914 to *The Great Dictator* in 1940, he played a **memorable** character known as the **tramp**, dressed in a small hat, a toothbrush mustache, a tight coat, big pants, big shoes, and a **bamboo cane**.

10   Chaplin clung to silent pictures 9 years into the talking era, and gave up the tramp character after he converted to talking pictures. In 1952, when the Red Scare was at its height, Chaplin was barred from the United States due to his **alleged** communist leanings, and went back to Britain. He died at his house in Switzerland in 1977.

☐	1070	**comedian** [kəmíːdiən]	몡 희극배우, 코미디언 ⇐몡 **comedy** 몡 희극, 코미디
☐	1071	**fraught** [frɔ́ːt]	혱 …(with)로 충만한, …를 내포한
☐	1072	**hardship** [háːrdʃɪp]	몡 고난, 곤궁, 어려움
☐	1073	**mime** [máɪm]	몡 무언극, 팬터마임
☐	1074	**auto** [ɔ́ːtoʊ]	몡 자동차(=automobile)
☐	1075	**memorable** [mémərəbl]	혱 기억할 만한, 잊히지 않는, 인상적인 ⇒몜 **memorably** 뷔 기억할 만하게
☐	1076	**tramp** [trǽmp]	몡 부랑자, 떠돌이 좌 터벅터벅 걷다, 짓밟다

찰리 채플린

찰리 채플린은 영국 출신의 희극배우이다. 1889년, 런던의 무대 연예인의 아들로 태어나 가난하고 고단한 유년 시절을 보냈다. 모친의 능숙한 팬터마임이 그의 예술적 재능의 기반이 되었다. 10세에 무대 연예인의 길에 발을 들인 그는 극단의 인기 코미디언이 되었다. 그리고 1913년, 미국 순회공연 중 영화 프로듀서에게 발탁되어 영화계에 뛰어들었다. 그는 1914년의 「베니스에서의 어린이 자동차 경주」부터 1940년의 「위대한 독재자」까지, 작은 모자에 칫솔 수염, 꽉 끼는 코트에 헐렁한 바지, 커다란 구두에 대나무 지팡이 차림의 '부랑자'로 알려진 인상적인 캐릭터를 연기했다. 유성영화 시대에 접어들어서도 9년 동안 무성영화를 고집했던 채플린은 그가 유성영화로 전향한 이후에 부랑자 캐릭터를 포기했다. 적색 공포가 몰아치던 1952년, 공산주의 성향을 의심받은 채플린은 미국에서 추방되어 영국으로 돌아갔다. 채플린은 1977년에 스위스의 자택에서 세상을 떴다.

☐ 1077	bamboo [bæmbúː]	몡 대나무	
☐ 1078	cane [kéɪn]	몡 지팡이	
☐ 1079	alleged [əlédʒd]	혱 주장된, 단정된, 의심스러운 ⇐팬 allege 타 주장하다, 단정하다	

+ Glossary

☐ ℓ.2	vaudevillian	무대 연예인, 보드빌 배우
☐ ℓ.8	dressed in	…를 입고, …의 복장을 하고
☐ ℓ.9	toothbrush mustache	칫솔과 비슷한 생김새의 수염
☐ ℓ.11	talking pictures	유성영화
☐ ℓ.12	bar	내쫓다
☐ ℓ.13	leanings	경향

120 Ibn Saud

1 Ibn Saud was the founder of Saudi Arabia. He was born around 1880 as the son of the king of the Second Saudi State in Riyadh. After the state collapsed in 1890, his family took refuge in Kuwait. In 1902, Ibn Saud regained Riyadh, and organized a **fanatic** army called the Ikhwan.
5 He expanded his territory, but he was **sober** enough to see the **folly** of **irritating** the British by pushing into those areas allied with Britain. Some of the Ikhwan, dedicated to the idea of **purifying** Islam, accused him of religious **laxity**. Finding himself in conflict with the Ikhwan, he crushed it in 1930. In 1932, he established Saudi Arabia. Saudi Arabia was a **subsistence**
10 economy until Ibn Saud granted an oil concession to Standard Oil Company in 1933. He became one of the world's wealthiest men, but he kept living a modest life **regulated** by the Qur'an. His daily menu consisted of camel milk, a little meat and rice, and a handful of date palm fruit. He died of a heart attack in 1953. He had 22 **spouses** and about 100 children. All the
15 succeeding kings have been his sons.

□ 1080	fanatic [fənǽtɪk]	휑 광신적인, 열광적인
□ 1081	sober [sóubər]	휑 취하지 않은, 술 마시지 않은, 맑은 정신의 ⇔휑 drunk(en) 휑 취한
□ 1082	folly [fáːli]	명 어리석음, 어리석은 행동, 바보짓
□ 1083	irritate [írətèɪt]	타 짜증나게 하다, 화나게 하다, 안달하게 하다 ⇒명 irritation 명 짜증 나게 하는(화나게 하는) 것
□ 1084	purify [pjuɐ́rəfàɪ]	타 정화하다, …에서 불순물을 제거하다, 깨끗이 하다 ⇐형 pure 휑 순수한, 맑은, 순결한
□ 1085	lax [lǽks]	휑 엄격하지 못한, 느슨한, 완만한 ⇒명 laxity 명 느슨함, 완만함
□ 1086	subsistence [səbsístəns]	명 최저 생활, 자급자족하는 생활, 자립한 생활 ⇐자 subsist 자 (근근이)먹고살다

이븐 사우드

이븐 사우드는 사우디아라비아의 건국자이다. 그는 1880년경에 제2차 사우디 왕국 국왕의 아들로 리야드에서 태어났다. 1890년에 왕국이 멸망하자 일족은 쿠웨이트로 망명했다. 이븐 사우드는 1902년에 리야드를 탈환해 이크완이라는 광신적인 군대를 결성했다. 그는 영토를 확장해 나갔지만 영국과 동맹 관계인 지역까지 밀고 들어가 영국의 분노를 사는 어리석은 행동을 하지 않을 만큼의 분별력은 갖추고 있었다. 이슬람교 정화에 헌신했던 이크완 중에서는 이러한 그의 태도를 두고 종교적으로 태만하다며 책망한 이도 있었다. 이크완과의 갈등을 감지한 그는 1930년에 이크완을 물리쳤다. 그리고 1932년에 사우디아라비아를 건국했다. 본래 사우디아라비아는 자급자족 경제였지만 1933년에 그가 석유 채굴권을 스탠더드 오일*에 부여한 이후로 상황이 달라졌다. 그는 세계에서 손꼽히는 대부호가 되었지만 이후로도 쿠란의 규정에 따라 검소한 생활을 이어 나갔다. 매일 식단은 낙타의 젖, 소량의 고기와 쌀, 한 줌의 대추야자 열매였다. 이븐 사우드는 1953년에 심장발작으로 사망했다. 아내는 22명, 자식은 거의 100명에 달했다. 이후의 역대 국왕들은 모두 그의 아들이다.

* 19세기 후반~20세기 초까지 미국의 석유 산업을 독점했던 기업

☐ 1087	regulate [régjəlèɪt]	國 규제하다, 규정하다, 조정하다 ⇒ 圏 regulation 圐 규칙, 규제, 조정
☐ 1088	spouse [spáus, spáuz]	圐 배우자

+ Glossary

☐ ℓ.1	Saudi Arabia	사우디아라비아
☐ ℓ.3	take refuge	망명하다
☐ ℓ.8	in conflict with	…와 대립하여
☐ ℓ.10	oil concession	석유 채굴권
☐ ℓ.12	Qur'an	쿠란, 코란(이슬람교의 성전)
☐ ℓ.13	a handful of	한 줌의
☐ ℓ.13	date palm	대추야자
☐ ℓ.14	heart attack	심장 발작

121 Franz Kafka

1   Franz Kafka was a German-language writer of **visionary** fiction. He was
born in 1883 to Jewish parents who kept a shop selling **fancy** goods in
Prague, which is today the capital of the Czech Republic. Working for an
insurance company, he spent his spare time writing stories, some of which
5   were published. He was **diagnosed** with **tuberculosis** in 1917, and died an
obscure death in 1924. His works attracted **scant** public attention during
his lifetime, but he left three **unfinished** novels and a huge volume of
notebooks and diaries. He had instructed his friend Max Brod to destroy his
manuscripts, but Brod disregarded Kafka's requests and published them.
10   Then Kafka's fame began to rise. Many of his stories contain a **baffling**
mixture of the normal and the fantastic. For instance, *Metamorphosis*, one
of Kafka's best-known stories, famously begins, "As Gregor Samsa awoke
one morning from uneasy dreams he found himself transformed in his bed
into a gigantic insect."

☐ 1089	**visionary** [víʒənèri]	휑 선견지명이 있는, 관념적인, 환상적인 ⇐몡 **vision** 몡 선견지명, 시야, 공상
☐ 1090	**fancy** [fǽnsi]	휑 고급의, 화려한, 복잡한 cf. **fancy goods** 소품, 잡화
☐ 1091	**diagnose** [dàɪəgnóus]	目 …(with)로 진단하다 ⇒몡 **diagnosis** 몡 진단
☐ 1092	**tuberculosis** [t(j)u(ː)bə̀ːrkjəlóusəs]	몡 결핵
☐ 1093	**obscure** [əbskjúər]	휑 무명의, 잘 알려지지 않은, 모호한 ⇒몡 **obscurity** 몡 무명, 모호함
☐ 1094	**scant** [skǽnt]	휑 부족한, 빈약한, 적은

프란츠 카프카는 환상적인 소설을 쓴 독일어 작가이다. 그는 1883년, 지금의 체코 공화국의 수도 프라하에서 고급 잡화점을 운영하던 유대인 부모님 밑에서 태어났다. 카프카는 보험회사에서 근무하며 여가 시간을 이용해 소설을 쓰고 그중 일부를 출판했다. 그는 1917년에 결핵 진단을 받아 1924년에 조용히 세상을 떴다. 생전 그의 작품은 그다지 세간의 주목을 받지 못했지만 그는 완성하지 못한 장편소설 세 편과 방대한 양의 노트와 일기를 남겼다. 그는 친구인 막스 브로트에게 원고를 파기해달라는 말을 남겼지만 브로트는 그 부탁을 무시하고 원고를 출판했다. 그때부터 카프카의 명성은 높아지기 시작했다. 카프카의 소설은 일상적인 내용과 기상천외한 내용이 기묘하게 뒤섞인 경우가 많다. 예를 들어 카프카의 가장 널리 알려진 작품 중 하나인 『변신』의 유명한 첫머리는 이러하다. '어느 날 아침, 뭔가 불안한 꿈에서 깨어난 그레고르 잠자는 자신이 침대에서 한 마리의 거대한 벌레로 변해 있음을 발견했다.'

□ 1095	**unfinished** [ʌnfínɪʃt]	혱 미완성의, 끝나지 않은, 다듬지 않은 ⇔뻰 finished 혱 끝난, 완성된, 마무리된
□ 1096	**baffle** [bǽfl]	탄 당황하게 하다, 당혹스럽게 하다 ⇒뻰 baffling 혱 당황하게 하는, 이해할 수 없는

+ Glossary

122 Rachel Carson

1　Rachel Carson was an American marine biologist who alerted the public to environmental hazards. Born to farmers in Pennsylvania in 1907, she received a master's degree in marine biology from Johns Hopkins University in 1932. After working for the Bureau of Fisheries, she published *Silent*
5　*Spring* in 1962, in which she eloquently presented a damning case against the use of deadly synthetic chemicals such as DDT that were used to kill insects and weeds. Some people accused her of trying to frighten the public, but many others, including many nationally known scientists, praised the book and Carson's courage in writing it. After Carson died of breast cancer
10　in 1964, the US government formed the Environmental Protection Agency in 1970 to regulate hazardous pesticides. In 1980, Carson was awarded the Presidential Medal of Freedom, the highest civilian award given in the United States.

□ 1097	alert [əlɔ́ːrt]	団 경고하다, …에 경보를 발하다 형 기민한, 방심하지 않는
□ 1098	hazard [hǽzərd]	명 위험한 것, 위험 요소, 유해성 ⇒団 hazardous 형 유해한, 위험한
□ 1099	fishery [fíʃəri]	명 어장, 어업, 수산업 cf. Bureau of Fisheries 수산국
□ 1100	eloquent [éləkwənt]	형 웅변의, 능변의, 표정이 풍부한 ⇒団 eloquently 튀 웅변으로, 표정이 풍부하게 ⇒団 eloquence 명 웅변, 능변
□ 1101	deadly [dédli]	형 목숨이 달린, 치사의, 치명적인 ←団 dead 형 죽은
□ 1102	synthetic [sɪnθétik]	형 합성의, 인공적인, 통합적인 ←団 synthesis 명 합성(품), 통합, 종합

레이첼 카슨

레이첼 카슨은 대중에게 환경 위험에 대해 경고한 미국의 해양생물학자이다. 1907년에 펜실베이니아의 농가에서 태어난 카슨은 1932년에 존스홉킨스대학에서 해양생물학 석사 학위를 취득했다. 수산국에서 근무하던 시기를 거쳐 1962년에 『침묵의 봄』을 출판해, 살충제나 제초제로 사용되는 DDT 등 치명적인 합성 화학 물질의 사용을 설득력 있게 규탄했다. 공포를 조장한다며 비난하는 일부의 목소리도 있었지만 미국 전체에 이름이 알려진 과학자들을 비롯한 여러 사람이 이 책과 이 책을 쓴 카슨의 용기에 찬사를 보냈다. 카슨은 1964년에 유방암으로 사망했지만 1970년에 미국 정부는 위험한 농약의 규제를 임무로 하는 환경보호국을 설립했다. 1980년, 카슨에게는 미국에서 민간인에게 주어지는 최고의 상인 대통령 자유 훈장이 수여되었다.

☐ 1103	**nationally** [næʃənəli]	🔟 국민적으로, 국내적으로, 전국적으로 ⇐ⓜ **national** 🔟 전국적인, 국가의, 국민의	
☐ 1104	**civilian** [sɪvíljən]	🔟 국민의, 일반 시민의, 비군사적인 🔟 민간인, 일반 시민, 문민	

+ Glossary

☐ ℓ.1	marine biologist	해양생물학자
☐ ℓ.3	master's degree	석사 학위
☐ ℓ.3	marine biology	해양생물학
☐ ℓ.5	damning	비판하다
☐ ℓ.6	DDT	dichlorodiphenyltrichloroethane의 줄임말 유기합성 살충제
☐ ℓ.9	breast cancer	유방암
☐ ℓ.11	pesticide	농약

123 Mahatma Gandhi

1   Mahatma Gandhi was an Indian political leader, hailed the father of the nation of India. He was born in 1869. After being called to the bar in Britain in 1891, he went over to South Africa, where he fought against racial discrimination for over 20 years. After returning to India in 1915, he led the

5   independence movement, advocating non-violence and **disobedience**. As a Hindu who sought harmony with Muslims, he was shocked when British India was **partitioned** into independent India and Pakistan in 1947. The following year, he was assassinated by a Hindu **frustrated** at his **generosity** toward Muslims. He raised his children in his mother tongue Gujarati. He

10   said: "Indian parents who train their children to think and talk in English from their **infancy betray** their children and their country." "To give millions a knowledge of English is to enslave them. ... Is it not a painful thing that, if I want to go to a court of justice, I must employ the English language as a medium; that, when I become a **barrister**, I may not speak

15   my mother-tongue, and that someone else should have to translate to me from my own language? Is not this absolutely **absurd**? Is it not a sign of slavery?"

☐ **1105**	**disobedience** [dìsəbíːdiəns]	명 불복종, 반항, 위반 ←타 **disobey** 타 …에 복종하지 않다, 어기다 ↔타 **obedience** 명 순종, 복종
☐ **1106**	**partition** [pɑːrtíʃən, pər-]	타 분할하다, 분리하다, 칸막이하다 명 칸막이한 방, 분할, 분리
☐ **1107**	**frustrated** [frʌ́streɪtid]	형 …(at)에 불만스러운 ←타 **frustrate** 타 불만스럽게 만들다, 좌절시키다
☐ **1108**	**generosity** [dʒènərɑ́ːsəti]	명 아낌없는 마음씨, 관대, 관용 ←타 **generous** 형 아끼지 않는, 관대한, 아량 있는
☐ **1109**	**infancy** [ínfənsi]	명 유년기, 유아기, 초기 ←타 **infant** 명 유아
☐ **1110**	**betray** [bɪtréɪ, bə-]	타 배신하다, …의 비밀을 누설하다, 저버리다

마하트마 간디

마하트마 간디는 인도의 정치 지도자로 인도 국민의 아버지라 칭송받는다. 그는 1869년에 태어났다. 1891년에 영국에서 변호사 자격을 취득한 후, 남아프리카로 건너가 20년 넘게 반인종 차별 투쟁을 이어 나갔다. 그는 1915년에 인도로 귀국해 비폭력·불복종을 주장하며 독립운동을 펼쳤다. 힌두교도였지만 이슬람교도와의 융화를 지향한 그에게 1947년에 영국령 인도가 인도와 파키스탄으로 분리된 것은 충격적인 사건이었다. 이듬해, 간디는 무슬림에 대해 관용적인 그의 태도에 불만을 품은 힌두교도에게 암살당했다. 아이들을 모국어인 구자라트어로 키운 간디는 이렇게 말했다. "어린 시절부터 자신의 아이를 영어로 생각하거나 말하게 교육하는 인도인 부모는 아이들과 조국을 배신하는 것이다", "수백만이 넘는 사람들에게 영어로 된 지식을 전해준다는 것은 그들을 노예로 만드는 짓이다. … 재판소에서 영어로만 말해야 한다는 것은 괴로운 일이 아닌가? 변호사가 되면 모국어를 쓸 수 없고, 다른 사람이 내 모국어를 통역해 줘야만 한다는 것은 괴로운 일이 아닌가? 정말이지 터무니없는 일이지 않은가? 이것은 우리가 노예라는 표식이 아닌가?"

☐ 1111	**barrister** [bérəstər, bǽr-]	명 법정 변호사
☐ 1112	**absurd** [əbsə́:rd, -zə́:rd]	형 우스꽝스러운, 불합리한, 부조리한

+ Glossary

☐ ℓ.2	**be called to the bar**	변호사 자격을 얻다
☐ ℓ.3	**racial discrimination**	인종 차별
☐ ℓ.5	**non-violence**	비폭력
☐ ℓ.6	**Hindu**	힌두교도
☐ ℓ.9	**Gujarati**	구자라트어(인도 구자라트주의 공용어)
☐ ℓ.12	**enslave**	노예로 만들다
☐ ℓ.13	**court of justice**	재판소

124 Bhimrao Ambedkar

Bhimrao Ambedkar was an Indian politician, revered as the father of the Indian constitution. He was born into an Untouchable family in 1891. Deprived of **civic** rights through centuries **untold**, the Untouchables formed the lowest strata of the Hindu society. After becoming a barrister **reinforced**
5 by two doctor's degrees in 1923, Ambedkar devoted himself to uplifting the Untouchables. He kept criticizing Gandhi, whose aim it was to keep the caste system **intact**. Recognizing that his efforts to secure their barest human rights proved utterly futile, he exhorted the Untouchables to **sever** their connections with Hinduism and seek **solace** in another religion in
10 1935. After founding the Independent Labor Party, he was elected with a **thumping** majority in the 1937 election. He held the labor **portfolio** from 1942 to 1946. After India gained independence from Britain in 1947, he was appointed chairman of the constitution **drafting** committee. In 1948, Article 11 of the constitution was adopted declaring the abolition of untouchability
15 amid great applause. Ambedkar died two months after converting to Buddhism in 1956.

☐ 1113	civic [sívɪk]	휑 도시의, 공민의, 시민의 ←⊞city 명 도시, 도회, 시
☐ 1114	untold [ʌntóʊld]	휑 헤아릴 수 없는, 무수한, 방대한
☐ 1115	reinforce [rìːɪnfɔ́ːrs]	타 힘을 북돋우다, 강화하다, 보강하다 ⇒⊞reinforcement 명 <-s>원군, 증원부대; 보강(☞23)
☐ 1116	intact [ɪntǽkt]	휑 손상되지 않은, 그대로인, 변하지 않은 ≒ 圇undamaged
☐ 1117	sever [sívɪɔ́r]	타 자르다, 절단하다, 끊다
☐ 1118	solace [sáːləs]	명 위로, 위안, 안도

브힘라오 암베드카르

브힘라오 암베드카르는 인도의 정치가로 인도 헌법의 아버지로 추앙받는다. 그는 1891년에 불가촉천민의 가정에서 태어났다. 먼 옛날부터 시민권을 박탈당했던 불가촉천민은 힌두 사회의 최하층 계급이었다. 1923년에 두 개의 박사 학위를 가진 법정 변호사가 된 암베드카르는 불가촉천민의 지위 향상에 생애를 바쳤다. 그는 카스트 제도를 그대로 유지하려는 간디를 꾸준히 비판했다. 1935년, 불가촉천민의 최저 인권을 지키고자 하는 노력이 전혀 결실을 보지 못했다고 인식한 암베드카르는 불가촉천민들에게 힌두교와 연을 끊고 다른 종교에서 구원을 찾으라고 설파했다. 독립노동당을 결성한 암베드카르는 1937년에 선거에서 대승을 거두었다. 그는 1942년부터 1946년까지 노동장관을 역임했다. 1947년에 인도가 영국에서 독립하자 암베드카르는 헌법기초위원회의 의장으로 지명되었다. 1948년, 불가촉천민제의 폐지를 규정하는 헌법 11조가 엄청난 환성 속에서 채택되었다. 암베드카르는 1956년에 불교로 개종하고 2개월 뒤에 사망했다.

□	1119	**thump** [θʌmp]	짜 세게 치다 타 '탁(딱, 쾅)' 치다 ⇒ 파 thumping 형 거대한
□	1120	**portfolio** [pɔːrtfóuliòu]	명 서류첩, 포트폴리오, 장관의 지위
□	1121	**draft** [dræft]	타 …의 초고를 쓰다, 기초하다 명 밑그림, 초고, 초안

+ Glossary

□ ℓ.2	Untouchable	불가촉천민
□ ℓ.4	strata	계층
□ ℓ.5	devote *oneself* to	…에 전념하다
□ ℓ.5	uplift	들어 올리다
□ ℓ.7	caste system	카스트 제도
□ ℓ.14	untouchability	불가촉천민제

125 Chiang Kai-shek

Chiang Kai-shek was a Chinese statesman who led the Nationalist Party after Sun Yat-sen. Born in 1887 into a **moderately prosperous** family in Zhejiang, he went to study in Japan in 1907. In 1911, he returned to China upon hearing of the **outbreak** of the Xinhai Revolution. After the
5 revolution ended, he joined the Nationalist Party. After Sun Yat-sen died, Chiang launched the Northern Expedition in 1926. **Midway** through the campaign, he staged the Shanghai Coup to purge the Communists, and established the Nationalist government in Nanjing. In 1928, he occupied Beijing and completed the Northern Expedition. His government was in
10 a **precarious** position, however, because the Communists had their own army. After the Second Sino-Japanese War, he was elected president of the Republic of China, but victory over the Communists **eluded** him. He lost mainland China to Mao Zedong's Communist Party in 1949, and moved the Nationalist government to Taiwan, where he imposed **martial** law and made
15 preparations to regain mainland China. After his death in 1975, he was succeeded by an **interim** president, who was in turn replaced by Chiang's son Chiang Ching-kuo in 1978.

☐ 1122	**moderately** [máːdərətli]	🔠 알맞게, 적당히, 온건하게 ←🔡 moderate 🔲 적당한, 온건한 🔲 온건파의 사람
☐ 1123	**prosperous** [práːspərəs]	🔲 번영한, 번성한, 성공한 ⇒🔡 prosperity 🔲 번영, 성공
☐ 1124	**outbreak** [áʊtbrèɪk]	🔲 발발, 발생
☐ 1125	**midway** [mídwèɪ]	🔠 도중에, 중간쯤에
☐ 1126	**precarious** [prɪkέəriəs, prə-]	🔲 불안정한, 남의 뜻에 달린, 위험한
☐ 1127	**elude** [ɪlúːd, iː-]	🔡 …에서 벗어나다, 피하다, …의 뜻대로 되지 않다

장제스

장제스는 쑨원의 뒤를 이어 국민당을 이끈 중국의 정치가이다. 1887년에 저장성의 비교적 부유한 가정에서 태어난 그는 1907년에 일본으로 유학을 떠났다. 그리고 1911년, 신해혁명이 일어났다는 소식을 듣고 귀국했다. 혁명에 성공한 후, 그는 국민당에 입당했다. 쑨원이 죽고 장제스는 1926년에 북벌을 시작했다. 그는 도중에 상하이 쿠데타로 공산당을 배제하고 난징 국민정부를 수립했다. 1928년에는 베이징을 점령하며 북벌을 마무리했다. 하지만 공산당이 독자적인 군대를 보유하고 있었기 때문에 장제스의 정부는 불안정했다. 중일전쟁 후, 중화민국 총통으로 취임하지만 공산당에 승리하지는 못했다. 그는 1949년에 마오쩌둥이 이끄는 공산당에게 중국 대륙의 지배권을 빼앗기자 국민정부를 대만으로 옮겨 계엄령을 내리고는 대륙 탈환을 준비했다. 1975년에 장제스가 죽은 후에는 임시 총통이 뒤를 이었고, 장제스의 아들인 장징궈가 총통에 취임했다.

	1128	martial [máːrʃəl]	형 전쟁의, 전투의, 군대의 cf. **martial law** 계엄령
	1129	interim [íntərəm]	형 중간의, 잠정적인, 임시의

+ Glossary

□	ℓ.1	**Nationalist Party**	국민당
□	ℓ.2	**Sun Yat-sen**	쑨원(☞99)
□	ℓ.4	**Xinhai Revolution**	신해혁명
□	ℓ.6	**Northen Expedition**	북벌
□	ℓ.13	**Mao Zedong**	마오쩌둥(☞130)
□	ℓ.16	**in turn**	차례차례

126 Aisin Gioro Puyi

Aisin Gioro Puyi was the last emperor of the Qing dynasty of China. He ascended the throne as the Xuantong Emperor at age 2 in 1908. After the Qing dynasty ended in 1912, he continued living in the Forbidden City under the Articles of Favorable Settlement. He cut his **queue** under the influence of an English tutor. In 1924, he was **ejected** from the Forbidden City. In 1931, after much **hesitation**, he went to Manchuria at the invitation of the Japanese army. When Manchukuo was founded in 1932, he was installed as president. And in 1934, he was declared the Kangde Emperor. After Manchukuo collapsed in 1945, he was taken prisoner in the Soviet Union for 5 years. In 1946, he testified at the Tokyo **Tribunal**, detailing his **indignation** over how badly the Japanese had treated him. In 1950, he was **imprisoned** in the War Criminals Management Centre in China, where he was often **bullied** by other prisoners who enjoyed **humbling** the emperor. After political **rehabilitation**, he was let go in 1959. He lived in Beijing as a gardener until he died of kidney cancer in 1967.

☐ 1130	**queue** [kjúː]	몡 열, 줄, 변발 짜 줄을 짓다, 줄지어 차례를 기다리다
☐ 1131	**eject** [ɪdʒékt, iː-]	타 쫓아내다, 퇴거시키다, 추방하다
☐ 1132	**hesitation** [hèzətéɪʃən]	몡 망설임, 주저, 우유부단 ⇐ 재 **hesitate** 짜 망설이다, 주저하다
☐ 1133	**tribunal** [traɪbjúːnl, tri-]	몡 재판소, 법정 cf. **Tokyo Tribunal** 도쿄재판
☐ 1134	**indignation** [ìndɪgnéɪʃən]	몡 분개, 분노 ⇐ 혱 **indignant** 혱 분개한, 분노한
☐ 1135	**imprison** [ɪmprízn]	타 투옥하다, 수감하다, 교도소에 넣다 ⇒ 몡 **imprisonment** 몡 투옥, 유치, 수감(☞59)
☐ 1136	**bully** [búli]	타 괴롭히다, 겁주다 몡 약자를 괴롭히는 사람, 골목대장

아이신기오로 푸이

아이신기오로 푸이는 청나라의 마지막 황제이다. 그는 1908년 2세의 나이에 선통제로 즉위했다. 1912년에 청나라가 멸망한 후에도 그는 청실우대조건에 따라 자금성에서 계속 거주했다. 그는 영국인 교사의 영향을 받아 변발을 깎았다. 1924년에는 자금성에서 출궁 당했다. 1931년 그는 오랜 망설임 끝에 일본 육군의 부름을 받아 만주로 향했다. 1932년에 만주국이 건국되자 집정(執政)으로 임명되었다. 그리고 1934년, 강덕제로 즉위했다. 1945년에 만주국이 붕괴한 후 그는 5년 동안 소련에 억류되었다. 1946년에는 도쿄재판에 출석해 일본인들이 자신을 얼마나 가혹하게 대했는지 분노를 담아 증언했다. 1950년에 중국의 전범관리소에 수감되었는데, 수감 중에는 황제를 모독하기를 즐기는 다른 수형자들에게 자주 괴롭힘을 당했다. 그는 정치적 재교육을 받고 1959년에 석방되었다. 그 후로는 베이징에서 정원사로 생활하다 1967년에 신장암으로 사망했다.

□ 1137	humble [hʌ́mbl]	타 겸허하게 만들다, 멸시하다, 하찮게 여기다 형 겸허한, 천한
□ 1138	rehabilitation [rìːəbìlətéiʃən, rìːhə-]	명 재활, 갱생, 수복

+ Glossary

□ ℓ.3	Forbidden City	자금성
□ ℓ.4	Articles of Favorable Settlement	청실우대조건
□ ℓ.6	Manchuria	만주
□ ℓ.7	Manchukuo	만주국
□ ℓ.9	take ... prisoner	…을 억류하다
□ ℓ.12	war criminal	전범
□ ℓ.14	let ... go	석방하다
□ ℓ.15	gardener	정원사

127 Aung San

Aung San was a Burmese politician. He was born in 1915 as the youngest
of 9 **siblings** in British Burma, today's Myanmar. In 1942, he drove the
British out of Burma with the support of the Japanese army. In 1943, a
Japanese puppet state called the State of Burma was created with Aung San
5 as minister of defense. But he soon became **skeptical** of Japanese promises
of Burma's independence and switched to the Allies. After World War II,
he became virtual prime minister of British Burma. In 1947, he signed an
agreement with British prime minister Attlee which provided for Burma's
independence within a year. But shortly before independence, he was shot
10 to death by **gunmen** in military **fatigues**. There have been a **multitude**
of theories on who plotted the assassination. **Reputed** to be the father of
the nation, Aung San is **affectionately** called "General." Many towns in
Myanmar have **thoroughfares** named after him, and his name is **invoked**
in Myanmar politics still today. His daughter, Aung San Suu Kyi, served as
15 state counselor of Myanmar from 2016 to 2021.

☐ 1139	**sibling** [síblɪŋ]	몡 형제, 형제자매
☐ 1140	**skeptical** [sképtɪkl]	혱 …(of)에 대해 회의적인, 의심 많은, 신용하지 않는
☐ 1141	**gunman** [gʌ́nmən, mæ̀n]	몡 살인청부업자, 무장 강도, 총잡이(gunmen) ≒ 🔁 killer, assassin
☐ 1142	**fatigue** [fətíːg]	몡 피로, 권태감; <-s>야전복
☐ 1143	**multitude** [mʌ́ltət(j)ùːd]	몡 다수, 대중, 군중 cf. **a multitude of** 다수의
☐ 1144	**repute** [rɪpjúːt]	몡 평판, 세평 ⇒🔁 reputed 혱 평판의, 소문의, …라고 평판이 나 있는

아웅 산

아웅 산은 버마의 정치가이다. 1915년에 영국령 버마, 지금의 미얀마에서 아홉 형제 중 막내로 태어났다. 그는 1942년에 일본군의 지원으로 버마에서 영국군을 몰아냈다. 1943년에 일본의 괴뢰 국가인 버마국이 건국되었고, 아웅 산은 국방장관이 되었다. 하지만 그는 곧 버마를 독립시켜 주겠다는 일본의 약속에 불신을 품게 되면서 연합군 진영으로 돌아서게 된다. 제2차 세계대전 이후에는 영국령 버마의 사실상의 총리가 되었다. 1947년, 1년 이내로 버마에 독립을 제공하겠다는 영국 총리 애틀리와의 협정에 조인했다. 하지만 독립을 목전에 두고 군복을 입은 무장 괴한의 총에 사망했다. 암살의 흑막에 대해서는 여러 가지 설이 있다. 국부로 여겨지는 아웅 산을 사람들은 애정을 담아 '장군'이라 부른다. 미얀마의 여러 마을에 그의 이름을 딴 거리가 있으며 미얀마의 정치권에서는 오늘날에도 그의 이름이 인용되고 있다. 딸인 아웅 산 수찌는 2016년부터 2021년까지 미얀마의 국가 고문을 역임했다.

☐ 1145	**affectionate** [əfékʃənət]	혱 애정 어린, 상냥한 ⇒ 뮈 affectionately 뮈 애정을 담아, 다정하게	
☐ 1146	**thoroughfare** [θɔ́ːroufèər]	몡 주요 도로, 대로	
☐ 1147	**invoke** [ɪnvóuk]	타 발동하다, 행사하다, 불러내다	

+ Glossary

☐ ℓ.2	drive out of	…에서 몰아내다
☐ ℓ.5	minister of defense	국방장관
☐ ℓ.8	provide for	제공하다
☐ ℓ.9	shoot to death	사살하다
☐ ℓ.11	assassination	암살
☐ ℓ.13	name after	…의 이름을 따서 명명하다

128 Hồ Chí Minh

Hồ Chí Minh was a Vietnamese revolutionary. He was born in French Indochina around 1890. In 1911, he left for France as a cook on a **steamship**. In 1919, he petitioned for the recognition of the human rights of the Vietnamese at the Paris Peace Conference. This earned him fame among the **politically** conscious Vietnamese, and would later help make him the **symbolic** leader of the independence movement. After Japan occupied northern Indochina in 1940, Hồ returned to Vietnam. He declared Vietnam independent after Japan's surrender in 1945. But the French **armored** division seized South Vietnam. Hồ set about negotiating with France, with his goal being the **evacuation** of the French and the **reunion** of Vietnam. After **persistent** negotiations, he signed an agreement that recognized Vietnam as independent. But a French **cruiser** attacked the Vietnamese army, thus beginning the First Indochina War. Vietnam won the war, but the United States helped establish South Vietnam, thus leading to the Vietnam War. Hồ's health **deteriorated** during the Vietnam War, until he died in 1969.

□ **1148**	**steamship** [stíːmʃìp]	몡 기선, 증기선
□ **1149**	**politically** [pəlítkəli]	뷔 정치상, 정략상, 정치적으로 ←몡 **political** 혱 정치의, 정치적인
□ **1150**	**symbolic** [simbáːlik, səm-]	혱 상징적인, …(of)를 상징하는, 기호를 쓰는 ←몡 **symbol** 몡 상징, 심볼
□ **1151**	**armor** [áːrmər]	타 에게 갑옷을 입히다 ⇒몡 **armored** 혱 장갑한, 장갑차를 가진
□ **1152**	**evacuation** [ɪvækjuéɪʃən]	몡 피난, 소개(疏開), 철수 ←몡 **evacuate** 쟈 피난하다 타 피난시키다, …로부터 피난하다(☞98)
□ **1153**	**reunion** [rìːjúːnjən]	몡 동창회, 재회, 재결성

호찌민

호찌민은 베트남의 혁명가이다. 1980년경에 프랑스령 인도차이나에서 태어났다. 1911년에는 증기선의 요리사로서 프랑스에 건너갔다. 그는 1919년에 파리 강화 회의에서 베트남인의 인권을 인정해 줄 것을 청원했다. 이로 인해 정치적 의식이 높은 베트남인 사이에서 유명해졌고, 이후 독립운동의 상징적 지도자가 되는 계기가 되었다. 1940년에 일본이 북부 인도차이나를 침공하자 호찌민은 베트남으로 귀국했다. 1945년, 일본의 패전 후 호찌민은 베트남 독립을 선언했다. 그러나 프랑스의 장갑사단이 남베트남을 점령했다. 호찌민은 프랑스의 철수와 베트남의 재통합을 위해 프랑스와의 교섭을 시작했다. 끈질긴 교섭 끝에 베트남 독립을 인정하는 협정이 성사되었다. 하지만 프랑스의 순양함이 베트남군에게 공격을 가하면서 제1차 인도차이나 전쟁이 발발했다. 베트남은 승리했지만 미국이 남베트남의 수립을 도왔고, 이것이 베트남 전쟁으로 이어지게 된다. 베트남 전쟁 중 건강이 악화된 호찌민은 1969년에 사망했다.

☐ 1154	persistent [pərsístənt]	형 끈질긴, 끈덕진, 집요한 ←동 persist 자 고집하다
☐ 1155	cruiser [krúːzər]	명 순양함, 유람선
☐ 1156	deteriorate [dɪtɪəfɪərèɪt]	자 나빠지다, 악화하다, 저하하다

+ Glossary

☐ ℓ.3	human rights	인권
☐ ℓ.4	Paris Peace Conference	파리 강화 회의
☐ ℓ.4	earn ... fame	…를 유명하게 하다
☐ ℓ.9	set about	…에 착수하다
☐ ℓ.13	First Indochina War	제1차 인도차이나 전쟁
☐ ℓ.15	Vietnam War	베트남 전쟁

129 Charles de Gaulle

1   Charles de Gaulle was the first president of the Fifth French Republic. He was born in 1890. When Paris fell to the German army and Nazi Germany's puppet state, called Vichy France, was established in 1940, de Gaulle fled to London to found a government in exile called Free France. After the war, he

5   was elected head of the government, but abruptly resigned 2 months later. After being appointed prime minister in 1958, he issued the Constitution of the Fifth Republic and was elected president. He practiced omnidirectional **diplomacy** to avoid **dependency** on either the United States or the Soviet Union. He supported independence movements in the Third World to win

10   their trust. He established a **diplomatic** relationship with China earlier than any other Western nation, to arouse **rivalry** between the Soviet Union and China. He expressed **disapproval** of the US involvement in the Vietnam War. To secure military independence, he **authorized** nuclear tests, and announced France's withdrawal from the **integrated** military command of

15   NATO. Economic **inequality** widened under his presidency, until social **unrest** exploded in May 1968. De Gaulle resigned the following year, and died in 1970.

☐ 1157	**diplomacy** [dɪplóuməsi]	몡 외교 ⇒ㆍ diplomatic 휑 외교(상)의, 외교관의 ⇒ㆍ diplomat 몡 외교관
☐ 1158	**dependency** [dɪpéndənsi]	몡 ···(on)에의 의존 ⇐ㆍ depend 짜 ···(on)에 의존하다
☐ 1159	**rivalry** [ráɪvlri]	몡 경쟁, 대립, 대항 ⇐ㆍ rival 몡 경쟁 상대
☐ 1160	**disapproval** [dìsəprúːvl]	몡 비난, 반감, 불찬성 ↔ㆍ approval 몡 시인(是認), 찬성
☐ 1161	**authorize** [ɔ́ːθəràɪz]	阊 인가하다, 허가하다, ···에게 ~(to)할 권한을 주다 ⇐ㆍ authority 몡 권위, 권한; <the -ies>당국

샤를 드골

샤를 드골은 프랑스 제5공화국의 초대 대통령이다. 1890년에 태어났다. 1940년, 독일군에게 파리가 함락되고 나치 독일의 괴뢰 정권인 비시 정부가 수립되자 그는 런던으로 가 망명 정부인 자유 프랑스를 결성했다. 전쟁 후, 정부 수반으로 선출되지만 2개월 만에 돌연히 사임했다. 1958년에 총리로 임명된 후에 제5공화국 헌법을 공포했고, 대통령에 당선되었다. 그는 미국과 소련 어느 쪽에도 의존하지 않는 전방위 외교를 실시했다. 제3세계의 독립운동을 지지해 신뢰를 얻으려 하기도 했다. 그는 중국과 소련의 대립을 조장하기 위해 서방 여러 국가 중 최초로 중국과 국교를 체결했다. 미국의 베트남 전쟁 개입에는 반대 의사를 밝혔다. 그는 군사적 자립 확보를 위해 핵실험을 허가하고 NATO의 통합 군사 사령부에서 프랑스의 탈퇴를 표명했다. 드골 대통령의 재임 동안 경제적 불평등은 더욱 심해졌고, 1968년에 사회적 불만이 폭발해 5월 혁명이 일어났다. 드골은 이듬해 사임했고 1970년에 사망했다.

□ 1162	**integrate** [íntəɡrèit]	🇹 통합하다, 전체로 합치다, 융화시키다 ⇒🇵 integrated 🇵 통합된, 일체화된, 평등의
□ 1163	**inequality** [ìnɪkwáːləti]	🇵 불평등, 불균형, 격차 ⇔🇵 equality 🇵 평등, 균형
□ 1164	**unrest** [ʌnrést]	🇵 불만, 불온, 소란

+ Glossary

□ ℓ.1	**Fifth French Republic**	프랑스 제5공화국
□ ℓ.7	**omnidirectional**	전방위의
□ ℓ.9	**Third World**	제3세계
□ ℓ.9	**win ...'s trust**	…의 신뢰를 얻다
□ ℓ.12	**involvement**	관여
□ ℓ.13	**nuclear test**	핵실험
□ ℓ.15	**NATO**	=North Atlantic Treaty Organization (북대서양조약기구)

130   Mao Zedong

1   Mao Zedong was the founder of the People's Republic of China. He was born into a relatively well-off peasant family in Hunan in 1893. After joining the Communist Party of China in 1920, he climbed the Communist ladder. In 1937, he had a book published, titled *Red Star Over China*, which

5   **profoundly** influenced middle-class youth that swung to the left. Mao was voted chairman of the party in 1945, and established the People's Republic of China in 1949. He sealed off the whole country, banning Chinese people from leaving and expelling virtually all Westerners. **Bent** on pursuing his dream of making China a superpower, he focused on building up the arms

10   industry. To **extract** more and more food to pay for military imports and to keep the peasants under **surveillance**, he forced the entire countryside into collective farms. Collectivization of agriculture marked a big **stride** towards making the country totalitarian. *The Little Red Book*, a collection of Mao's **quotations**, was handed out to all the Chinese people, who had to recite its

15   prescriptions every day. In his twilight years, Mao suffered from ALS that **rendered** him an **invalid**, until he died in 1976.

☐ **1165**	**profoundly** [prəfáundli]	🔵 깊이, 완전히 ←📄 **profound** 🔵 깊은, 심오한
☐ **1166**	**bent** [bént]	🔵 구부러진, 굽은 cf. **bent on** ···를 결심하고 있는, ···에 열중하고 있는
☐ **1167**	**extract** [ikstrǽkt, eks-]	🔵 추출하다, 짜내다, 뽑다 ⇒📄 **extraction** 🔵 추출, 채취
☐ **1168**	**surveillance** [səːrvéiləns]	🔵 감시, 망보기, 정찰
☐ **1169**	**stride** [stráid]	🔵 큰 걸음, 활보, 발전 🔵 큰 걸음으로 걷다, 활보하다
☐ **1170**	**quotation** [kwoutéiʃən]	🔵 인용문, 견적, 시세 ←📄 **quote** 🔵 🔵 인용하다, 견적을 내다

마오쩌둥

마오쩌둥은 중화인민공화국의 건국자이다. 그는 1893년에 후난성의 비교적 유복한 농가에서 태어났다. 1920년에 중국공산당에 입당해 당에서 두각을 드러내기 시작했다. 1937년에 마오쩌둥이 출판에 관여한『중국의 붉은 별』은 좌경화된 중산층 젊은이에게 지대한 영향을 미쳤다. 마오쩌둥은 1945년에 당 주석으로 선출되었고, 1949년에 중화인민공화국을 건국했다. 마오쩌둥은 나라를 봉쇄해 중국인의 출국을 금지하고 거의 모든 서양인을 국외로 추방했다. 중국을 초강대국으로 만들겠다는 꿈에 집착했던 그는 군수산업 육성에 주력했다. 병기 수입 대금으로 지급할 식량을 더 많이 쥐어짜 내고 농민들을 감시하기 위해 농촌 전체를 집단 농장으로 만들었다. 농업의 집단화는 중국을 전체주의로 만드는 데 크게 기여했다. 그는 자신의 어록을 모아놓은『소홍서』를 전 국민에게 배포해 날마다 내용을 암송하게 했다. 만년의 마오쩌둥은 ALS*를 앓아 병약해졌고, 1976년에 사망했다.

* amyotrophic lateral sclerosis, 루게릭병

☐ 1171	render [réndər]	国 …의 상태가 되게 하다, 표하다, 번역하다
☐ 1172	invalid [ínvələd]	명 병약한 사람, 병자, 지체 부자유자

+ Glossary

☐ ℓ.1	People's Republic of China	중화인민공화국
☐ ℓ.5	middle-class	중류계급의, 중산층의
☐ ℓ.7	seal off	봉쇄하다
☐ ℓ.9	arms industry	군수산업
☐ ℓ.12	collectivization	집단화
☐ ℓ.14	hand out	배포하다

131 Sukarno

1 Sukarno, also **spelled** Soekarno, was the first president of Indonesia. Born in 1901, he formed the Indonesian National Party in 1927 with the goal of gaining independence from the Netherlands. When the Japanese army invaded Indonesia in 1942, he supported them. When Japan surrendered
5 in 1945, he declared independence and was elected president. He was at his peak around 1962, when the Dutch agreed to hand over West Irian to Indonesian authority. But in 1963, he opposed the establishment of the **Federation** of Malaysia, claiming that it was a plot by the British to **undermine** Indonesia. When Malaysia was established despite his
10 **overtures**, the British Embassy in Indonesia was burned down and war seemed **unavoidable**. Sukarno withdrew from the United Nations and was internationally isolated. In 1965, a coup broke out, and Sukarno handed over his presidency to General Suharto, the commander of the Jakarta **garrison**, the following year. Suharto completely reversed Sukarno's policy, ending
15 conflict with Malaysia, **rejoining** the United Nations, and restoring relations with the Western countries. Sukarno was confined in his house until he died of a kidney **ailment** in 1970.

☐ 1173	**spell** [spél]	目 철자하다, …의 철자를 말하다 ⇒囤 **spelling** 몡 철자하기, 철자법
☐ 1174	**federation** [fèdəréɪʃən]	몡 연합, 연맹, 연방 cf. **Federation of Malaysia** 말레이시아 연방
☐ 1175	**undermine** [Àndərmáɪn, ´`]	目 서서히 약하게 하다, 서서히 해치다
☐ 1176	**overture** [óuvərtʃùər, -və-, -tʃər]	몡 서곡, 사전 교섭, 제안
☐ 1177	**unavoidable** [Ànəvɔ́ɪdəbl]	혱 피할 수 없는, 불가피한 ⇔囤 **avoidable** 혱 피할 수 있는
☐ 1178	**garrison** [gérəsn, gǽr-]	몡 수비대, 주둔군, 주둔지

수카르노

'Sukarno' 혹은 'Soekarno'로 표기하는 수카르노는 인도네시아의 초대 대통령이다. 1901년에 태어난 그는 1927년에 네덜란드로부터의 독립을 위해 인도네시아 국민당을 결성했다. 1942년에 일본군이 침공하자 그는 일본군에게 협력했다. 1945년에 일본이 항복하자 독립을 선언하며 대통령으로 선출되었다. 수카르노의 전성기는 네덜란드의 통치를 받던 서(西)이리안을 인도네시아에 이관하기로 합의한 1962년경이었다. 하지만 1963년, 그는 인도네시아를 약하게 만들려는 영국의 음모라며 말레이시아 연방 건국에 반대했다. 수카르노의 교섭에도 불구하고 말레이시아가 수립되자 인도네시아의 영국 대사관이 전소되며 일촉즉발의 사태에 놓였다. 수카르노는 국제연합을 탈퇴했고, 국제적으로 고립되었다. 1965년에 쿠데타가 발발하고 이듬해 수카르노는 대통령의 권한을 자카르타 주둔군 사령관인 수하르토 장군에게 이양했다. 수하르토는 말레이시아와의 갈등 봉합, 국제연합 복귀, 서구 국가와의 관계 수복 등, 180도 달라진 정책을 펼쳤다. 자택에 연금된 수카르노는 1970년에 신장병으로 사망했다.

□ 1179	rejoin [rìːdʒɔ́ɪn]	타 …에 재가입하다, 재합류하다, …와 재회하다
□ 1180	ailment [éɪlmənt]	명 질병 cf. **kidney ailment** 신장병

+ Glossary

□ ℓ.2	with the goal of	…를 목표로
□ ℓ.6	hand over	넘겨주다
□ ℓ.10	burn down	전소시키다
□ ℓ.14	Suharto	수하르토
□ ℓ.15	United Nations	국제연합

132 Kwame Nkrumah

Kwame Nkrumah was the first president of Ghana. Born in 1909 in British Gold Coast, in 1935 he went to study in the United States, where he mixed with black rights activists. After returning home in 1947, he founded the United Gold Coast Convention, which won the 1951 legislative election. In 1957, Ghana became the first country in Sub-Saharan Africa to gain independence. After being elected president in 1960, Nkrumah became increasingly inclined to socialism due to his growing distrust of Western countries. In 1964, after surviving two assassination attempts plotted by his adversaries, he had absolute presidential power and a one-party regime approved in a referendum. In 1966, his government was overturned in a coup led by the military. The coup reflected the contraction of the economy, but it later turned out that it also involved the Western countries who had qualms about the communization of Africa. Nkrumah took asylum in Guinea, and died of cancer in 1972. The African Union, launched in 2002, sprang from Nkrumah's concept of the United States of Africa.

☐ **1181**	legislative [lédʒɪslèɪtɪv]	휑 입법의, 입법부의, 의회의 cf. **legislative election** 의회 선거
☐ **1182**	inclined [ɪnkláɪnd]	휑 …(to)로 기울어진, …의 경향이 있는 ⇐⬚ **incline** 휙 기울이다, 향하게 하다 휁 기울다, 경향이 있다
☐ **1183**	distrust [dɪstrʌ́st]	휑 불신, 의혹 휙 신용하지 않다, 의심하다
☐ **1184**	adversary [ǽdvərsèri]	휑 적, 상대
☐ **1185**	referendum [rèfəréndəm]	휑 국민 투표, 주민 투표
☐ **1186**	contraction [kəntrǽkʃən]	휑 단축, 수축
☐ **1187**	qualm [kwá:m, kwɔ́:m]	휑 불안, 걱정, 근심

콰메 은크루마

콰메 은크루마는 가나의 초대 대통령이다. 1909년에 영국령 골드코스트에서 태어난 은크루마는 1935년부터 미국에서 유학해 그곳에서 흑인 인권 활동가들과 교류했다. 1947년에 귀국한 후, 통일 골드코스트 회의를 결성했고, 이 당은 1951년의 의회 선거에서 승리했다. 1957년에 가나는 사하라 이남의 아프리카에서 최초로 독립을 달성했다. 1960년에 대통령으로 취임한 은크루마는 서구 국가들에 대한 커지는 불신으로 인해 사회주의로 노선을 바꿔나갔다. 1964년, 정적이 일으킨 두 차례의 암살 미수 사건을 거치며 은크루마는 국민 투표를 통해 대통령의 절대적 권한과 일당독재 체제를 승인받았다. 1966년, 군부의 쿠데타로 은크루마 정권은 전복되었다. 쿠데타의 배경은 불황이었지만, 아프리카의 공산화를 우려한 서구 국가들도 관여되어 있었다는 사실이 이후 밝혀졌다. 은크루마는 기니로 망명했고, 1972년에 암으로 사망했다. 2002년에 출범한 아프리카 연합은 은크루마의 아프리카 합중국 구상을 원점으로 삼고 있다.

□ 1188	spring [spríŋ]	자	튀다, 갑자기 나타나다, ⋯(from)으로부터 일어나다(sprang, sprung)
		명	봄, 용수철, 샘

+ Glossary

□ ℓ.3	black rights activisit	흑인 인권 운동가
□ ℓ.5	Sub-Saharan	사하라 이남의
□ ℓ.5	gain independence	독립하다
□ ℓ.9	one-party regime	일당독재 체제
□ ℓ.13	communization	공산화
□ ℓ.13	take asylum	망명하다
□ ℓ.14	African Union	아프리카 연합

133 Margaret Mead

1　Margaret Mead was an American cultural anthropologist. She was born in 1901 between a father who was an **economist** and a mother who was a **sociologist**. After doing field work in Samoa, she published *Coming of Age in Samoa* in 1928. In this book, she described casualness of sex in Samoa.
5　Children frequently witnessed **intercourse**, and many of the young girls had affairs with young men. Mead reported customs ranging from formal **courtship** to secret encounters. One of her critics suggested that she had been so **naive** as to believe the stories that the girls had made up to **amuse** themselves, while another anthropologist who had done field work in Samoa
10　confirmed her description. This book became a bestseller and made her famous. During World War II, she tried to improve the **nutritional** state of Americans as director of the Committee on Food Habits. After the war, she traveled widely to give lectures, **dazzling** her listeners with the originality of her thinking. She was a great **publicist** for anthropology. She died of
15　cancer in 1978.

☐ 1189	**economist** [ɪkáːnəmɪst, ə-]	뎽 경제학자, 경제 전문가 ⇐画**economics** 몡 경제학
☐ 1190	**sociology** [sòusiáːlədʒi]	몡 사회학 ⇒画**sociologist** 몡 사회학자
☐ 1191	**intercourse** [íntərkɔ̀ːrs]	몡 성교, 성관계, 교류
☐ 1192	**courtship** [kɔ́ːrtʃìp]	몡 교제, 구애 행동
☐ 1193	**naive** [naːíːv]	휑 세상 물정 모르는, 순진한, 단순한
☐ 1194	**amuse** [əmjúːz]	팀 재미있게 하다, 웃기다 cf. **amuse** *oneself* 재미있어하다, 흥겨워하다
☐ 1195	**nutrition** [n(j)u(ː)tríʃən]	몡 영양 섭취, 자양, 영양 ⇒画**nutritional** 휑 영양상의

마거릿 미드

마거릿 미드는 미국의 문화인류학자이다. 1901년에 경제학자인 부친과 사회학자인 모친 사이에서 태어났다. 사모아에서 현지 조사를 한 뒤 1928년에 『사모아의 사춘기』를 출판했다. 이 책에서 그녀는 성에 관해 무심한 사모아인을 묘사했다. 아이들은 성교를 자주 접하고 있었고, 많은 젊은 여성들이 젊은 남성들과 정사를 나눴다. 미드는 정식 교제부터 밀회까지 폭넓은 관습에 대해 보고했다. 비평가 중에는 미드가 너무 순진해서 소녀들이 반쯤 장난으로 꾸며낸 이야기를 그대로 믿은 것이라 비판한 이도 있었던 반면, 사모아에서 현지 조사를 한 다른 인류학자는 미드의 책에 적힌 내용이 사실임을 확인했다. 이 책은 베스트셀러가 되었고, 그녀는 유명인이 되었다. 제2차 세계대전 중에는 식습관 위원회의 사무국장으로서 미국인의 영양 상태 향상에 힘썼다. 전후에는 각지로 강연을 다니며 독창적인 의견으로 청중을 매료시켰다. 미드는 인류학계 최고의 홍보대사였다. 그녀는 1978년에 암으로 세상을 떠났다.

	1196	**dazzle** [dǽzl]	国 눈부시게 하다, 현혹시키다, 감탄시키다
	1197	**publicist** [pʌ́bləsɪst]	圀 홍보 담당, 홍보 담당자 ⇐圀**publicity** 圀 광고, 선전, 세평

+ Glossary

□	ℓ.1	cultural anthropologist	문화인류학자
□	ℓ.3	field work	현지 조사
□	ℓ.3	Samoa	사모아(남태평양의 섬나라)
□	ℓ.3	come of age	성년이 되다
□	ℓ.6	have an affair with	…와 바람을 피우다
□	ℓ.8	make up	꾸며내다
□	ℓ.12	Committee on Food Habits	식습관 위원회

134 Kurt Gödel

Kurt Gödel was an Austria-Hungary-born logician whose discoveries have been of **utmost** importance in math. Gödel was born in 1906 into a German family in what is today the Czech Republic, and grew up in **privileged** circumstances. He enrolled at the University of Vienna in 1924. In 1931, he published his **incompleteness** theorems, which state that the truths of arithmetic cannot all be obtained as theorems within any fixed system and that a formal system containing arithmetic cannot prove its **consistency**. In 1940, he emigrated to the United States, later to be appointed professor at the Institute for Advanced Study, Princeton. In his twilight years, he withdrew more and more into himself, and his thoughts were increasingly directed **inward**. In 1978, Gödel died of **starvation** resulting from personality **disturbance**. The **implications** of his incompleteness theorems were not **readily** appreciated outside the scientific community. It was only later that they were brought to the **fore**.

☐ 1198	**utmost** [ʌ́tmòust, -məst]	휑 최대의, 최고의, 극도의
☐ 1199	**privileged** [prívəlɪdʒd]	휑 특권이 있는, 특별 취급의, 혜택 받은 ⇐🈚 privilege 🈺 …에게 특권을 주다 휑 특권, 특전
☐ 1200	**incomplete** [ìnkəmplíːt]	휑 불완전한, 불충분한, 미비(未備)의 ⇒🈚 incompleteness 휑 불완전성, 미완성
☐ 1201	**consistency** [kənsístənsi]	휑 일관성, 모순이 없음 ⇐🈚 consistent 휑 한결같은
☐ 1202	**inward** [ínwərd]	🈺 안쪽으로, 내향적으로, 자기 내부로 휑 마음속의, 안쪽으로 향한
☐ 1203	**starvation** [stɑːrvéɪʃən]	휑 기아, 아사 ⇐🈚 starve 🈺 아사하다
☐ 1204	**disturbance** [dɪstɔ́ːrbəns]	휑 소란, 방해, 장애 ⇐🈚 disturb 🈺 방해하다, 불안하게 하다

쿠르트 괴델

쿠르트 괴델은 수학에서 무엇보다 중요한 발견을 해낸 오스트리아-헝가리 제국 출신의 논리학자이다. 1906년에 오늘날 체코 공화국의 독일인 가정에서 태어난 괴델은 유복한 환경에서 자랐다. 그는 1924년에 빈대학에 입학했다. 1931년에는 어떠한 체계에서도 산술의 참인 명제를 모두 증명할 수는 없으며, 산술을 포함하는 형식적 체계의 무모순성을 입증할 수 없다는 불완전성 정리를 발표했다. 괴델은 1940년에 미국으로 이주해 이후 프린스턴 고등연구소의 교수로 취임했다. 만년에는 점점 더 자기 안으로 침잠했고, 그의 사고는 점차 내면으로 향했다. 1978년, 그는 성격장애로 인한 굶주림으로 사망했다. 그의 불완전성 정리의 의의는 과학계 외에서는 쉽사리 받아들여지지 않았다. 그 의의가 널리 알려지게 되기까지는 오랜 시간이 걸렸다.

☐ 1205	**implication** [ìmpləkéiʃən]	명 영향, 암시, 함의 ⇐파 **imply** 타 암시하다, 넌지시 비치다
☐ 1206	**readily** [rédəli]	부 쉽사리, 즉시, 쾌히 ⇐파 **ready** 형 준비가 된
☐ 1207	**fore** [fɔ́ːr]	명 앞부분, 전면　형 전방의　부 전방에 cf. **bring to the fore** 전면에 내세우다, 표면화하다

+ Glossary

☐ ℓ.1	**logician**	논리학자
☐ ℓ.2	**of importance**	중요한
☐ ℓ.3	**grow up**	성장하다
☐ ℓ.5	**theorem**	정리
☐ ℓ.13	**outside**	…의 밖에서

135 Peter Scott

Peter Scott was a British painter who helped to establish the WWF, the biggest **conservation** charity ever. He was born in 1909 to a **well-to-do** family. His father was Robert Scott, who reached the South Pole after Norwegian Roald Amundsen. Having never known his father, Peter Scott
5 was raised by his mother, who was a sculptor. In his childhood, he would observe **caterpillar cocoons**, learn the names of **wading** birds and draw everything he saw. In 1927, he enrolled in Cambridge University and majored in natural sciences, but soon changed to a course on the history of art. In 1933, he began to support himself as a painter. An **energetic**
10 sportsman, he won a **bronze** medal in sailing in the 1936 Berlin Olympics and became the British **gliding** champion in 1963. In 1961, he helped to found the WWF. As a chairman of **trustees** of WWF International, he involved many **eminent** people, including the British royal family, in his work. He was knighted in 1973 and died in 1989.

☐ 1208	**conservation** [kɑ̀:nsərvéɪʃən]	몡 자연보호, 보전, 관리 ←타 conserve 타 절약하다, 보호하다, 보존하다
☐ 1209	**well-to-do** [wélltədú]	혱 유복한
☐ 1210	**caterpillar** [kǽtərpìlər, kǽtə-]	몡 애벌레
☐ 1211	**cocoon** [kəkú:n]	몡 고치
☐ 1212	**wade** [wéɪd]	잯 (물속을)힘겹게 걷다 cf. **wading bird** 섭금류의 새(학, 백로 등)
☐ 1213	**energetic** [ènərdʒétɪk]	혱 정력적인, 활발한 ←타 energy 몡 활력, 에너지
☐ 1214	**bronze** [brɑ́:nz]	몡 청동, 구리 cf. **bronze medal** 동메달

피터 스콧

피터 스콧은 영국의 화가로, 세계 최대의 자연보호 단체인 WWF의 설립에 기여했다. 그는 1909년에 유복한 가정에서 태어났다. 그의 부친은 노르웨이의 아문센 다음으로 남극점에 도착했던 로버트 스콧이었다. 아버지를 몰랐던 피터 스콧은 조각가인 어머니의 밑에서 자랐다. 그는 애벌레의 고치를 관찰하거나 물가를 걷는 새들의 이름을 외우고, 본 것을 모두 그림으로 그리는 어린 시절을 보냈다. 그는 1927년에 케임브리지대학에 입학해 자연과학을 전공했지만 얼마 후 미술사로 전공을 바꾸었다. 1933년에는 화가로서 자립하기 시작했다. 활동적인 스포츠맨이었던 그는 1936년 베를린 올림픽의 요트 경기에서 동메달을 획득했고, 1963년에는 영국 글라이더 챔피언의 자리에 올랐다. 1961년에는 WWF의 설립을 도왔다. 그는 WWF 인터내셔널 이사장으로 영국 왕실을 비롯해 여러 저명한 인사들의 협력을 얻었다. 1973년에 작위를 받은 그는 1989년에 사망했다.

☐ 1215	**glide** [gláɪde]	제 미끄러지다, 활공하다, 글라이더로 날다 ⇒제 **glider** 명 글라이더 ⇒제 **gliding** 명 글라이더 경기	
☐ 1216	**trustee** [trʌstíː]	명 수탁자, 보관인, 이사	
☐ 1217	**eminent** [émənənt]	형 저명한, 고명한, 돌출한 ⇒제 **eminence** 명 명성, 저명	

+ Glossary

☐ ℓ.1	WWF	=World Wide Fund for Nature(세계자연기금)
☐ ℓ.3	South Pole	남극
☐ ℓ.8	natural science	자연과학
☐ ℓ.9	support *oneself*	자활하다
☐ ℓ.10	sailing	요트 경기
☐ ℓ.13	British royal family	영국 왕실
☐ ℓ.14	knight	…에게 작위를 내리다

136 Gamal Abdel Nasser

1   Gamal Abdel Nasser was the 2nd president of Egypt. Born in 1918 to the
family of a postman, he graduated from the Royal Military Academy
and became a second lieutenant. In 1949, he and other dissenting officers
formed the Association of Free Officers. After banishing the king in
5   the 1952 Revolution, he brought down the Muhammad Ali dynasty and
declared Egypt a republic in 1953. After being elected president in 1956, he
adopted the foreign policy of positive neutrality. When he nationalized the
Suez Canal, Britain and France, the largest stockholders of the Suez Canal
Company, as well as Israel, invaded Egypt, thus starting the Second Arab-
10   Israeli War. But they withdrew under pressure from the United States and
the Soviet Union, and Nasser's position was enhanced. In 1967, Nasser
announced that the Straits of Tiran would be closed, which triggered the
Third Arab-Israeli War. The war ended with Israel greatly expanding its
territory. This humiliating defeat discredited Nasser's leadership. He died
15   of complications from hardening of the arteries in 1970.

☐ **1218**	**postman** [póʊstmən]	몡 집배원, 우체국원(postmen) ≒ 뮏 mail carrier
☐ **1219**	**dissent** [dɪsént]	쟈 이의를 제기하다, 의견을 달리하다 ⇒몘 dissenting 혱 반대의, 이의를 제기하는
☐ **1220**	**neutrality** [n(j)uːtrǽləti]	몡 중립적 태도, 중립 정책, 애매모호함 cf. positive neutrality 적극적 중립주의 ⇐몘 neutral 혱 중립의
☐ **1221**	**stockholder** [stá:khòʊldər]	몡 주주
☐ **1222**	**enhance** [enhǽns]	탵 높이다, 향상시키다, 강화하다
☐ **1223**	**humiliate** [hju(ː)mílièɪt]	탵 …에게 굴욕을 주다, …에게 창피를 주다 ⇒몘 humiliating 혱 굴욕적인
☐ **1224**	**discredit** [dɪskrédət]	탵 …의 평판을 나쁘게 하다, …의 신용을 떨어뜨리다

가말 압델 나세르

가말 압델 나세르는 이집트의 제2대 대통령이다. 1918년에 우체국원의 가정에서 태어난 나세르는 왕립 육군사관학교를 졸업하고 소위가 되었다. 1949년에는 반체제파의 장교들과 자유장교단을 결성했다. 1952년의 혁명으로 국왕을 국외로 추방한 그는 1953년에 무함마드 알리 왕조를 폐지하고 공화제를 선언했다. 1956년에 대통령으로 취임한 뒤 적극적 중립주의 외교정책을 추진했다. 나세르가 수에즈 운하를 국유화하자 수에즈 운하 회사의 최대 주주인 영국과 프랑스, 이스라엘이 이집트를 침공하며 제2차 중동전쟁이 벌어졌다. 하지만 미국과 소련의 압력에 그들은 물러났고, 나세르의 입지는 강해졌다. 1967년, 나세르는 티란 해협의 봉쇄를 선언, 이로써 제3차 중동전쟁이 시작되었다. 이 전쟁으로 이스라엘은 영토가 크게 확대되었다. 이 굴욕적인 패전으로 나세르의 지도력은 신용을 잃었다. 그는 1970년에 동맥경화 합병증으로 사망했다.

☐ 1225	complication [kὰ:mpləkéɪʃən]	몡 귀찮은 문제, 분규의 원인, 합병증 ⇐ 툉complicate 탄 복잡하게 하다
☐ 1226	harden [háːrdn]	짜 딱딱해지다, 굳다, 경화하다 탄 딱딱하게 하다, 굳게 하다, 경화시키다
☐ 1227	artery [áːrtəri]	몡 동맥 cf. hardening of the arteries 동맥경화증

+ Glossary

☐ ℓ.2	military academy	육군사관학교
☐ ℓ.3	second lieutenant	소위
☐ ℓ.5	bring down	무너뜨리다
☐ ℓ.7	nationalize	국유화하다
☐ ℓ.8	Suez Canal	수에즈 운하
☐ ℓ.9	Second Arab-Israeli War	제2차 중동전쟁
☐ ℓ.10	under pressure from	⋯의 압력을 받아
☐ ℓ.12	Straits of Tiran	티란 해협
☐ ℓ.13	Third Arab-Israeli War	제3차 중동전쟁

137 Ernesto "che" Guevara

¹ Ernesto "Che" Guevara was a **guerrilla** leader who played a key role in the Cuban Revolution. Born in Argentina in 1928, he set forth on a tour of Latin America in 1953. When he saw how **savagely** the United States was prepared to intervene to thwart an attempt at land reform in Guatemala,

⁵ he decided to fight for socialism. In 1955, he met Cuban revolutionary Fidel Castro, and joined his guerrilla army. In 1959, the guerrillas entered Havana and overturned the Batista regime, thus completing the Cuban Revolution. In Castro's government, Che was made president of the Central Bank, and nationalized the holdings of U.S. **monopolies**. In 1964,

¹⁰ he trained the guerrillas in Congo. After returning to Cuba, he attempted to establish a training center for guerrillas in Bolivia. He was captured, however, and executed by the Bolivian army in 1967. He remained **defiant** till the end. Since then he has become a global icon, his image embraced by **mainstream commerce**. T-shirts, **mugs**, pin **badges** and mouse **pads**

¹⁵ featuring his face can be found everywhere.

☐ **1228**	**guerrilla** [gərílə]	형 게릴라군의, 게릴라적인 명 게릴라군, 유격병
☐ **1229**	**savage** [sǽvidʒ]	형 야만적인, 잔인한, 미개의 ⇐형 savagely 부 야만스럽게, 잔인하게, 미개하게
☐ **1230**	**monopoly** [mənáːpəli]	명 독점(권), 점유, 독점기업 ⇒타 monopolize 타 독점하다, …의 전매권을 갖다, 독차지하다(☞80)
☐ **1231**	**defiant** [dɪfáɪənt]	형 도전적인, 반항적인, 시비조의
☐ **1232**	**mainstream** [méinstrìːm]	형 주류의, 일반적인 명 주류, 일반적인 생각
☐ **1233**	**commerce** [káːmərs]	명 상업, 통상, 무역 ⇒타 commercial 형 상업의

에르네스토 체 게바라

에르네스토 체 게바라는 쿠바 혁명에서 중요한 역할을 맡은 게릴라 지도자이다. 1928년에 아르헨티나에서 태어난 그는 1953년에 라틴아메리카 여행을 떠났다. 그는 과테말라에서 미국이 얼마나 잔인한 수법으로 내정에 간섭해 농지개혁을 저지하려 했는지를 목격하고 사회주의를 위해 싸우기로 결심했다. 1955년에 쿠바의 혁명가 피델 카스트로와 만나 그의 게릴라군에게 가담했다. 1959년, 게릴라군은 하바나로 입성해 바티스타 정권을 타도하고 쿠바 혁명을 이뤄냈다. 카스트로의 신정부에서 체 게바라는 국립은행 총재로 취임해 미국 독점기업이 소유한 주식을 국유화했다. 1964년에는 콩고에서 게릴라군을 교육했다. 이후 그는 쿠바로 돌아와 볼리비아에 게릴라 훈련소를 설립하려 했다. 하지만 1967년에 볼리비아군에게 사로잡혀 처형당했다. 그는 마지막까지 저항적인 태도를 유지했다. 이후 그는 세계적인 아이콘이 되었고, 그의 사진은 주류 상업계로 받아들여졌다. 그의 얼굴이 인쇄된 티셔츠나 머그잔, 핀 배지나 마우스 패드를 어디서든 찾아볼 수 있다.

☐ 1234	**mug** [mʌ́g]	圀 머그잔, 술잔
☐ 1235	**badge** [bǽdʒ]	圀 배지 cf. **pin badge** 핀 배지
☐ 1236	**pad** [pǽd]	圀 덧대는 것, 깔개, 패드 cf. **mouse pad** 마우스 패드

+ Glossary

☐ ℓ.2	Cuban Revolution	쿠바 혁명
☐ ℓ.2	set forth	출발하다
☐ ℓ.6	Fidel Castro	피델 카스트로
☐ ℓ.9	holding	소유주

138 Martin Luther King, Jr.

1   Martin Luther King, Jr. was a leader in the civil rights movement in the
United States. King was born in 1929. He was ordained as a minister at
Dexter Avenue Baptist Church in Montgomery in 1954. After organizing the
1955 Bus Boycott, he led the civil rights movement with non-violence as his
5   principle, unlike some other black leaders who had become so **exasperated**
by **racism** as to advocate violence. In 1958, when **autographing** his book,
he was approached by a middle-aged black woman, who suddenly plunged a
razor-sharp letter opener into his chest. The knife was **surgically** removed,
but the **surgeon** said that one **sneeze** would have killed him. On the one-
10   100th anniversary of the abolition of slavery in 1963, he organized a March
on Washington and delivered his famous "I have a dream" speech. In 1964,
he was awarded the Nobel Peace Prize for furthering **brotherhood**. In 1968,
he was shot to death as he walked onto the balcony of his hotel room. The
inscription on his gravestone reads: "Free at last, free at last. Thank God
15   **Almighty**, I'm free at last."

□ 1237	**exasperate** [ɪgzǽspərèɪt, egz-]	타 격노하게 하다, 분개하게 하다 ⇒때 exasperated 형 …(by)에 격노한, 분개한
□ 1238	**racism** [réɪsìzm]	명 인종차별, 인종적 편견 ⇐때 race 명 인종, 민족, 종족
□ 1239	**autograph** [ɔ́ːtəgræf, ɑ́ːtə-]	타 …에 사인하다 명 (유명인의 기념을 위한)사인
□ 1240	**razor** [réɪzər]	명 면도칼 cf. **razor-sharp** 면도칼처럼 예리한
□ 1241	**surgical** [sə́ːrdʒɪkl]	형 외과의, 외과수술의, 수술용의 ⇒때 surgically 부 외과적으로, 수술에 의해 ⇐때 surgery 명 수술, 외과 때 surgeon 명 외과의
□ 1242	**sneeze** [sníːz]	명 재채기 자 재채기를 하다

마틴 루서 킹 주니어

마틴 루서 킹 주니어는 미국 공민권 운동의 지도자이다. 킹은 1929년에 태어났다. 그는 1954년에 몽고메리 덱스터가(街) 침례교회의 목사로 취임했다. 1955년에 버스 보이콧 운동을 조직한 이후로 공민권 운동을 지도했으며, 흑인 지도자 중 인권 차별에 대한 분노로 폭력을 긍정하는 이도 있었던 것과 달리 킹은 비폭력을 주장했다. 1958년, 그는 저서에 사인을 하던 중 말을 걸어온 중년 흑인 여성에게 면도칼처럼 날카로운 종이칼로 갑자기 가슴을 찔렸다. 칼은 수술로 제거했지만 의사의 말에 따르면 재채기 한 번으로도 죽었을 상황이었다. 노예제 폐지 100주년인 1963년에는 워싱턴 행진을 조직해, 그 유명한 "나에게는 꿈이 있습니다"라는 연설을 했다. 1964년, 인류애를 증진한 공적으로 노벨평화상이 수여되었다. 1968년, 그는 머무르던 호텔 방에서 발코니로 걸어 나왔을 때 총에 맞아 사망했다. 그의 묘비에는 이렇게 새겨져 있다. '마침내 자유로워졌다, 마침내 자유로워졌다, 전능하신 주께 감사드립니다, 저는 마침내 자유로워졌습니다.'

☐ **1243**	**brotherhood** [brʌ́ðərhùd]	명 우애, 우호, 형제애, 인류애	
☐ **1244**	**almighty** [ɔ́:lmáiti]	형 전능한 cf. **God Almighty** 전능한 신	

+ Glossary

☐ ℓ.1	civil rights movement	공민권 운동
☐ ℓ.4	Bus Boycott	버스 보이콧 운동 (인종차별에 항의해 흑인이 버스를 보이콧한 운동)
☐ ℓ.7	middle-aged	중년의
☐ ℓ.8	letter opener	종이칼
☐ ℓ.11	deliver a speech	연설을 하다

139 Malcolm X

Malcolm X was an American black rights activist. He was born Malcolm Little in 1925. In 1946, he was jailed for **robbery**. While in prison, he joined a black religious organization called the Nation of Islam, or NOI, and renamed himself Malcolm X. He committed himself to a **rigorous** course of study in the prison library. His **breadth** of understanding transformed him into a critic of white Western values. After being released in 1952, he became an NOI minister. In his speeches, he **severely** attacked the white race for being responsible for the **plight** of black people. His rising profile as a **vocal** spokesman of the NOI helped boost membership. But he soon grew **disillusioned** with the NOI, until he left it in 1964. In 1965, he had his home destroyed with Molotov cocktails, and was killed with a **shotgun** by NOI members. His popularity grew again with the 1992 release of the film *Malcolm X*, an **adaptation** of *The Autobiography of Malcolm X*, published after his assassination.

☐ 1245	**robbery** [rá:bəri]	몡 강도, 강탈, 도난 ←몡**rob** 囯 빼앗다, 강탈하다
☐ 1246	**rigorous** [rígərəs]	혱 엄밀한, 엄격한, 엄한
☐ 1247	**breadth** [brédθ, brétθ]	몡 폭, 너비, 폭넓음 ←몡**broad** 혱 (폭이)넓은
☐ 1248	**severely** [sɪvíərli]	囝 심하게, 혹독하게, 엄하게 ←몡**severe** 혱 혹독한, 엄격한
☐ 1249	**plight** [pláɪt]	몡 어려운 상태, 궁지, 역경
☐ 1250	**vocal** [vóʊkl]	혱 음성의, 강경하게 밝히는, 소리 높여 항의하는 ⇒몡**vocalist** 몡 가수, 보컬리스트
☐ 1251	**disillusioned** [dìsɪlú:ʒənd]	혱 ⋯(with)에 환멸을 느낀, 실망한 ←몡**disillusion** 囯 환멸하게 하다, 실망하게 하다

맬컴 엑스

맬컴 엑스는 미국의 흑인 인권 운동가이다. 맬컴 리틀이라는 이름으로 1925년에 태어났다. 그는 1946년에 강도 행위로 투옥되었다. 옥중에서 흑인 종교 단체인 네이션 오브 이슬람, 즉 NOI로 개종하고 맬컴 엑스로 개명했다. 그는 교도소 도서관에서 오로지 공부에 몰두했다. 폭넓은 지식을 쌓으며 그는 백인의 서구적 가치관을 비판하기 시작했다. 1952년에 석방된 그는 NOI의 성직자가 되었다. 연설에서는 흑인이 곤경에 빠지게 된 원인으로 백인종을 통렬하게 비판했다. 그가 NOI의 대변인으로서 위상이 높아짐에 따라 NOI의 신자는 점점 늘어났다. 하지만 얼마 후 맬컴 엑스는 NOI에 대해 환멸을 느끼고 1964년에 이탈했다. 1965년, NOI 신자의 화염병에 자택이 파괴되었고, 그는 산탄총에 맞아 사망했다. 그가 암살된 후 출판된 『맬컴 엑스 자서전』의 영화판인 「맬컴 엑스」가 1992년에 개봉하며 그의 인기는 다시 높아졌다.

□ 1252	**shotgun** [ʃɑ́:tgʌ̀n]	명 산탄총, 엽총	
□ 1253	**adaptation** [æ̀dæptéiʃən]	명 개작, 번안물 ⇐타 **adapt** 타 개작하다, 번안하다, 융합시키다	
□ 1254	**autobiography** [ɔ̀:təbɑɪɑ́:grəfi]	명 자서전, 자전	

+ Glossary

□ ℓ.1	**black rights activist**	흑인 인권 운동가
□ ℓ.2	**in prison**	투옥되어
□ ℓ.4	**commit** *oneself* **to**	…에 전념하다
□ ℓ.11	**Molotov cocktail**	화염병

140 Richard Nixon

1　Richard Nixon was the 37th president of the United States. He was born the son of a **grocer** in California in 1913. After serving as vice president to Republican Dwight Eisenhower, he was elected president in 1968. In 1972, five **burglars**, who turned out to be Nixon's aides, were caught breaking
5　into the Watergate complex to bug the offices of the Democratic Party headquarters. Still, Nixon was reelected that year by an overwhelming majority, 520 to 17 in the **electoral** vote. He declared that he was "not a **crook**." In 1974, under order from the Supreme Court, the White House released tapes of Nixon's conversations. Despite his **denials**, he had used
10　the CIA in an effort to **obstruct** the FBI in its inquiry. With the **disclosure** of evidence, his support vanished. Faced with the almost certain prospect of being **impeached**, Nixon decided to resign from the presidency. In his resignation speech, he said that he was resigning in order not to consume the time and energy of the nation in a **lengthy impeachment** trial. After
15　writing a number of books in his retirement, Nixon died in 1994.

☐ 1255	grocer [gróusər]	뗑 식료품 잡화상 ⇒땐 grocery 뗑 식료품 잡화점
☐ 1256	burglar [bə́:rglər]	뗑 강도, 도둑
☐ 1257	electoral [iléktərəl]	휑 선거의, 선거에 관한, 선거인의 cf. **electoral vote** 선거인 투표 ⇐땐 election 뗑 선거
☐ 1258	crook [krúk]	뗑 악당, 사기꾼
☐ 1259	denial [dináiəl]	뗑 부정, 거절, 부인 ⇐땐 deny 톈 부정하다
☐ 1260	obstruct [əbstrʌ́kt]	톈 가로막다, 방해하다, 막다 ⇒땐 obstruction 뗑 장애물, 방해물, 방해(☞57)

리처드 닉슨

리처드 닉슨은 미국의 제37대 대통령이다. 그는 1913년에 캘리포니아에서 식료품 잡화상의 아들로 태어났다. 공화당의 드와이트 아이젠하워 대통령 밑에서 부통령을 역임하다 1968년에 대통령으로 선출되었다. 1972년, 닉슨의 측근으로 밝혀진 다섯 명의 도둑이 민주당 본부를 도청할 목적으로 워터게이트 빌딩에 침입했다가 체포되었다. 그럼에도 닉슨은 같은 해 선거인 투표에서 520 대 17이라는 압도적인 표 차이로 재선에 성공했다. 그는 자신이 "사기꾼이 아니다"라고 단언했다. 1974년, 연방 대법원의 명령으로 백악관은 닉슨의 대화를 녹음한 테이프를 공개했다. 거듭 부인했음에도 불구하고 그가 CIA를 이용해 FBI의 수사를 방해하려 한 것이었다. 증거가 드러나자 그는 지지를 잃었다. 탄핵은 거의 확실시되었고, 닉슨은 대통령직에서 물러나기로 결정했다. 사임 연설에서 그는 긴 탄핵 재판으로 국민의 시간과 에너지를 소모하지 않기 위해 사임한다고 밝혔다. 은퇴 후에는 몇 권의 책을 썼고 1994년에 사망했다.

☐ 1261	**disclosure** [dɪsklóuʒər]	몡 공개, 발표, 폭로 ⇐때 **disclose** 타 폭로하다, 공표하다
☐ 1262	**impeach** [ɪmpíːtʃ]	타 탄핵하다, 소추하다, 고발하다 ⇒때 **impeachment** 몡 탄핵, 소추, 고발
☐ 1263	**lengthy** [léŋkθi]	형 긴, 장기간에 걸친, 장황한 ⇐때 **length** 몡 길이

+ Glossary

☐ ℓ.2	**vice president**	부통령
☐ ℓ.3	**Republican**	공화당의
☐ ℓ.4	**aide**	측근
☐ ℓ.4	**break into**	…에 침입하다
☐ ℓ.5	**bug**	도청하다
☐ ℓ.8	**Supreme Court**	대법원, 연방 대법원
☐ ℓ.8	**White House**	백악관
☐ ℓ.10	**CIA**	=Central Intelligence Agency(중앙정보국)
☐ ℓ.10	**FBI**	=Federal Bureau of Investigation(연방수사국)

141 Fela Kuti

Fela Kuti was a Nigerian musician. He was born Fela Ransome-Kuti in 1938. His father, the **Reverend** I.O. Ransome-Kuti, was a school principal, and his mother, Funmilayo, was a women's rights activist. In the mid-1960's, Kuti formed a band, later to be called Afrika '70, while working for Nigeria Broadcasting Corporation. He created Afrobeat with drummer Tony Allen, **fusing** jazz with his African **rhythmic** roots. In 1969, he took his band to the United States, where they stayed in Los Angeles. While there, he was influenced by Malcolm X and became politically conscious. After returning to Nigeria, he **unloaded** his "slave name" of Ransome and began championing Pan-Africanism. His lyrics, which **wittily** condemned the **hypocrisy** of the ruling class, made him popular throughout Africa but unpopular with the government. In 1977, he was raided by troops and suffered a **fractured skull**. He **expired** of complications from HIV/AIDS in 1997.

☐ 1264	**reverend** [révərənd]	혱 <R->경애하는, …목사 ⟸囮 **revere** 囲 숭배하다, 경외하다, 존경하다(☞99) ⟹囮 **reverence** 몡 숭배, 경애
☐ 1265	**fuse** [fjúːz]	囲 융합시키다, 일체화시키다 ⟹囮 **fusion** 몡 융합, 융해, 혼합물(☞13)
☐ 1266	**rhythmic** [ríðmɪk]	혱 리드미컬한, 율동적인 ⟸囮 **rhythm** 몡 리듬
☐ 1267	**unload** [ʌnlóud]	囲 내리다, 없애다, 처분하다 ⟺囮 **load** 囲 싣다, …에 적재하다
☐ 1268	**witty** [wíti]	혱 재치 있는 ⟹囮 **wittily** 閉 재치 있게, 재기발랄하게
☐ 1269	**hypocrisy** [hɪpάːkrəsi]	몡 위선 ⟸囮 **hypocrite** 몡 위선자(☞64) ⟹囮 **hypocritical** 혱 위선적인, 위선의

펠라 쿠티

펠라 쿠티는 나이지리아의 음악가이다. 1938년에 태어난 그의 이름은 펠라 랜섬쿠티였다. 부친인 I.O. 랜섬쿠티 목사는 학교의 교장이었으며 모친 푼밀라요는 여권 운동가였다. 1960년대 중반, 쿠티는 나이지리아 방송에서 근무하면서, 후일 아프리카 70이라 불리게 될 밴드를 결성했다. 드러머인 토니 앨런과 함께 재즈에 자신의 뿌리인 아프리카의 리듬을 융합시켜서 아프로비트를 창조했다. 그는 1969년에 밴드를 이끌고 미국으로 건너가 로스앤젤레스에 체류했다. 당시 그는 그곳에서 맬컴 엑스에게 감화되어 정치적 의식에 눈을 떴다. 나이지리아로 귀국한 후 그는 노예의 이름을 나타내는 랜섬이라는 이름을 버리고 범(汎)아프리카주의를 표방하기 시작했다. 그는 지배층의 위선을 재치 있게 비판하는 가사로 아프리카 전역에서 인기를 끌었지만 정부는 그를 꺼렸다. 1977년에는 군대의 습격을 받아 두개골이 골절되는 부상을 당했다. 그는 1997년에 HIV·에이즈 합병증으로 숨졌다.

□ 1270	fracture [frǽktʃər]	타 부러뜨리다, 부수다 재 부러지다, 부서지다 명 골절, 부러짐, 파손
□ 1271	skull [skʌ́l]	명 머리뼈, 두개골
□ 1272	expire [ɪkspáɪər, eks-]	재 유효기간이 끝나다, 끝나다, 숨을 거두다

+ Glossary

□ ℓ.3	women's rights activist	여권 운동가
□ ℓ.5	Afrobeat	아프로비트
□ ℓ.10	Pan-Africanism	범아프리카주의(아프리카 국가들을 아프리카인의 손으로 통합해 독립시키자는 사상)
□ ℓ.13	HIV	HIV. 인간면역결핍바이러스
□ ℓ.13	AIDS	에이즈. 후천면역결핍증

142 John Lennon

John Lennon was a British musician who founded the Beatles. He was born in Liverpool in 1940. Having formed a band which would later become the Beatles, he met Paul McCartney in 1957. After George Harrison and Ringo Starr joined, they put out their **debut** single, "Love Me Do," in 1962. The following year, they released "Please, Please Me," which reached the UK No. 1 spot. Lennon and Harrison soon wanted to put all their efforts into recording, which **horrified** McCartney, who loved **live** performance. After their last performance in 1966, the band continued **solely** as recording artists. **Ironically**, some of their most successful compositions were recorded in this period. The Beatles broke up in 1970. The legal **wrangles** over the band's fortune continued until 1977. Lennon became focused on his career as a solo artist, but he disappeared from the music **arena** in 1975. After he began to organize a **comeback** in 1980, he was shot with a **revolver** in front of his home. The whole world was **stunned**. His fans surrounded his home, playing his music on tape recorders.

☐ 1273	**debut** [deɪbjúː]	뎽 데뷔, 첫 무대
☐ 1274	**horrify** [hɔ́ːrəfàɪ, háːr-]	타 소름 끼치게 하다, 무서워 떨게 하다, ⋯에게 충격을 주다 ⇐파 **horror** 뎽 공포, 두려움
☐ 1275	**live** [láɪv]	혱 살아 있는, 생방송의, 생중계의 ⇒파 **lively** 혱 생기 넘치는, 활발한
☐ 1276	**solely** [sóʊlli]	뷔 단독으로, 단지, 오로지 ⇐파 **sole** 혱 유일한, 단독의
☐ 1277	**ironic, -ical** [aɪrɑ́ːnɪk(l)]	혱 비꼬는, 역설적인 ⇒파 **ironically** 뷔 역설적으로, 얄궂게도, 반어적으로 ⇐파 **irony** 뎽 비꼼
☐ 1278	**wrangle** [ræŋgl]	뎽 ⋯(over)를 둘러싼 논쟁, 다툼

존 레넌

존 레넌은 영국의 음악가로 비틀스의 창립 멤버이다. 1940년에 리버풀에서 태어났다. 1957년, 존 레넌은 폴 매카트니와 만나 훗날 비틀스가 될 밴드를 결성했다. 조지 해리슨과 링고 스타가 합류한 후, 그들은 1962년에 싱글 「Love Me Do」로 데뷔했다. 이듬해에는 「Please, Please Me」로 영국 1위에 올랐다. 얼마 후, 존 레넌과 조지 해리슨은 녹음에 전념하기를 원했는데, 이는 라이브 공연을 좋아했던 매카트니에게는 충격적인 사실이었다. 1966년의 마지막 공연 이후로 그들은 레코딩 전문 밴드로 활동했다. 얄궂게도 그들의 가장 성공한 작품 중 일부가 이 시기에 녹음되었다. 1970년에 비틀스는 해체했다. 밴드의 재산을 둘러싼 법정 다툼은 1977년까지 이어졌다. 레넌은 솔로 가수 활동에 힘을 쏟았지만 1975년에 음악계에서 자취를 감췄다. 그는 활동을 재개할 준비를 하던 1980년에 자택 앞에서 리볼버에 맞아 사망했다. 전 세계는 충격에 빠졌다. 팬들은 그의 자택을 에워싸고 테이프 레코더로 그의 음악을 틀었다.

☐	1279	**arena** [ərí:nə]	몡 경기장, 공연장, 무대
☐	1280	**comeback** [kʌ́mbæ̀k]	몡 재기, 활동 재개, 복귀
☐	1281	**revolver** [rivɑ́:lvər]	몡 리볼버, 회전식 연발 권총
☐	1282	**stun** [stʌ́n]	탸 기절시키다, 실신시키다, 망연자실하게 만들다

+ Glossary

☐ ℓ.1	**Beatles**	비틀스
☐ ℓ.4	**put out**	발매하다
☐ ℓ.6	**put one's efforts into**	…에 힘을 쏟다
☐ ℓ.10	**break up**	해산하다, 해체하다

143 Ruhollah Khomeini

Ruhollah Khomeini was the first supreme leader of the Islamic Republic
of Iran, who led the Iranian Revolution. Born in 1902, he studied ethics
and Islamic law and taught at the Feyziyeh School. In 1962, he started to
uncompromisingly denounce the Shah's Westernizing policies. Being
5 detained and banished in 1963, he settled in Iraq. In 1975, after resolving
the **boundary** dispute with Iraq, the Shah began to advance his policies
more **fiercely**. In 1977, when Khomeini's eldest son died a **dubious** death
that was attributed to the Shah's secret police, people recollected Khomeini,
and he became the leader of the revolution. In 1978, he was drummed out
10 of Iraq and sought **sanctuary** in France. After the Shah left Iran in 1979,
Khomeini returned to Iran, welcomed by a **joyful** crowd, and declared that
he would appoint the government. Thus, the Pahlavi dynasty ended and the
Islamic Republic of Iran began, with Khomeini as **lifelong** supreme leader.
He **refuted** the idea of separation of religion and politics and supervised the
15 government from the Islamic standpoint, until he died in 1989.

☐ **1283**	**uncompromising** [ʌnkɑ́:mprəmàızıŋ]	혱 타협하지 않는, 강경한, 단호한 ⇒뮈 uncompromisingly 뮈 타협하지 않고, 강경히, 단호히
☐ **1284**	**boundary** [báʊndəri]	명 경계, 국경, 한계
☐ **1285**	**fiercely** [fíərsli]	뮈 격렬하게, 맹렬하게 ←혱 fierce 혱 격렬한, 극심한, 맹렬한
☐ **1286**	**dubious** [d(j)ú:biəs]	혱 수상쩍은, 의심스러운, ···(of)에 대해 수상하다고 생각하는
☐ **1287**	**sanctuary** [sǽŋktʃuèri]	명 보호, 보호구역, 피난소
☐ **1288**	**joyful** [dʒɔ́ıfl]	혱 기쁨을 주는, 기쁜, 아주 기뻐하는 ←혱 joy 명 기쁨, 환희

루홀라 호메이니

루홀라 호메이니는 이란 혁명을 이끈 이란 이슬람 공화국의 초대 최고 지도자이다. 호메이니는 1902년에 태어나 윤리학과 이슬람 법학을 배우고 페이지예 학원에서 교편을 잡았다. 1962년, 그는 샤의 서구화 정책을 강경하게 비판하기 시작했다. 1963년에 구류된 후, 그는 국외로 추방당해 이라크에 정착했다. 1975년, 이라크와의 국경 분쟁을 해결한 샤는 자신의 정책을 강력하게 추진하는 데 박차를 가했다. 1977년, 호메이니의 장남이 샤의 비밀경찰의 소행으로 추정되는 의문사를 당하자 사람들의 기억에서 호메이니가 되살아났고, 그는 혁명의 지도자가 되었다. 1978년에 이라크에서 추방당한 호메이니는 프랑스로 망명했다. 1979년에 샤가 이란을 떠나자 호메이니는 기쁨에 찬 군중의 환호를 받으며 귀국해 내각을 임명하겠다고 선언했다. 이렇게 팔레비 왕조는 끝을 맞이했고, 이란 이슬람 공화국이 수립되며 호메이니는 종신 최고 지도자의 자리에 앉았다. 호메이니는 정교분리를 반박하며 이슬람교의 관점에서 정치를 지도하다 1989년에 사망했다.

☐ 1289	lifelong [láɪflɔ̀ːŋ]	휑 종신의, 평생 동안의, 일생의
☐ 1290	refute [rɪfjúːt]	타 논박하다, 논파하다, 부인하다

+ Glossary

☐ ℓ.1	supreme leader	최고 지도자
☐ ℓ.2	Iranian Revolution	이란 혁명
☐ ℓ.3	islamic law	이슬람 법학
☐ ℓ.4	Shah	샤(이란 군주의 칭호)
☐ ℓ.9	drum out of	…에서 추방하다

144. Mother Teresa

Mother Teresa was a Catholic **nun** who founded the Missionaries of
Charity. She was born Agnes Gonxha in 1910 in what is today North
Macedonia. She joined the Sisters of Loreto in 1928, and went over to
India, where she became a **novice** and named herself Teresa. She took her
5 **solemn** vows and became a nun in 1937. While living in Kolkata, she was
increasingly **disturbed** by the poverty there. In 1946, she suddenly felt that
God had given her the special job of serving the poor. After learning how
to nurse at a hospital, she found a small hut with a **courtyard** and started
her school in 1948. She taught poor children to read and write and helped
10 the **dying** and the **homeless** in the **filthy** slums of Kolkata. She worked so
hard that her helpers were surprised at how strong this **frail** woman was. In
1950, her congregation was recognized by the Pope as the Missionaries of
Charity. In 1979, she received the Nobel Peace Prize. She died in 1997, and
was declared a saint in 2016.

☐ 1291	**nun** [nʌ́n]	몡 수녀, 여승
☐ 1292	**novice** [nά:vəs]	몡 초보자, 수련 수사, 수련 수녀
☐ 1293	**solemn** [sά:ləm]	혱 성실한, 엄숙한
☐ 1294	**disturbed** [dɪstɔ́:rbd]	혱 ···(by/at)에 동요한, 불안한, 정신장애가 있는 ⇐町 **disturb** 태 방해하다, 불안하게 하다
☐ 1295	**courtyard** [kɔ́:rtjɑ̀:rd]	몡 안뜰
☐ 1296	**dying** [dάɪɪŋ]	혱 임종 때의; <the->죽어가는 사람들

마더 테레사

마더 테레사는 '사랑의 선교수녀회'를 창립한 가톨릭 수녀이다. 1910년, 오늘날의 북마케도 니아에서 아그네스 곤자라는 이름으로 태어났다. 1928년에 로레토 수녀회에 들어간 그녀는 인도로 가서 수련 수녀가 되어 테레사로 이름을 바꾸었다. 1937년에는 종신서원*을 하고 수 녀가 되었다. 테레사는 콜카타에서 지내며 지역의 빈곤함에 점차 괴로움을 느꼈다. 1946년, 그녀는 불현듯 가난한 사람들에게 봉사하는 것이 신이 부여한 특별한 임무임을 깨달았다. 그녀는 병원에서 간호학을 배운 후, 1948년에 안뜰이 딸린 작은 오두막에서 학교를 열었다. 콜카타의 지저분한 빈민가에서 가난한 아이들에게 읽고 쓰기를 가르치고, 죽어가는 사람들 이나 집 없는 사람들에게 손을 내밀었다. 이 연약한 여성의 어디에 그런 힘이 있는지 그녀 를 돕는 사람들마저 놀랄 정도로 테레사는 힘껏 일했다. 1950년, 테레사의 단체가 '사랑의 선교수녀회'로서 로마 교황의 인정을 받았다. 1979년에는 노벨평화상을 수상했다. 그녀는 1997년에 세상을 떠났고, 2016년에 시성되었다.

* 평생토록 덕을 쌓고 선하게 살겠다고 신에게 드리는 약속

□	1297	homeless [hóumləs]	휑 집이 없는, \<the-\>노숙자, 집이 없는 사람들
□	1298	filthy [fílθi]	휑 더러워진, 더러운, 불결한
□	1299	frail [fréil]	휑 허약한, 약한, 부서지기 쉬운

+ Glossary

□ ℓ.1	Missionaries of Charity	사랑의 선교수녀회
□ ℓ.3	Sisters of Loreto	로레토 수녀회
□ ℓ.13	Nobel Peace Prize	노벨평화상
□ ℓ.14	declare a saint	시성하다

145 Michel Foucault

Michel Foucault was a French philosopher. He was born into a **solidly** bourgeois family in 1926. He **excelled** at the Ecole Normale Superieure, where he studied psychology and philosophy. After taking up a series of **marginal** posts in Sweden, Poland and West Germany, he finished his
5 Ph.D. thesis in 1961, **sponsored** by one of the most powerful professors at the Sorbonne. In 1966, he published *The Order of Things*, which became an academic bestseller and earned him international fame. His **induction** into the College de France in 1970 gave him the opportunity to conduct **intensive** research. In his books such as *The Archaeology of Knowledge*,
10 *Discipline and Punish*, and *The History of Sexuality*, he used a historical method to **illuminate** the **evolving** relationships between discourse, knowledge, institutions, and power. He spent **extended** periods in foreign countries such as Brazil, Japan and the United States, lecturing to packed **auditoriums**, until he died of complications from HIV/AIDS in 1984.

□ 1300	solidly [sá:lədli]	閉 확고하게, 튼튼하게, 꼬박 계속해서 ←囮 solid 휑 단단한, 견고한, 견실한
□ 1301	excel [ɪksél, ek-]	困 뛰어나다 ⇒囮 excellent 휑 매우 뛰어난, 우수한, 훌륭한 ⇒囮 excellence 몡 우수함, 탁월
□ 1302	marginal [má:rdʒɪnəl]	휑 중요하지 않은, 주변부의 ←囮 margin 몡 여백, 중요하지 않은 부분
□ 1303	sponsor [spá:nsər]	타 …의 광고주를 맡다, 지원하다, …에게 자금을 제공하다 몡 스폰서, 광고주, 지원자
□ 1304	induction [ɪndʌ́kʃən]	몡 취임, 입회, 귀납법
□ 1305	intensive [ɪnténsɪv]	휑 집중적인, 철두철미한, 집약적인 ←囮 intense 휑 강렬한, 격렬한, 통렬한

미셸 푸코

미셸 푸코는 프랑스의 철학자이다. 그는 1926년에 매우 유복한 가정에서 태어났다. 파리 고 등사범학교에서 심리학과 철학을 배우고 우수한 성적을 거두었다. 그는 스웨덴, 폴란드, 그 리고 서독에서 한직을 전전하다 1961년에 소르본대학의 유력한 교수의 지원을 받아 박사 논문을 완성했다. 1966년에 출판된 『말과 사물』은 학술서 베스트셀러가 되었고, 푸코는 국 제적인 명성을 얻었다. 1970년에 콜레주 드 프랑스에 취임하면서 연구에 집중할 수 있게 되 었다. 그는 『지식의 고고학』,『감시와 처벌』, 그리고 『성의 역사』 등의 책으로 담론, 지식, 제 도, 권력 사이의 관계가 어떻게 진화하는지를 역사적 방법으로 조명했다. 그는 브라질이나 일본, 미국 등의 외국에서 장기간 머무르며 청중들로 가득한 강당에서 강연을 하다 1984년 에 HIV·에이즈 합병증으로 사망했다.

☐ 1306	illuminate [ɪlúːmənèɪt]	圐 비추다, 밝게 하다, 밝히다 ⇒圙 illumination 圐 조명, 장식용 전등
☐ 1307	evolve [ɪváːlv]	圐 진화하다, 발전하다, 발달하다 ⇒圙 evolution 圐 진화
☐ 1308	extended [ɪksténdɪd, eks-]	圐 연장된, 확대된, 장기(長期)의 ⇐圙 extend 圐 연장하다, 넓히다
☐ 1309	auditorium [ɔːdətɔ́ːriəm]	圐 관객석, 청중석, 강당

+ Glossary

☐ ℓ.3	take up	…를 맡다
☐ ℓ.9	archaeology	고고학
☐ ℓ.13	packed	만원의, 꽉 찬

146 Deng Xiaoping

Deng Xiaoping was China's paramount leader in the 1980's. Born in Sichuan in 1904, Deng joined the Communist Party of China in 1924 while he was studying in France. In the 1966 Cultural Revolution, he was heavily criticized and disgraced. After Mao Zedong died in 1976, Deng ascended to power in 1978. Even though he was merely vice chairman of the Communist Party and vice premier, he had secretary general Hu Yaobang and premier Zhao Ziyang carry out his agenda. He ingeniously avoided ideological battles and undertook reforms and opening-up policies on his own timetable, while constraining the markets to maintain state economic planning. Within three decades, visitors to China would see skyscrapers. China joined the World Bank and the International Monetary Fund under Deng's leadership. Deng implemented the one-child policy, reiterating that the policy was necessary to attain a high average income. He peacefully negotiated the return of Hong Kong from British to Chinese sovereignty. In the 1989 Tiananmen Incident, he ordered troops to shoot unarmed citizens on the streets of Beijing. Having stepped aside in 1992, he died in 1997, four months before the return of Hong Kong.

☐ 1310	**ingenious** [ɪndʒíːnjəs]	휑 교묘한, 독창적인, 기발한 ⇒㉕ ingeniously 뷔 기발하게, 교묘하게
☐ 1311	**constrain** [kənstréɪn]	탸 제한하다, 억누르다
☐ 1312	**skyscraper** [skáɪskrèɪpər]	뗑 초고층 빌딩, 마천루
☐ 1313	**monetary** [máːnətèri]	휑 화폐의, 통화의, 금융의 cf. **International Monetary Fund** 국제통화기금
☐ 1314	**implement** [ímpləmènt]	탸 실행하다, 이행하다, 실시하다
☐ 1315	**reiterate** [riítərèit]	탸 되풀이해서 말하다

덩샤오핑

덩샤오핑은 1980년대 중국의 최고 지도자이다. 1904년에 쓰촨성에서 태어난 덩샤오핑은 프랑스 유학 중이던 1924년에 중국공산당에 입당했다. 1966년에 일어난 문화대혁명에서는 거센 비판을 받아 실각했다. 1976년에 마오쩌둥이 죽자 1978년에 덩샤오핑이 권력을 손에 넣었다. 자신은 공산당 부주석이자 부총리에 지나지 않았지만 후야오방 총서기와 자오쯔양 총리에게 자신의 정책을 실행에 옮기도록 했다. 이념적 논쟁을 교묘히 피하며 자신의 일정표에 따라 개혁개방 정책을 추진하는 한편, 시장을 제한해 국가의 경제계획을 유지했다. 30년이 채 되기 전에 중국을 방문하는 이들은 고층빌딩들을 보게 될 것이다. 덩샤오핑의 지도하에 중국은 세계은행과 국제통화기금에 가맹했다. 덩샤오핑은 평균 수입을 높이기 위해 필요한 정책임을 거듭 강조하며 한 자녀 정책을 실시했다. 그는 홍콩의 주권을 영국에서 중국으로 반환하는 문제를 원만하게 협상했다. 1989년의 천안문 사태에서는 군대를 투입해 베이징 거리에서 무장하지 않은 시민들을 향해 총을 발포하도록 명령했다. 1992년에 은퇴한 그는 홍콩 반환을 4개월 앞둔 1997년에 사망했다.

☐ 1316	attain [ətéɪn]	🈍 달성하다, 이룩하다, 획득하다 ⇒🈺 attainment 🈑 달성, 도달
☐ 1317	unarmed [ʌnáːrmd]	🈐 비무장의, 무기를 갖지 않은, 맨손의 ⇔🈐 armed 🈐 무장한, 무기가 사용되는

+ Glossary

☐ ℓ.3	Cultural Revolution	문화대혁명
☐ ℓ.4	ascend to power	권력을 쥐다
☐ ℓ.8	reforms and opening-up policies	개혁개방 정책
☐ ℓ.12	one-child policy	한 자녀 정책
☐ ℓ.14	return of Hong Kong	홍콩 반환
☐ ℓ.15	Tiananmen Incident	천안문 사태
☐ ℓ.16	step aside	은퇴하다

147 Mikhail Gorbachev

1 Mikhail Gorbachev was the last leader of the USSR. Gorbachev was born to peasants in Stavropol in 1931. He began his political career when he was appointed deputy director of the Young Communist League's agitation and propaganda department of the Stavropol region in 1955. From then

5 on, he steadily climbed up the ladder in the Communist Party, until he was appointed general secretary in 1985. He denounced Stalin's crimes in a candid speech. In 1987, he signed a disarmament treaty with US President Ronald Reagan. His innovations led to the liberation of Eastern Europe, exemplified by the 1989 Velvet Revolution in Czechoslovakia,

10 as well as to the fall of the Berlin Wall, followed with startling swiftness by the unification of West and East Germany. In 1990, Gorbachev was chosen president. But a coup broke out in August 1991. Although it soon collapsed, Gorbachev was finished after the coup, and was unable to prevent the unraveling of the USSR. In December, the USSR ceased to exist,

15 and Gorbachev resigned. Thereafter he kept busy running the Gorbachev Foundation, writing a column syndicated by the *New York Times*, and founding the Social Democratic Party of Russia, until he died in 2022.

☐ 1318	agitation [ædʒətéiʃən]	명 동요, 불안, (사회)운동 ←동 agitate 자 선동하다 타 휘젓다	
☐ 1319	candid [kǽndɪd]	형 솔직한, 격식을 차리지 않는, 숨김없는	
☐ 1320	disarmament [dɪsɑ́ːrməmənt]	명 군비축소, 군비제한, 무장해제 ⇔명 armament 명 군비 확충, 무장화	
☐ 1321	innovation [ìnəvéiʃən]	명 획기적인 것, 쇄신, 혁신 ←동 innovate 자 혁신하다, 쇄신하다	
☐ 1322	exemplify [ɪgzémpləfàɪ, egz-]	타 …의 좋은 예가 되다, 예시하다	
☐ 1323	velvet [vélvət]	명 비로드, 벨벳 cf. Velvet Revolution 벨벳 혁명	

미하일 고르바초프

미하일 고르바초프는 소련의 마지막 지도자이다. 고르바초프는 1931년에 스타브로폴의 농가에서 태어났다. 1955년에 스타브로폴 지구 공산주의청년동맹의 선전국 차장이 되면서 그의 정치가 인생이 시작되었다. 이후 공산당에서 순조롭게 출세해 1985년에 서기장에 올랐다. 그는 공개 연설에서 스탈린의 범죄를 지탄했다. 1987년에는 미국 대통령 로널드 레이건과 군축 조약에 조인했다. 그의 개혁은 1989년의 체코슬로바키아의 벨벳 혁명으로 대표되는 동유럽의 자유화와 베를린 장벽의 붕괴로 이어졌으며, 이어서 동독과 서독이 놀라우리만치 빠르게 통일되는 결과를 불러왔다. 1990년에 고르바초프는 대통령에 선임되었다. 하지만 1991년 8월에 쿠데타가 발발했다. 이 쿠데타는 좌절되었지만 이후로 고르바초프는 재기 불능의 상태에 놓였고, 소련의 붕괴를 저지하지 못했다. 12월에 소련이 소멸하며 고르바초프는 사임했다. 이후로 그는 고르바초프 재단의 운영,『뉴욕 타임스』에 실리는 칼럼의 집필, 러시아 사회민주당 창설 등 바쁜 나날을 보내다 2022년에 사망했다.

☐ 1324	**startling** [stáːrtliŋ]	휑 깜짝 놀라게 하는, 놀랄 만한 ←圓 **startle** 튀 깜짝 놀라게 하다, 놀라게 하다
☐ 1325	**swift** [swíft]	휑 빠른, 신속한, 날랜 ⇒圓 **swiftness** 명 빠름, 신속함
☐ 1326	**unravel** [ʌnrǽvl]	자 풀리다, 흐트러지기 시작하다, 붕괴하다
☐ 1327	**syndicate** 튀 [síndɪkèɪt] 명 [-dɪkət]	튀 (기사·논설 등을)동시 배급하다 명 기업 연합, 통신사, 신문 기업 그룹

+ Glossary

☐ ℓ.3	deputy director	차장
☐ ℓ.4	propaganda	프로파간다
☐ ℓ.5	climb up the ladder	출세하다
☐ ℓ.6	general secretary	서기장
☐ ℓ.11	unification	통일, 통합

148 14th Dalai Lama

The 14th Dalai Lama is the spiritual leader of Tibet. Born in the hamlet of Taktser in 1935, he was identified as the 14th Dalai Lama at age 2, based on omens such as the direction of the 13th Dalai Lama's corpse, and was installed as the Dalai Lama in 1940. In 1950, the Chinese army invaded
5 Tibet. According to a report on how the Chinese oppressed Tibetans, burning and burying alive were commonplace, not to mention dragging people behind galloping horses or throwing them into icy water. To prevent them from shouting out "Long live the Dalai Lama" on the way to execution, they tore out their tongues. The Dalai Lama set up the Tibetan
10 Government in Exile in India in 1959. Since then, he has traveled the world and called for the liberation of Tibet. The leader in Beijing called him the "wolf in monk's robes." In 1989, he was awarded the Nobel Peace Prize for his dedication to peace.

☐ 1328	hamlet [hǽmlət]	명 작은 마을, 부락, 촌락
☐ 1329	omen [óumən]	명 징후, 전조
☐ 1330	corpse [kɔ́ːrps]	명 시체, 주검
☐ 1331	oppress [əprés]	타 학대하다, 차별하다, 박해하다 ⇒피 oppression 명 압정, 억압, 탄압(☞51)
☐ 1332	commonplace [ká:mənplèis]	형 진부한, 아주 흔한, 평범한
☐ 1333	gallop [gǽləp]	자 (말을 타고)갤럽(전속력)으로 달리다 타 (말을)갤럽으로 달리게 하다
☐ 1334	icy [áisi]	형 얼음같이 찬, 얼음에 뒤덮인, 얼음으로 된 ←명 ice 명 얼음

달라이 라마 14세

달라이 라마 14세는 티베트의 정신적 지도자이다. 1935년, 탁체르라는 작은 마을에서 태어난 그는 13대 달라이 라마의 시신이 가리킨 방향 등의 징조에 따라 2세의 나이에 14대 달라이 라마로 지명되었고, 1940년에 즉위했다. 1950년, 중국군이 티베트를 침공했다. 중국인의 티베트인 박해에 관한 보고서에 따르면 질주하는 말에 사람을 끌고 다니거나 얼어붙은 물에 던지는 행위는 물론이고 살아있는 사람을 불태우거나 매장하는 일도 흔했다. 처형 중에 '달라이 라마 만세'를 외치지 못하도록 혀를 뽑기까지 했다. 달라이 라마는 1959년에 인도에서 티베트 망명 정권을 수립했다. 이후로 그는 전 세계를 오가며 티베트 해방을 호소해 왔다. 베이징의 지도자에게는 '승복을 입은 늑대'라고 불렀다. 1989년, 그는 평화에 대한 헌신으로 노벨평화상을 수상했다.

☐ 1335	execution [èksəkjúːʃən]	명 처형, 사형 집행, 실행 ⇐타 execute 타 사형에 처하다, 처형하다, 실행하다(☞22)
☐ 1336	monk [mʌ́ŋk]	명 수도사, 승려
☐ 1337	robe [róub]	명 예복, 의복, 법의

+ Glossary

☐ ℓ.1	spiritual leader	정신적 지도자
☐ ℓ.1	Tibet	티베트
☐ ℓ.6	not to mention	…는 말할 것도 없이
☐ ℓ.9	tear out	떼어내다

149 Ngũgĩ wa Thiong'o

1   Ngũgĩ wa Thiong'o is a Kenyan writer who writes primarily in the indigenous African language, Gĩkũyũ. Ngũgĩ was born in 1938 into a large peasant family. He received **bachelor**'s degrees from Makerere University in 1963 and from the University of Leeds in 1964. He published his debut
5   novel *Weep Not, Child* in English in 1964. He began teaching English literature as a **lecturer** at the University of Nairobi in 1967. He published a number of works, which earned him a reputation as one of Africa's most **articulate** social critics. In 1977, he was jailed in **solitary** confinement by the authorities when his politically controversial play *I Will Marry*
10   *When I Want* was performed. While in prison, he decided to contribute to the richness of his mother tongue Gĩkũyũ instead of paying **homage** to the **colonists**' language. Since then, he has written his works in Gĩkũyũ. In 2004, he was **brutally** assaulted in his home, supposedly for political reasons. Currently he is distinguished professor of **Comparative** Literature
15   and English at the University of California, Irvine. His most famous novels include *Devil on the Cross* and *Wizard of Crow*.

☐ 1338	**bachelor** [bǽtʃələr]	몡 미혼 남성, 독신 남성, 학사 cf. **bachelor's degree** 학사 학위
☐ 1339	**weep** [wíːp]	자 울다, 눈물을 흘리다, 한탄하다(wept, wept)
☐ 1340	**lecturer** [léktʃərər]	몡 강연자, 강사 ←파 **lecture** 자 강연(강의)하다 몡 강연, 강의
☐ 1341	**articulate** 혱 [ɑːrtíkjələt] 타 [ɑːrtíkjəlèit]	혱 명확한, 명료한, 확실한 타 분명히 표현하다
☐ 1342	**solitary** [sɑ́ːlətèri]	혱 혼자뿐인, 고립한
☐ 1343	**homage** [hɑ́ːmɪdʒ, ɑ́ːm-]	몡 경의, 존경 cf. **pay homage to** …에게 경의를 표하다

응구기 와 시옹오

응구기 와 시옹오는 케냐의 작가이다. 주로 아프리카 토착어인 기쿠유어로 작품을 발표하고 있다. 응구기는 1938년에 농가의 대가족에서 태어났다. 1963년에 마케레레대학에서, 1964년에는 리즈대학에서 학사학위를 취득했다. 1964년에 영어 소설『울지 마, 아이야』로 데뷔했다. 그는 1967년에 나이로비대학 강사로 취임해 영문학을 강의하기 시작했다. 그는 많은 작품을 발표하며 아프리카에서 가장 명쾌한 사회 비평가 중 하나로 명성을 얻었다. 1977년, 정치적으로 논란을 부른 희곡『나는 원할 때 결혼하겠다』가 상연되자 당국에 의해 독방에 감금되었다. 감금 중, 식민지 지배자의 언어에 경의를 표하는 대신 모국어인 기쿠유어를 풍요롭게 하는 데 공헌하기로 결심했다. 이후 그는 기쿠유어로 작품을 집필해 왔다. 2004년에는 자택에서 정치적 이유로 추정되는 끔찍한 폭행을 당했다. 현재는 캘리포니아대학 어바인 캠퍼스의 비교문학 및 영어 석좌교수를 역임하고 있다. 대표작으로는『십자가 위의 악마』,『까마귀의 마법사』가 있다.

□ 1344	colonist [kάːlənɪst]	명 식민지 개척자, 정착민 ⇐폐 colony 명 식민지(☞92)
□ 1345	brutal [brúːtl]	형 잔학한, 잔인한, 가차 없는 ⇒부 brutally 부 잔학하게, 잔인하게, 가차 없이
□ 1346	comparative [kəmpérətɪv, -pǽr-]	형 비교에 의한, 상대적인, 비교급의 cf. comparative literature 비교문학 ⇐폐 compare 타 비교하다
□ 1347	wizard [wízərd]	명 마술사, 요술사 ⇔폐 witch 명 (여자)마술사

+ Glossary

□ ℓ.2	indigenous	토착의
□ ℓ.2	Gĩkũyũ	기쿠유어
□ ℓ.8	confinement	감금
□ ℓ.14	distinguished	뛰어난

150 Indian gaming

When the Cabazon Indian Band in California opened a casino on their reservation in 1980, sheriffs arrested the people concerned. The Cabazon Band sued, arguing that their reservation did not fall under the state's **jurisdiction**. In 1987, the Supreme Court **upheld** their sovereignty. This decision recognized the **inherent** right of native tribes to conduct gaming free of state **interference**. In 1988, Congress passed the Indian Gaming Regulatory Act, which **ushered** in the era of Indian gaming. The United States now has more than 400 casinos run by over 200 tribes. Profits from Indian casinos **exceed** those from commercial casinos including those in Las Vegas. Indian gaming has been **lucrative** for some tribes, but unsuccessful for many others. While some gaming tribes invest in other reservation industries or **donate** to **charitable** organizations to increase their political power, there is a concern about the spread of gambling **addiction**.

☐ **1348**	**jurisdiction** [dʒùərɪsdíkʃən]	圐 사법권, 지배권, 관할권
☐ **1349**	**uphold** [ʌphóuld]	匣 지지하다, 시인하다, 옹호하다(upheld, upheld)
☐ **1350**	**inherent** [ɪnhíərənt]	圀 본래부터 있는, 타고난, 고유의 ←匣 **inhere** 困 본래부터 타고나다, 포함되어 있다
☐ **1351**	**interference** [ìntərfíərəns]	圐 방해, 간섭, 참견 ←匣 **interfere** 困 간섭하다, 방해하다, 훼방을 놓다
☐ **1352**	**usher** [ʌ́ʃər]	匣 안내하다 圐 안내원 cf. **usher in** …이 시작되게 하다
☐ **1353**	**exceed** [ɪksíːd]	匣 넘다, 웃돌다, …를 능가하다 ⇒匣 **excess** 圐 과잉, 초과, 지나침
☐ **1354**	**lucrative** [lúːkrətɪv]	圀 수익성이 좋은

아메리카 원주민 카지노

1980년에 캘리포니아의 카바존 원주민 부족이 보호구역에서 카지노 영업을 시작하자 보안관이 관계자들을 체포했다. 보호구역은 주의 관할 밖이라며 카바존 부족은 소송을 제기했다. 1987년, 연방 대법원은 이들의 자치권을 옹호했다. 이 판결로 주의 간섭 없이 카지노를 경영할 원주민 부족의 고유한 권리가 인정되었다. 1988년, 인디언 게임 규제법이 의회에서 가결되며 원주민 카지노의 시대가 열렸다. 오늘날 미국에서는 200개 이상의 부족이 400개 이상의 카지노를 경영하고 있다. 원주민 카지노의 수익은 라스베이거스를 포함한 상업 카지노의 수익을 웃돈다. 원주민 카지노는 일부 부족에게 큰 이익을 안겨주었지만 성공하지 못한 부족도 많았다. 다른 보호구역 산업에 투자하거나 자선단체에 기부해 정치력을 높이는 카지노 부족이 있는 한편, 도박 중독의 확산이 문제시되고 있다.

□ 1355	donate [dóuneɪt]	재 ···(to)에 기부하다, 제공하다 타 기부하다, 기증하다 ⇒파 donation 명 기부(금), 기증(품)	
□ 1356	charitable [tʃǽrətəbl]	형 자선의, 자선을 베푸는, 너그러운 ⇐파 charity 명 자선	
□ 1357	addiction [ədíkʃən]	명 중독, 의존 ⇒파 addictive 형 상습성의, 중독성의, 의존증의	

+ Glossary

□ ℓ.1	casino	카지노
□ ℓ.2	sheriff	보안관
□ ℓ.6	gaming	노름, 도박
□ ℓ.7	regulatory	규제의

113 Albert Einstein
알베르트 아인슈타인

Put your hand on a hot stove for a minute, and it seems like an hour. Sit with a pretty girl for an hour, and it seems like a minute. That's relativity.

뜨거운 스토브를 만지는 1분은 1시간처럼 느껴지지만 예쁜 소녀와 보내는 1시간은 1분처럼 느껴진다. 상대성이란 그런 것이다.

116 Winston Churchill
윈스턴 처칠

Democracy is the worst form of government except all those other forms that have been tried from time to time.

민주주의는 최악의 정치체제다. 지금까지 시도되어 온 다른 모든 정치체제를 제외한다면.

119 Charles Chaplin
찰리 채플린

Life is a tragedy when seen in close-up, but a comedy in long-shot.

인생은 가까이에서 보면 비극이지만 멀리서 보면 희극이다.

121 Franz Kafka
프란츠 카프카

God gives the nuts, but he does not crack them.

신은 호두를 주시지만 그것을 깨주지는 않으신다.

123 Mahatma Gandhi
마하트마 간디

Victory attained by violence is tantamount to a defeat, for it is momentary.

폭력으로 얻은 승리는 패배와 같다. 왜냐하면 그것은 순간적이기 때문이다.

학교단어
800

본편에 등장하는 단어 중 중학교·고등학교에서 배운 기본 단어와 숙어 800개가 실려 있습니다.
교양 단어를 익힐 때 기초가 되는 단어로 어휘력 상승에 도움이 됩니다.

Ancient Egypt

□ 001	collapse [kəlǽps]	困 붕괴하다, 무너지다, 멸망하다 명 붕괴, 쓰러짐, 멸망
□ 002	come into being	출현하다, 탄생하다, 설립되다
□ 003	establish [istǽbliʃ, es-]	타 설립하다, 건국하다, 제정하다 ⇒ 파 establishment 명 시설, 설립, 확립
□ 004	expand [ikspǽnd, eks-]	타 팽창시키다, 확대시키다 困 팽창하다, 확대하다
□ 005	found [fáund]	타 설립하다, 창립하다, 건국하다
□ 006	include [inklúːd]	타 포함하다, 포함시키다, 계산에 넣다
□ 007	independent [ìndipéndənt]	형 독립한, 공정한 입장에서의, 자주적인
□ 008	national [nǽʃənl]	형 전국적인, 국가의, 국민의
□ 009	patron [péitrən]	명 원조자, 지원자, 고객
□ 010	prosperity [prɑːspérəti]	명 번영, 성공, 풍요
□ 011	territory [térətɔ̀ːri]	명 영토, 영지, 지역

King Hammurabi

□ 012	civilization [sìvələzéiʃən]	명 문명
□ 013	code [kóud]	명 암호, 부호, 법전
□ 014	emphasize [émfəsàiz]	타 강조하다, 중시하다, …에 중점을 두다
□ 015	focus [fóukəs]	타 집중시키다 focused 형 …(on)에 기분을 집중시킨

☐ 016	**force** [fɔ:rs]	명 폭력, 영향력, 군대
☐ 017	**issue** [íʃuː]	타 내다, 발행하다, 발표하다 명 문제, 출판물, 발행
☐ 018	**one after another**	잇따라서, 차례로
☐ 019	**phrase** [fréɪz]	명 구, 구절, 표현
☐ 020	**political** [pəlítɪkl]	형 정치의
☐ 021	**punish** [pʌ́nɪʃ]	타 벌하다, 응징하다
☐ 022	**successor** [səksésər]	명 후계자, 후임자, 계승자
☐ 023	**take over**	이어받다, 인계받다, 탈취하다
☐ 024	**victim** [víktɪm]	명 희생자, 피해자

☐collapse (☞ 1)

(3) Nebuchadnezzar II   p.24~25

☐ 025	**construct** [kənstrʌ́kt]	타 건설하다, 쌓아 올리다, 구성하다
☐ 026	**decline** [dɪkláɪn]	자 감소하다, 쇠하다, 쇠퇴하다
☐ 027	**describe** [dɪskráɪb]	타 …의 특징을 말하다, 기술하다, 설명하다
☐ 028	**empire** [émpaɪər]	명 제국
☐ 029	**gateway** [géɪtwèɪ]	명 출입구, 관문, 현관
☐ 030	**gorgeous** [gɔ́ːrdʒəs]	형 훌륭한, 호화로운, 화려한

☐ 031	**inhabitant** [ɪnhǽbətənt]	명	주민, 거주자
☐ 032	**succeed** [səksíːd]	타 자	…의 후임이 되다, 뒤를 잇다, …를 뒤따르다 성공하다, 뒤를 잇다

④ Zoroastrianism

p.26~27

☐ 033	**arise** [əráɪz]	자	일어나다, 발생하다, 기인하다(**arose**, **arisen**)
☐ 034	**combat** 동 [kəmbǽt, kάːm-] 명 [kάːmbæt, kʌ́m-]	타 명	…와 싸우다, …에 맞서다 전투, 다툼, 경쟁
☐ 035	**concept** [kάːnsept]	명	개념, 관념, 생각
☐ 036	**everlasting** [èvərlǽstɪŋ]	형	영원히 이어지는, 영원한, 변치 않는
☐ 037	**fortune** [fɔ́ːrtʃən]	명	운, 거금, 재산
☐ 038	**individually** [ìndəvídʒuəli]	부	개별적으로, 각각 따로 ⟵파 **individual** 형 각각의, 개인의
☐ 039	**pray** [préɪ]	자	기도하다
☐ 040	**prosper** [prάːspər]	자	번영하다, 성공하다
☐ 041	**religion** [rɪlídʒən, rə-]	명	종교, 종파, 신조
☐ 042	**root** [rúːt]	명	뿌리, 근본 <-s>루트
☐ 043	**rule** [rúːl]	타 명	지배하다 지배, 규칙, 법칙, 관습
☐ 044	**supreme** [su(ː)príːm]	형	최고의, 최대의
☐ 045	**trace** [tréɪs]	타	찾아내다, 추적하다

☐found (☞1)

336 세계사로 배우는 교양 영단어

□ 046	**accidental** [æksədéntl]	형 우연한, 예기치 않은
□ 047	**complexity** [kəmpléksəti]	명 복잡함, 복잡성
□ 048	**connection** [kənékʃən]	명 관계, 접속, 연락
□ 049	**evidence** [évədəns]	명 증거, 증언, 흔적
□ 050	**hidden** [hídn]	형 숨겨진, 찾아내기 힘든, 비밀의
□ 051	**impact** [ímpækt]	명 영향, 영향력, 충격
□ 052	**potential** [pəténʃəl, pou-]	형 가능성을 간직한, 발달할 가능성이 있는, 잠재적인
□ 053	**relationship** [rıléıʃənʃìp, rə-]	명 관계
□ 054	**record** 명 [rékərd] 동 [rıkɔ́ːrd]	명 기록 타 기록하다, 녹화하다 ⇒파 **recording** 명 녹화, 녹음, 레코딩
□ 055	**remarkably** [rımáːrkəbli]	부 현저하게, 두드러지게, 매우 ⇐파 **remarkable** 형 현저한
□ 056	**settle** [sétl]	자 해결하다, 정착하다, 이주하다
□ 057	**significant** [sıgnífikənt]	형 중요한, 중대한, 상당한
□ 058	**work out**	생각해 내다, 해결하다; 잘 풀리다

□found (☞1)

□ 059	**awareness** [əwéərnəs]	명 알고 있음, 상식, 자각
□ 060	**chiefly** [tʃíːfli]	부 주로, 무엇보다도, 특히

□ 061	criticize [krítəsàɪz]	타 비난하다, 비판하다, …의 흠을 찾다
□ 062	encourage [ɪnkɔ́ːrɪdʒ, en-]	타 북돋다, 촉진하다, 조장하다
□ 063	escape [ɪskéɪp, es-, əs-]	자 달아나다, 벗어나다, 도주하다
□ 064	ignorance [ígnərəns]	명 무지, 무식
□ 065	jail [dʒéɪl]	명 교도소, 구치소 타 구치하다, 투옥하다
□ 066	justice [dʒʌ́stɪs]	명 정의, 정당성, 재판
□ 067	military [mílətèri]	형 군대의, 군용의, 군인의
□ 068	participate [pɑːrtísəpèɪt]	타 …에 참가하다, 관여하다, 함께하다
□ 069	politician [pɑ̀ːlətíʃən]	명 정치가
□ 070	unreasonable [ʌnríːznəbl]	형 불합리한, 분별이 없는 ⇒ 파 unreasonably 부 무분별하게, 불합리하게
□ 071	wisdom [wízdəm]	명 현명함, 지혜, 분별

(7) **Plato**   p.32~33

□ 072	according to	…에 따르면, …에 따라서
□ 073	approach [əpróutʃ]	명 접근법, 연구법, 접근 타 …에 다가가다, 접근하다
□ 074	athlete [ǽθliːt]	명 운동선수, 스포츠선수
□ 075	dialogue [dáɪəlɔ̀ːg]	명 대화, 회화, 회담
□ 076	figure [fígjər]	명 숫자, 인물, 몸매

☐ 077	**follower** [fáːlouər]	명 신봉자, 제자, 신자 ←파 follow 타 ···의 뒤를 따라가다, ···를 따르다
☐ 078	**name after**	···의 이름을 따서 명명하다
☐ 079	**philosophy** [fəláːsəfi]	명 철학
☐ 080	**poetry** [póuətri]	명 시, 시적 아름다움, 시취
☐ 081	**public** [pʌ́blɪk]	형 공공의, 공적인, 공연한 ⇒파 publicly 부 공공연히, 공개적으로
☐ 082	**skilled** [skíld]	형 숙련된, 노련한, 숙련된 기술을 요하는
☐ 083	**striking** [stráɪkɪŋ]	형 현저한, 눈에 띄는, 두드러진
☐ 084	**theory** [θíːəri, θíəri]	명 학설, 이론, 설

☐ found (☞1)

(8) **Aristotle** p.34~35

☐ 085	**amazingly** [əméɪzɪŋli]	부 놀라울 정도로, 놀랍게도
☐ 086	**astronomy** [əstráːnəmi]	명 천문학
☐ 087	**bring up**	키우다, 양육하다, 가르치다
☐ 088	**expert** [ékspəːrt]	명 전문가, 숙련자, 일인자
☐ 089	**range** [réɪndʒ]	명 종류, 범위, 폭 자 범위가 ···에 미치다

☐dialogue (☞7) ☐establish (☞1) ☐political (☞2)

☐ 090	advance [ədvǽns]	자 진출하다, 진보하다 타 진보시키다, 추진하다 명 전진, 진군, 진보
☐ 091	fever [fíːvər]	명 열, 발열, 열병
☐ 092	invade [ɪnvéɪd]	타 침략하다, 침공하다, 공략하다
☐ 093	launch [lɔ́ːntʃ]	타 시작하다, 개시하다
☐ 094	refuse [rɪfjúːz, rə-]	타 거절하다, 거부하다, 사퇴하다
☐ 095	seize [síːz]	타 와락 붙잡다, 점령하다
☐ 096	split [splít]	자 나뉘다, 분열하다, 째지다 타 나누다, 분열시키다, 찢다(split, split)
☐ 097	vast [vǽst]	형 광대한, 대단히 넓은, 막대한

☐concept (☞4)　☐decline (☞3)　☐empire (☞3)　☐succeed (☞3)　☐take over (☞2)

☐ 098	appoint [əpɔ́ɪnt]	타 임명하다, 지명하다, 결정하다
☐ 099	belief [bɪlíːf, bə-]	명 신념, 신용, 신앙
☐ 100	depart [dɪpáːrt]	타 출발하다, 떨어지다 자 출발하다, 벗어나다
☐ 101	document [dáːkjəmənt]	명 문서, 서류, 증서
☐ 102	edit [édɪt]	타 교열하다, 편찬하다, 편집하다 ⇒ 파 editor 명 편집장
☐ 103	insight [ínsàɪt]	명 통찰력, 이해, 견식
☐ 104	minister [mínəstər]	명 장관, 목사, 성직자

□ 105	**morality** [mɔrǽləti]	몡 도덕, 윤리, 도의
□ 106	**ruler** [rúːlər]	몡 통치자, 군주, 자
□ 107	**sincerity** [sınsérəti, sən-]	몡 표리가 없음, 성실함, 성의
□ 108	**translate** [trǽnsleıt, trǽnz-, ⌐-]	탄 번역하다
□ 109	**virtue** [vɔ́ːrtʃuː]	몡 미덕, 덕, 장점
□ 110	**vision** [víʒən]	몡 시력, 시야, 통찰
□ 111	**warrior** [wɔ́ːriər, -jər, wɑ́ːr-]	몡 전사, 무사, 군인

□found (☞1)　□include (☞1)　□poetry (☞7)　□political (☞2)

⑪ Buddhism

□ 112	**achieve** [ətʃíːv]	탄 달성하다, 획득하다, 이룩하다
□ 113	**era** [íːrə, éərə]	몡 시대, 시기, 기원
□ 114	**develop** [dıvéləp, də-]	탄 발달시키다, 개발하다, 전개하다 ⇒ 파 development 몡 발달, 성장, 개발
□ 115	**forbid** [fərbíd, fɔːr-]	탄 금하다, 금지하다, 허용하지 않다 (forbade, forbidden)
□ 116	**influence** [ínfluəns]	몡 영향, 영향력 탄 …에 영향을 미치다
□ 117	**largely** [lɑ́ːrdʒli]	븜 주로, 대체로, 크게
□ 118	**mainly** [méınli]	븜 주로, 대체로, 대개는
□ 119	**promote** [prəmóut]	탄 촉진하다, 보급시키다, 등용하다

□arise (☞4)　□establish (☞1)　□religion (☞4)

(12) Gautama Buddha

p.42~43

☐ 120	anxiety [ǽŋzáɪəti]	몡 걱정, 불안, 근심
☐ 121	comfortably [kʌ́mftəbli]	뷘 편안하게, 아무 문제없이, 쾌적하게
☐ 122	get married	결혼하다
☐ 123	on one's way	도중에
☐ 124	robber [rɑ́:bər]	몡 도적, 강도
☐ 125	temptation [temptéiʃən]	몡 유혹, 충동
☐ 126	variety [vəráiəti]	몡 변화, 다양성, 종류

(13) Hinduism

p.44~45

☐ 127	among others	특히, …등, 예를 들어
☐ 128	attachment [ətǽtʃmənt]	몡 애착, 지지, 부가 장치
☐ 129	Bible [báibl]	몡 (the)성서
☐ 130	consequently [kɑ́:nsəkwèntli]	뷘 따라서, 그 결과, 필연적으로
☐ 131	consider [kənsídər]	타 숙고하다, 여기다, 고려하다
☐ 132	depend [dɪpénd, də-]	자 …(on)나름이다, 달려있다
☐ 133	divine [dɪváɪn]	혱 신(神)의, 신성한
☐ 134	injure [índʒər]	타 상처 입히다, 다치게 하다, 손상시키다

☐ 135	**regard** [rigáːrd]	匝 …(as)로 간주하다, 생각하다, 평가하다
☐ 136	**worship** [wɔ́ːrʃəp]	匝 숭배하다, 예배하다 몡 숭배, 예배, 기도

☐develop (☞11) ☐religion (☞4)

(14) Emperor Shi Huang of Qin

p.46~47

☐ 137	**as well**	…도, 또한, 역시
☐ 138	**as well as**	…뿐만 아니라, …외에
☐ 139	**country** [kʌ́nti]	몡 지역, 고장
☐ 140	**cultural** [kʌ́ltʃərəl]	혱 문화의, 문화적인, 교양의 ⇒匝 **culturally** 뷔 문화적으로, 문화 면에서
☐ 141	**district** [dístrɪkt]	몡 지역, 지방, 지구
☐ 142	**divide** [dɪváɪd, də-]	匝 나누다, 분할하다
☐ 143	**economically** [èkəná:mɪkəli, ìːk-]	뷔 경제적으로, 경제의 측면에서, 알뜰하게
☐ 144	**emperor** [émpərər]	몡 황제
☐ 145	**hire** [háɪər]	匝 고용하다, 채용하다, 등용하다
☐ 146	**nephew** [néfjuː]	몡 조카
☐ 147	**policy** [páːləsi]	몡 정책, 방침, 신조
☐ 148	**profound** [prəfáʊnd, proʊ-]	혱 심오한, 중대한, 심각한
☐ 149	**social** [sóʊʃəl]	혱 사회의 ⇒匝 **socially** 뷔 사회적으로, 사회 계급적으로, 사교적으로

| □ 150 | **status**
[stéɪtəs, stǽtəs] | 명 지위, 신분, 상태 |

(15) Modu Chanyu

□ 151	**advantage** [ədvǽntɪdʒ]	명 유리한 점, 이점, 우위
□ 152	**bravery** [brèɪvəri]	명 용감함, 용기, 용감한 행동
□ 153	**commander** [kəmǽndər]	명 지휘관, 사령관
□ 154	**cotton** [ká:tn]	명 면, 무명, 목화
□ 155	**dominate** [dá:mənèɪt]	타 지배하다, 좌지우지하다, ⋯에서 우위를 점하다
□ 156	**last** [lǽst]	자 이어지다, 계속되다, 오래가다 ⇒ 파 **lasting** 형 영구적인, 오래 지속되는, 후세에 남는
□ 157	**reverse** [rɪvɔ́ːrs]	타 뒤집다, 뒤바꾸다, 역전시키다
□ 158	**reward** [rɪwɔ́ːrd, rə-]	명 보수, 보상, 장려금
□ 159	**strength** [stréŋkθ, ʃtréŋkθ]	명 힘, 강함, 기운
□ 160	**surround** [səráʊnd]	타 에워싸다, 포위하다, 감싸다 ⇒ 파 **surrounding** 형 주위의, 주변의
□ 161	**treaty** [tríːti]	명 조약, 협정, 맹약

(16) Emperor Wu of Han

| □ 162 | **call on** | ⋯에 의뢰하다, 호소하다, 요구하다 |

☐ 163	**carry out**		수행하다, 실행하다, 실시하다
☐ 164	**employ** [ımplɔ́ı, em-]		🔲 고용하다, 사용하다, 이용하다
☐ 165	**govern** [gʌ́vərn]		🔲 다스리다, 통치하다 ⇒ 🔲 governor 🔲 총독, 지사, 장관
☐ 166	**government** [gʌ́vərnmənt, gʌ́vəmənt]		🔲 정부, 정치, 행정
☐ 167	**imperial** [ımpíəriəl]		🔲 제국의, 황제의
☐ 168	**improve** [ımprú:v]		🔲 개량하다, 개선시키다, 향상시키다
☐ 169	**in case of**		…의 경우, 만일 …한다면
☐ 170	**in place of**		…를 대신해서
☐ 171	**official** [əfíʃəl]		🔲 공무원, 직원, 고관 🔲 공적인, 공식의
☐ 172	**organize** [ɔ́:rgənàız]		🔲 준비하다, 정리하다, 결성하다
☐ 173	**set up**		설립하다, 수립하다, 조직하다
☐ 174	**systematically** [sìstəmǽtıkəli]		🔲 조직적으로, 체계적으로, 정연하게

☐expand (☞1) ☐emperor (☞14) ☐individual (☞4) ☐last (☞15) ☐rule (☞4)
☐surrounding (☞15) ☐territory (☞1)

(17) Cao Cao

p.52~53

☐ 175	**assume** [əs(j)ú:m]		🔲 사실일 것으로 생각하다, 상정하다, 장악하다
☐ 176	**battle** [bǽtl]		🔲 전투, 싸움, 투쟁
☐ 177	**break out**		갑자기 발생하다, 일어나다, 발발하다

☐ 178	**cliff** [klíf]	명 절벽, 낭떠러지
☐ 179	**create** [kriéɪt, krìː-, ´-]	타 창조하다, 창작하다, 창설하다
☐ 180	**defeat** [dɪfíːt]	타 물리치다, 패배시키다, 좌절시키다 명 패배
☐ 181	**distinguish** [dɪstíŋgwɪʃ]	타 구별하다
☐ 182	**foundation** [faʊndéɪʃən]	명 토대, 기반, 재단
☐ 183	**gradually** [grǽdʒuəli, grǽdʒəli]	부 점차, 서서히
☐ 184	**makeup** [méɪkʌp]	명 화장, 분장
☐ 185	**novel** [nɑ́ːvl]	명 소설
☐ 186	**suppress** [səprés]	타 진압하다, 억압하다, 억누르다 ⇒파 **suppression** 명 억압, 금지, 억제

☐appoint (☞10) ☐divide (☞14) ☐emperor (☞14) ☐ imperial (☞16)

(18) Judaism
p.54~55

☐ 187	**accuse** [əkjúːz]	타 ⋯(of)의 이유로 고소하다, 고발하다, 비난하다
☐ 188	**chew** [tʃúː]	타 씹다, 씹어 먹다, 저작(咀嚼)하다
☐ 189	**crab** [krǽb]	명 게
☐ 190	**domestic** [dəméstɪk]	형 국내의, 가정의, 사람에게 사육되는
☐ 191	**exclude** [ɪksklúːd, eks-]	타 제외하다, 배제하다, 차단하다
☐ 192	**goose** [gúːs]	명 거위(geese)

□ 193	**octopus** [ɑ́:ktəpəs]	명 문어(octopi)
□ 194	**preserve** [prizə́:rv, prə-]	타 보호하다, 보존하다, 지키다

19 Jesus of Nazareth

□ 195	**analyze** [ǽnəlàiz]	타 분석하다, 해명하다 ⇒파 analysis 명 분석, 해명
□ 196	**arrest** [ərést]	타 체포하다 명 체포
□ 197	**criminal** [krímənl]	명 범인, 죄인, 범죄자 형 죄를 저지른, 범죄의, 형사상의
□ 198	**critically** [krítikəli]	부 비판적으로, 결정적으로, 위독 상태에 ⇐파 critical 형 비판적인, 중대한, 위험한
□ 199	**crowd** [kráud]	명 군중, 인파, 관중
□ 200	**grow up**	성장하다, 자라다, 성인이 되다
□ 201	**merchant** [mə́:rtʃənt]	명 상인
□ 202	**ministry** [mínəstri]	명 (정부의 각)부처, 성직자, 선교
□ 203	**trial** [tráiəl]	명 재판, 시도
□ 204	**willingly** [wíliŋli]	부 기꺼이, 쾌히, 자진해서

20 Christianity

□ 205	**characterize** [kǽrəktəràiz, kǽr-]	타 특징짓다, …의 특징을 묘사하다
□ 206	**compare** [kəmpéər]	타 비교하다

☐ 207	**feature** [fíːtʃər]	타 …을 특집 기사로 다루다, 특종으로 삼다, 출연시키다 명 특징, 특색, 특집 기사
☐ 208	**orthodox** [ɔ́ːrθədàːks]	형 정통적인; \<O-\>정교회의
☐ 209	**priest** [príːst]	명 성직자, (가톨릭의)사교, (신교의)목사
☐ 210	**representation** [rèprɪzentéɪʃən]	명 표현, 묘사, 회화
☐ 211	**saint** [séɪnt]	명 성인, 성자
☐ 212	**separate** 형 [sépərət] 동 [sépərèɪt]	형 분리된, 개별의, 따로 떨어진 타 나누다, 구별하다, 떼어놓다
☐ 213	**unity** [júːnəti]	명 통합, 일치, 통일성

☐Bible (☞13)　☐development (☞11)　☐divide (☞14)　☐establish (☞1)　☐religion (☞4)
☐split (☞9)

(21) Julius Caesar　　　　　　　　　　　　　p.60~61

☐ 214	**adopt** [ədáːpt]	타 양자로 삼다, 채용하다 ⇒파 **adopted** 형 입양된, 채용된
☐ 215	**cross** [krɔ́ːs]	타 횡단하다, 건너다　자 횡단하다, 건너다 명 십자형, 십자가
☐ 216	**formerly** [fɔ́ːrməli]	부 이전에, 예전에
☐ 217	**meanwhile** [míːnwàɪl]	부 그 사이에, 그 동안에, 한편
☐ 218	**millionaire** [mìljənéər]	명 부자, 부호, 백만장자
☐ 219	**noble** [nóʊbl]	형 고결한, 고귀한, 귀족의
☐ 220	**province** [práːvɪns]	명 주(州), 지방, 속주

□ 221	**republic** [rɪpʌ́blɪk]	몡 공화국, 공화제
□ 222	**senator** [sénətər]	몡 상원의원, 이사, 원로원 의원
□ 223	**solar** [sóulər]	혱 태양의

□break out (☞17)　□defeat (☞17)　□in place of (☞16)　□phrase (☞2)

22) Cicero
p.62~63

□ 224	**abroad** [əbrɔ́ːd]	閉 외국으로, 해외로
□ 225	**elect** [ɪlékt, ə-]	탇 고르다, 선거하다, 결정하다
□ 226	**enemy** [énəmi]	몡 상대, 적대자, 반대자
□ 227	**forum** [fɔ́ːrəm]	몡 공개 토론회, 포럼
□ 228	**invitation** [ìnvətéɪʃən]	몡 초대, 의뢰, 권유 ⇐ 파 **invite** 탇 초대하다
□ 229	**obligation** [àːblɪɡéɪʃən]	몡 의무, 은혜, 부채
□ 230	**owe** [óu]	탇 …(to)에게 빚지고 있다, 신세지다
□ 231	**vigorously** [víɡərəsli]	閉 정력적으로, 힘차게, 활발하게

□accuse (☞18)　□as well as (☞14)　□decline (☞3)　□force (☞2)　□largely (☞11)
□noble (☞21)　□remarkable (☞5)　□republic (☞21)

23) Cleopatra VII
p.64~65

□ 232	**flee** [flíː]	탇 …에서 도망치다(**fled**, **fled**) 쟈 도망치다
□ 233	**joint** [dʒɔ́ɪnt]	혱 공동의, 공유의, 합동의
□ 234	**restore** [rɪstɔ́ːr]	탇 회복하다, 부활시키다, 수복하다

☐ 235	**suffer** [sʌ́fər]	자 ···(from)로 고통받다, 병들다 타 겪다, 입다
☐ 236	**supposed** [səpóuzd]	형 ···라고 생각되는, ···라고 추측되는
☐ 237	**victory** [víktəri]	명 승리, 전승(戰勝), 우승

☐defeat (☞17)　☐force (☞2)　☐found (☞1)　☐ruler (☞10)

(24) Augustus
p.66~67

☐ 238	**considerable** [kənsídərəbl]	형 상당한, 많은
☐ 239	**efficiently** [ɪfíʃəntli]	부 효과적으로, 능률적으로
☐ 240	**extend** [ɪksténd, eks-]	타 연장하다, 확대하다, 늘이다
☐ 241	**fairly** [féərli]	부 꽤, 공정하게, 공평하게
☐ 242	**gain** [géin]	타 획득하다, 손에 넣다, 늘리다
☐ 243	**generation** [dʒènəréiʃən]	명 같은 세대의 사람들, 세대, 대
☐ 244	**grant** [grǽnt]	타 승낙하다, 수여하다, 인정하다
☐ 245	**invest** [ɪnvést]	자 ···(in)에 투자하다 타 투자하다, 쓰다, 들이다
☐ 246	**wealthy** [wélθi]	형 부유한, 유복한, 돈이 많은 ⇐파 **wealth** 명 부, 재산

☐adopt (☞21)　☐battle (☞17)　☐defeat (☞17)　☐foundation (☞17)　☐govern (☞16)
☐public (☞7)　☐succeed (☞3)　☐territory (☞1)

(25) Hadrian
p.68~69

☐ 247	**consist** [kənsíst]	자 ···에 본질이 있다, ···(of)로 이루어져 있다
☐ 248	**expansion** [ɪkspǽnʃən, eks-]	명 확장, 확대, 팽창

☐ 249	**niece** [níːs]	명 여자 조카
☐ 250	**personality** [pɜ̀ːrsənǽləti]	명 개성, 성격, 인간성
☐ 251	**require** [rɪkwáɪər, rə-]	타 필요로 하다; …(to)할 것을 요구하다, 명하다
☐ 252	**resort** [rɪzɔ́ːrt]	명 휴양지, 경승지, 의존
☐ 253	**secure** [sɪkjúər]	타 확보하다, 손에 넣다, 지키다 형 안심하는, 안정된, 안전한
☐ 254	**succession** [səkséʃən]	명 연속, 상속, 계승 ⇒파 **successive** 형 연속적인
☐ 255	**visible** [vízəbl]	형 눈에 보이는, 명확한, 뚜렷한

☐adopt (☞21) ☐construct (☞3) ☐nephew (☞14) ☐policy (☞14) ☐province (☞21)
☐relationship (☞5)

(26) Julian

p.70~71

☐ 256	**approve** [əprúːv]	타 승인하다, 인가하다, 공인하다 자 괜찮다고 생각하다, 찬성하다
☐ 257	**conceal** [kənsíːl]	타 감추다, 숨기다, 비밀로 하다
☐ 258	**convert** [kənvɔ́ːrt]	자 …(to)로 변하다, 전향하다, 개종하다 타 변화시키다, 개종시키다
☐ 259	**motion** [móuʃən]	명 운동, 동작
☐ 260	**relative** [rélətɪv]	명 친족, 친척 형 비교상의, 상대적인 ⇒파 **relatively** 부 비교적
☐ 261	**religious** [rɪlídʒəs, rə-]	형 종교의, 종교에 관한, 독실한
☐ 262	**transformation** [trænsfərméɪʃən]	명 변화, 변신, 변혁

☐gain (☞24) ☐nephew (☞14) ☐philosophy (☞7) ☐succeed (☞3) ☐victory (☞23)

263	at least	적어도, 최소한, 하다못해
264	**fatten** [fǽtn]	타 살찌우다, 비육하다, 풍부하게 하다
265	far from	…에서 멀리, 전혀 …이 아닌, …는 커녕
266	**holy** [hóʊli]	형 신성한, 성스러운
267	**honor** [ɑ́:nər]	타 …에게 영예를 내리다, …의 영예를 칭송하다 명 존경, 신의, 영예
268	**lifetime** [láɪftàɪm]	명 일생, 생애, 수명
269	**sacrifice** [sǽkrəfàɪs]	명 희생, 산 제물
270	**struggle** [strʌ́gl, ʃtrʌ́gl]	자 분투하다, 노력하다, 격투하다 명 다툼, 투쟁, 경쟁
271	take place	일어나다, 개최되다
272	**translation** [trænsléɪʃən, trænz-]	명 번역, 번역 작품, 번역문

☐follower (☞7) ☐military (☞6) ☐pray (☞4) ☐religion (☞4) ☐require (☞25)
☐worship (☞13)

273	**declare** [dɪkléər]	타 선언하다, 단언하다, 신고하다
274	pass away	죽다
275	**periodically** [pìəriɑ́:dɪkəli]	부 주기적으로, 정기적으로, 규칙적으로
276	**raise** [réɪz]	타 올리다, 높이다, 기르다

☐ 277	**recognize** [rékəgnàɪz]	태 …(as)임을 알다, 인식하다, 인정하다
☐ 278	**successful** [səksésfl]	형 성공한, 성공을 거둔, 출세한 ⇒ 파 **successfully** 부 용케, 잘, 성공적으로
☐ 279	**tribe** [tráɪb]	명 종족, 부족
☐ 280	**verse** [vɔ́ːrs]	명 운문, 시, 절

☐follower (☞7) ☐religion (☞4) ☐rule (☞4)

29 Ali
p.76~77

☐ 281	**fame** [féɪm]	명 명성
☐ 282	**oppose** [əpóuz]	태 …에 반대하다, 반발하다, 대항하다
☐ 283	**respect** [rɪspékt, rə-]	태 존경하다, 존중하다 명 존경, 경의, 존중
☐ 284	**secretary** [sékrətèri, sékə-]	명 비서, 장관, 대신

☐appoint (☞10) ☐break out (☞17) ☐establish (☞1) ☐pray (☞4) ☐recognize (☞28)
☐refuse (☞9) ☐warrior (☞10)

30 Al-Mansur
p.78~79

☐ 285	**direct** [dərékt, daɪ-]	태 향하다, 지도하다, 감독하다 형 직접적인, 직행의, 솔직한
☐ 286	**elevate** [éləvèɪt]	태 승진시키다, 올리다, 높이다
☐ 287	**equally** [íːkwəli]	부 동등하게, 평등하게, 균일하게
☐ 288	**in order to**	…하기 위해
☐ 289	**inherit** [ɪnhérət]	태 상속하다, 계승하다, 물려받다

□ 290	race [réɪs]	명 인종, 민족, 종족
□ 291	regardless of	…에 상관없이, …를 불문하고
□ 292	treat [tríːt]	타 다루다, 대우하다, 치료하다

□declare (☞28)　□encourage (☞6)　□foundation (☞17)

(31) Emperor Taizong of Tang

p.80~81

□ 293	criticism [krítəsìzm]	명 비판, 비평, 진언
□ 294	fearful [fíərfəl]	형 …(of)를 두려워하는, 걱정하는, 무서운
□ 295	incident [ínsədənt, -dènt]	명 일, 사건, 사변
□ 296	interrupt [ìntərʌ́pt]	타 가로막다, …를 방해하다, 일시 중단하다
□ 297	suited [súːtɪd]	형 어울리는, …(to)하는 데 적합한 ←파 suit 타 …에 적합하다, …에 편리하다, …와 어울리다

□break out (☞17)　□consider (☞13)　□create (☞17)　□dialogue (☞7)　□minister (☞10)
□rule (☞4)

(32) An Lushan

p.82~83

□ 298	capture [kǽptʃər]	타 붙잡다, 공략하다, 점령하다
□ 299	claim [kléɪm]	타 주장하다, 우기다, 요구하다
□ 300	cruel [krúːəl, krúːl]	형 잔혹한, 잔인한, 무자비한
□ 301	murder [mə́ːrdər]	타 죽이다 명 살인, 살해
□ 302	qualified [kwάːləfàɪd]	형 …(to)할 자격이 있는, …하는 데 적임인, …(for)에 걸맞은

□ 303	**regain** [rigéin, rə-, rì-]	🔲 되찾다, 회복하다, 탈환하다
□ 304	**sake** [séik]	🔲 때문, 목적, 이유
□ 305	**servant** [sə́:rvnt]	🔲 고용인, 하인, 공무원

□abroad (☞22) □flee (☞23) □launch (☞9) □raise (☞28) □status (☞14)

33) Liu Zongyuan
p.84~85

□ 306	**a series of**	일련의
□ 307	**affair** [əféər]	🔲 사태, 사건, 불륜
□ 308	**aggressive** [əgrésiv]	🔲 공격적인, 적극적인
□ 309	**charming** [tʃá:rmiŋ]	🔲 매력적인, 멋진
□ 310	**movement** [mú:vmənt]	🔲 움직임, 동작, 운동
□ 311	**reform** [rifɔ́:rm]	🔲 개선하다, 개혁하다 🔲 개선, 개혁

□forbid (☞11) □influence (☞11) □official (☞16) □oppose (☞29) □seize (☞9)
□suffer (☞23) □promote (☞11)

34) Yelü Abaoji
p.86~87

□ 312	**constant** [ká:nstənt]	🔲 끊임없는, 일정한, 불변의
□ 313	**similar** [símələr]	🔲 …(to)와 닮은, 유사한, …와 비슷한
□ 314	**skillful** [skílfl]	🔲 능숙한, 솜씨 좋은, 교묘한
□ 315	**unexpectedly** [Ànikspéktidli, -eks-, -əks-]	🔲 예기치 않게, 돌연히, 뜻밖에

35) Wang Anshi

☐ 316	**cancel** [kǽnsl]	타 취소하다, 중지하다, 철회하다
☐ 317	**disaster** [dizǽstər, də-, -sǽs-]	명 재해, 대참사, 재난
☐ 318	**highly** [háili]	부 크게, 대단히, 매우
☐ 319	**progress** 동 [prəgrés] 명 [prɑ́:gres, -rəs]	자 진보하다, 발전하다, 전진하다 명 진보, 발전, 전진
☐ 320	**regulation** [règjəléiʃən]	명 규칙, 규제, 조정
☐ 321	**resign** [rizáin]	자 사직하다, 사임하다, 그만두다 타 사직하다, 사임하다, 그만두다
☐ 322	**warning** [wɔ́:rniŋ]	명 …(against)에 대한 경고, 경보, 주의

36) Wanyan Aguda

☐ 323	**chief** [tʃí:f]	명 장(長), 최고위자, 족장 형 주요한, 가장 중요한, 가장 높은
☐ 324	**deal with**	처리하다, 취급하다, 거래하다(**deal, dealt**)
☐ 325	**destroy** [distrɔ́i, də-]	타 파괴하다, 파기하다, 말살하다
☐ 326	**intend** [inténd]	타 의도하다, …(to do)하려고 생각하다
☐ 327	**repeatedly** [ripí:tidli]	부 반복해서, 되풀이해서, 재삼재사

□ 328	**strike** [stráɪk, ʃtráɪk]	타 부딪치다, 치다, 습격하다 명 파업, 공격
□ 329	**threat** [θrét]	명 협박, 공갈, 위협

□create (☞17) □defeat (☞17) □flee (☞23) □succeed (☞3) □tribe (☞28)

37) Charlemagne   p.96~97

□ 330	**beforehand** [bɪfɔ́:rhæ̀nd]	부 사전에, 미리
□ 331	**comparable** [kámpərəbl, kəmpérəbl]	형 …(to)와 비교할 만한, …에 필적하는, …와 동등한
□ 332	**court** [kɔ́:rt]	명 법정, 재판소, 궁정
□ 333	**scholar** [ská:lər]	명 학자
□ 334	**spur** [spə́:r]	타 재촉하다, 박차를 가하다, 촉구하다 명 박차, 자극, 동기

□claim (☞32) □divide (☞14) □defeat (☞17) □found (☞1) □improve (☞16)
□inherit (☞30)

38) Al-Ghazali   p.98~99

□ 335	**acceptable** [əkséptəbl, æk-]	형 받아들여지는, 용인되는, …(to)에서 받아들일 수 있는
□ 336	**authority** [əθɔ́:rəti, ɔ:-, ɑ:-]	명 권위, 권한; <the -ies>당국
□ 337	**majority** [mədʒɔ́:rəti]	명 대부분, 과반수, 다수파
□ 338	**prominent** [prá:mɪnənt]	형 탁월한, 유명한, 중요한
□ 339	**resume** [rɪz(j)úːm]	타 재개하다, 다시 시작하다
□ 340	**scholarship** [ská:lərʃɪp]	명 장학금, 학문, 학식

□create (☞17) □establish (☞1) □oppose (☞29) □publicly (☞7) □scholar (☞37)

39 Saladin

p.100~101

□ 341	defend [dɪfénd]	타 지키다, 방어하다, 방위하다 ⇒ 파 defender 명 옹호자, 변호자, 수비 선수
□ 342	go along with	…와 함께 가다, …와 동행하다
□ 343	height [háɪt]	명 높이, 고도, 정점
□ 344	occupy [áːkjəpàɪ]	타 점유하다, 점령하다, 점하다
□ 345	significance [sɪgnífɪkəns]	명 중요성, 중대함, 의미

□gain (☞24) □national (☞1) □territory (☞1)

40 Genghis Khan

p.102~103

□ 346	continue [kəntínjuː, -tínju]	타 …(to)하기를 계속하다, 계속하다, 계속 시키다 자 이어지다
□ 347	fearless [fíərləs]	형 두려움을 모르는, 대담한
□ 348	maintain [meɪntéɪn, men-, mən-]	타 계속하다, 유지하다, 주장하다
□ 349	progressive [prəgrésɪv]	형 진보적인, 혁신적인, 선진적인
□ 350	rescue [réskjuː]	타 구하다, 구출하다, 개방하다
□ 351	specifically [spəsífɪkəli]	부 분명하게, 특히, 구체적으로
□ 352	such as	…와 같은, …등, 예를 들어
□ 353	vastly [væstli]	부 대단히, 엄청나게

□claim (☞32) □declare (☞28) □empire (☞3) □gradually (☞17) □progress (☞35)
□promote (☞11) □similar (☞34) □suppress (☞17) □tribe (☞28) □variety (☞12)
□record (☞5) □religious (☞26)

41. Marco Polo

p.104~105

☐ 354	**deliver** [dɪlívər, də-]	団 배달하다, 전하다, …를 가하다
☐ 355	**desert** [dézərt]	명 사막
☐ 356	**experience** [ɪkspíəriəns, eks-, əks-]	명 경험
☐ 357	**inspire** [ɪnspáɪər]	団 고무하다, 감화하다, …에게(감정 등을) 불어넣다

☐court (☞37)　☐include (☞1)　☐merchant (☞19)

42. Ibn Battuta

p.106~107

☐ 358	**bride** [bráɪd]	명 신부
☐ 359	**complete** [kəmplíːt]	団 완성시키다, 완료하다, 성취하다 형 완전한, 완성된
☐ 360	**completion** [kəmplíːʃən]	명 완성, 완료, 성취
☐ 361	**dangerously** [déɪndʒərəsli]	부 위험할 정도로, 위험한 방식으로, 위험을 무릅쓰고
☐ 362	**officer** [ɑ́ːfəsər]	명 장교, 관리
☐ 363	**recover** [rɪkʌ́vər, rə-]	자 회복하다, 원상태로 되다, 복구되다 団 되찾다, 회복하다
☐ 364	**set off**	출발하다

☐cross (☞21)　☐poetry (☞7)　☐scholar (☞37)

43. Mansa Musa

p.108~109

☐ 365	**drop in at**	잠시 방문하다, 잠시 들르다
☐ 366	**give out**	(많은 사람들에게) …를 나눠주다, 주다

학교 단어 800 **359**

□ 367	**inflation** [ɪnfléɪʃən]	명 인플레이션
□ 368	**result** [rɪzʌ́lt, rə-]	명 결과, 결말, 성과 자 (⋯)에 기인하다
□ 369	**slave** [sléɪv]	명 노예 ←파 **enslavement** 명 노예 취급
□ 370	**set out on**	⋯로 나가다

□collapse (☞1) □continue (☞40) □height (☞39) □patron (☞1) □on *one's* way (☞12)
□scholar (☞37) □variety (☞12) □wealth (☞24)

(44) Ottoman Empire   p.110~111

□ 371	**artistic** [ɑːrtístɪk]	형 예술의, 예술가로서의, 예술적인
□ 372	**incapable** [ɪnkéɪpəbl]	형 능력이 없는, 무능한, 무력한
□ 373	**literary** [lítərèri]	형 문학의, 문예의, 문어적인
□ 374	**magnificent** [mægnífəsənt]	형 장대한, 장엄한, 훌륭한
□ 375	**obtain** [əbtéɪn]	타 얻다, 손에 넣다
□ 376	**transform** [trænsfɔ́ːrm]	타 변형시키다, 변용시키다, 바꾸다

□capture (☞32) □expand (☞1) □last (☞15)

(45) Yi Seong-gye   p.112~113

□ 377	**attack** [ətǽk]	타 습격하다, 공격하다, 침공하다 명 폭행, 습격, 공격
□ 378	**opposition** [ὰːpəzíʃən]	명 반대, 저항, 항의
□ 379	**plot** [plɑ́ːt]	명 줄거리, 음모, 계략
□ 380	**prove** [prúːv]	자 ⋯임을 알다, 판명하다 타 증명하다, 입증하다

☐ 381	**reaction** [riǽkʃən]	명 반응, 반발, 반동
☐ 382	**replace** [rɪpléɪs, rə-, riː]	타 …를 대신하다, …(with)와 교환하다
☐ 383	**transfer** [trænsfɔ́ːr, ᵊ-]	타 이적시키다, 옮기다, 양도하다
☐ 384	**troop** [trúːp]	명 <-s>군대, 군세

☐assume (☞17) ☐battle (☞17) ☐distinguish (☞17) ☐foundation (☞17) ☐official (☞16)

(46) Timur
p.114~115

☐ 385	**architect** [áːrkətèkt]	명 건축가, 설계자
☐ 386	**descend** [dɪsénd]	타 내려가다 자 내려가다
☐ 387	**pretend** [prɪténd]	타 …(to)하는 척하다
☐ 388	**related** [rɪléɪtɪd, rə-]	형 …와(to) 관계가 있는, 친척 관계인, 동족인
☐ 389	**roughly** [rʌ́fli]	부 대략, 대체로, 개략적으로

☐chief (☞36) ☐establish (☞1) ☐recover (☞42) ☐ruler (☞10) ☐scholar (☞37)
☐territory (☞1) ☐vast (☞9) ☐warrior (☞10)

(47) Yongle Emperor
p.116~117

☐ 390	**be faced with**	…와 직면하다
☐ 391	**command** [kəmǽnd]	타 명령하다, 지휘하다, 이끌다 명 명령
☐ 392	**crush** [krʌ́ʃ]	타 으스러뜨리다, 분쇄하다, 부수다
☐ 393	**impress** [ɪmprés]	타 …에게 감명을 주다, 감탄시키다, …에게 깊은 인상을 주다

| □ 394 | **overwork**
[òuvərwɔ́ːrk] | 몡 과로, 혹사 퇴 혹사하다
쟈 지나치게 일하다 |

□appoint (☞10) □arrest (☞19) □establish (☞1) □launch (☞9) □military (☞6)
□nephew (☞14) □successful (☞28) □transfer (☞45)

(48) Zheng He
p.118~119

□ 395	**colonial** [kəlóuniəl]	몡 식민지의
□ 396	**decade** [dékeɪd, -́, di-]	몡 10년간
□ 397	**navy** [néɪvi]	몡 해군
□ 398	**vessel** [vésl]	몡 선박
□ 399	**voyage** [vɔ́ɪɪdʒ]	몡 여행, 항해

□command (☞47) □expansion (☞25) □follow (☞7)

(49) Johannes Gutenberg
p.120~121

□ 400	**accessible** [æksésəbl]	혱 다가가기 쉬운, 손에 넣기 쉬운, 이해하기 쉬운
□ 401	**debt** [dét]	몡 빚, 부채
□ 402	**historian** [hɪstɔ́ːriən]	몡 역사가, 역사학자
□ 403	**invention** [ɪnvénʃən]	몡 발명품, 발명
□ 404	**masterpiece** [mǽstərpìːs]	몡 걸작, 명작, 대표작
□ 405	**sophisticated** [səfístɪkèɪtɪd]	혱 세련된, 정교한, 수준 높은
□ 406	**unable** [ʌnéɪbl]	혱 …(to do)할 수 없는

□Bible (☞13) □reform (☞33) □take over (☞2) □trial (☞19)

50 Francisco Pizarro

p.122~123

☐ **407**	**along with**	···와 함께, ···와 더불어, ···외에
☐ **408**	**conflict** [káːnflɪkt]	명 대립, 분쟁, 모순
☐ **409**	**demand** [dɪmǽnd, də-]	타 요구하다, 청구하다, 필요로 하다 명 요구, 부담, 수요
☐ **410**	**rival** [ráɪvl]	명 경쟁 상대, 라이벌, 호적수
☐ **411**	**release** [rɪlíːs, rə-]	타 석방하다, 발매하다, 공개하다 명 석방, 발매, 일반 공개

☐a series of (☞33) ☐attack (☞45) ☐capture (☞32) ☐colonial (☞48) ☐create (☞17)
☐emperor (☞14) ☐empire (☞3) ☐governor (☞16) ☐imperial (☞16) ☐invade (☞9)
☐obtain (☞44) ☐secure (☞25)

51 Bartolomé de Las Casas

p.123~125

☐ **412**	**call for**	···를 필요로 하다, 부르다, 요구하다
☐ **413**	**expose** [ɪkspóʊz, eks-]	타 노출시키다, 폭로하다, 드러내다
☐ **414**	**peaceful** [píːsfl]	형 온건한, 평화로운, 평화적인 ⇒ 파 **peacefully** 부 평화적으로, 원만하게, 조용히
☐ **415**	**treatment** [tríːtmənt]	명 치료, 취급, 대우

☐criticize (☞6) ☐cruel (☞32) ☐describe (☞3) ☐highly (☞35) ☐priest (☞20)
☐repeatedly (☞36) ☐slave (☞43) ☐unable (☞49)

52 Babur

p.126~127

☐ **416**	**anniversary** [æ̀nəvə́ːrsəri]	명 ···주년 기념, 기념일, 기념제
☐ **417**	**attempt** [ətémpt]	명 시도, 기도, 노력
☐ **418**	**expedition** [èkspədíʃən]	명 원정, 탐험, 원정대

□ 419	**give up**	포기하다, 넘겨주다, 그만두다, 항복하다
□ 420	**superior** [su(:)píəriər]	형 …보다 더 우수한, 뛰어난, 상급의
□ 421	**value** [vǽljuː]	명 가치, 가격; <-s>가치관 타 평가하다, 존중하다

□adopt (☞21) □battle (☞17) □defeat (☞17) □descend (☞46) □found (☞1)
□gain (☞24) □highly (☞35) □issue (☞2) □national (☞1)

(53) William Tyndale

p.128~129

□ 422	**apart from**	…와 떨어져서, …외에는, …를 제외하고
□ 423	**continent** [kάːntənənt]	명 대륙, <the C->유럽 대륙, 북미 대륙
□ 424	**illegal** [ilíːgl]	형 위법의, 불법의, 금지된
□ 425	**possess** [pəzés]	타 소유하다, 소지하다, 지니다
□ 426	**stake** [stéɪk]	명 말뚝, 화형대, 출자액

□arrest (☞19) □Bible (☞13) □inspire (☞41) □grant (☞24) □priest (☞20)
□translate (☞10) □translation (☞27)

(54) Francisco Xavier

p.130~131

□ 427	**ashore** [əʃɔ́ːr]	부 해안으로, 물가로, 육상에서
□ 428	**devote** [dɪvóut]	타 바치다, 돌리다
□ 429	**imitation** [ìmətéɪʃən]	명 모조품, 흉내 내기, 모방
□ 430	**poverty** [pάːvərti]	명 빈곤, 청빈, 가난
□ 431	**share** [ʃéər]	타 공유하다, 나누다, 나누어 갖다

□consider (☞13) □establishment (☞1) □fever (☞9) □found (☞1) □inspire (☞41)

세계사로 배우는 교양 영단어

55) Ivan the Terrible

□ 432	**beat** [bíːt]	타 이기다, 치다, 때리다(beat, beaten)
□ 433	**exploration** [èksplǝréiʃǝn, -plɔː-]	명 탐험 여행, 실지 답사, 조사
□ 434	**modestly** [máːdǝstli]	부 겸손하게, 얌전하게, 삼가서 ⇐파 modest 형 겸손한
□ 435	**suspicious** [sǝspíʃǝs]	형 …(of)를 의심하는, 의심이 많은, 수상쩍은
□ 436	**terrible** [térǝbl]	형 무서운, 소름 끼치는, 끔찍한
□ 437	**wound** [wúːnd]	타 상처를 입히다 명 상처, 외상

□expand (☞1) □murder (☞32) □noble (☞21) □prove (☞45) □strike (☞36)

56) Philip II

□ 438	**cancer** [kǽnsǝr]	명 암
□ 439	**enforce** [enfɔ́ːrs]	타 시행하다, 억지로 시키다, 강요하다
□ 440	**invasion** [invéiʒǝn]	명 침략, 침공, 침해
□ 441	**peak** [píːk]	명 최고점, 절정, 꼭대기

□battle (☞17) □conceal (☞26) □defeat (☞17) □defender (☞39) □distinguish (☞17)
□holy (☞27) □invade (☞9) □lifetime (☞27)

57) Elizabeth I

| □ 442 | **aim** [éim] | 자 …(to)하려고 노력하다, …할 작정이다 명 목표, 목적, 겨냥 |
| □ 443 | **unaware** [ʌ̀nǝwéǝr] | 형 …를(of) 눈치채지 못하는, 모르는 |

□inherit (☞30) □maintain (☞40) □plot (☞45) □replace (☞45) □succeed (☞3)

학교 단어 800 **365**

□ 444	**bury** [béri]	타 매장하다, 묻다
□ 445	**grandchild** [grǽntʃàild, grǽnd-]	명 손주(grandchildren)
□ 446	**hometown** [hóʊmtáʊn]	명 고향
□ 447	**popularity** [pɑ̀:pjəlérəti, -lǽr-]	명 인기, 평판, 대중성
□ 448	**retire** [ritáiər, rə-]	자 퇴직하다, 은퇴하다, 그만두다
□ 449	**shadow** [ʃǽdoʊ]	명 그림자, 그늘
□ 450	**tragedy** [trǽdʒədi]	명 슬픈 사건, 참사, 비극
□ 451	**work on**	…에 노력을 들이다, …에 착수하다

□a series of (☞33) □peak (☞56) □such as (☞40)

□ 452	**despite** [dispáit]	전 …에도 불구하고
□ 453	**disagree** [dìsəgríː]	자 …(with)와 의견이 다르다, 일치하지 않다, 다르다
□ 454	**discovery** [diskʌ́vəri]	명 발견 ⇐파 discover 타 발견하다, 찾아내다
□ 455	**enroll** [enróʊl, -róʊwəl]	자 입학하다, 가입하다 타 입학하다, 가입시키다
□ 456	**insistence** [insístəns]	명 주장, 요구, 강요
□ 457	**path** [pæθ]	명 길, 진로, 궤적
□ 458	**publish** [pʌ́bliʃ]	타 출판하다, 발행하다, 게재하다

| □ 459 | **telescope**
[téləskòup] | 명 망원경 |

(60) Sikhism   p.142~143

□ 460	**assign** [əsáɪn]	타 배정하다, 선임하다, 임명하다
□ 461	**be made up of**	…로 구성되다
□ 462	**comb** [kóum]	명 빗
□ 463	**compose** [kəmpóuz]	타 조립하다, 구성하다, 작곡하다
□ 464	**prime** [práɪm]	형 가장 중요한, 주요한, 최고의
□ 465	**strap** [strǽp]	명 가죽 끈, 혁대
□ 466	**sword** [sɔ́ːrd]	명 칼, 검
□ 467	**term** [tɔ́ːrm]	명 전문용어, 학기, 임기

(61) Hong Taiji   p.144~145

□ 468	**competitor** [kəmpétətər]	명 경쟁자, 경쟁 상대
□ 469	**get rid of**	면하다, 처리하다, 제거하다
□ 470	**structure** [strʌ́ktʃər]	명 구조, 구성, 건조물

□ 471	**head for**	…로 향해 나아가다
□ 472	**multiple** [mʌ́ltəpl]	혱 다수의
□ 473	**revenge** [rɪvéndʒ]	타 복수하다 명 복수, 앙갚음, 설욕

□approach (☞7) □attack (☞45) □claim (☞32) □declare (☞28) □descend (☞46)
□flee (☞23) □gradually (☞17) □seize (☞9)

□ 474	**at the end of**	…의 말기에, …의 마지막에
□ 475	**lord** [lɔ́ːrd]	명 군주, 귀족; <L->신
□ 476	**resist** [rɪzíst]	타 …에 저항하다, 반항하다, 적대하다 ⇒파 resistance 명 저항, 반항

□collapse (☞1) □dominate (☞15) □emperor (☞14) □era (☞11) □govern (☞16)
□government (☞16) □imperial (☞16) □maintain (☞40)

□ 477	**install** [ɪnstɔ́ːl]	타 장치하다, 설치하다, 임명하다
□ 478	**parliament** [páːrləmənt]	명 의회; (P-)국회
□ 479	**praise** [préɪz]	타 칭찬하다, 칭송하다, 상찬하다
□ 480	**revolution** [rèvəl(j)úːʃən]	명 혁명, 대변혁, 회전

□ authority (☞38) □appoint (☞10) □command (☞47) □elect (☞22) □fever (☞9)
□figure (☞7) □invade (☞9) □lord (☞63) □restore (☞23) □suffer (☞23)
□victory (☞23)

□ 481	**brilliant** [bríljənt]	혱 멋진, 화려한, 우수한

□ 482	**diplomat** [dípləmæt]	명 외교관
□ 483	**league** [líːg]	명 리그, 동맹, 연맹

□advantage (☞15) □chief (☞36) □flee (☞23) □minister (☞10) □republic (☞21)
□skilled (☞7) □military (☞6) □succession (☞25) □transform (☞44)

66 Peter the Great

p.154~155

□ 484	**advanced** [ədvǽnst]	형 진보한, 선진적인, 고등의
□ 485	**conclude** [kənklúːd]	타 결론을 내리다, 끝내다, 체결하다
□ 486	**embassy** [émbəsi]	명 대사관 직원, 대사관
□ 487	**emerge** [ımə́ːrdʒ]	자 나오다, 드러나다, 부상하다

□along with (☞50) □beat (☞55) □civilization (☞2) □deliver (☞41)
□go along with (☞39) □joint (☞23) □transfer (☞45) □treaty (☞15)

67 Frederick the Great

p.156~157

□ 488	**absolute** [ǽbsəlùːt]	형 완전한, 절대의, 절대적인 ⇒ 파 **absolutely** 부 절대로, 전혀, 전적으로
□ 489	**acquire** [əkwáıər]	타 얻다, 획득하다, 입수하다
□ 490	**armchair** [áːrmtʃèər]	명 안락의자 형 간접적으로 아는, 탁상공론식의
□ 491	**faith** [féıθ]	명 신뢰, 신앙, 신교
□ 492	**influential** [ınfluénʃl]	형 영향력이 있는, 세력이 있는, 유력한
□ 493	**press** [prés]	명 보도기관, 기자단, 보도진
□ 494	**victorious** [vıktɔ́ːriəs]	형 …(in)으로 승리를 거둔, 승리로 끝나는, 승리한

68　Maria Theresa

□ 495	**revenue** [révən(j)ùː]	명 세입, 세수, 재원
□ 496	**standard** [stǽndərd]	명 기준, 수준, 규범

69　Napoleon Bonaparte

□ 497	**earn** [ə́ːrn]	타 얻다, 낳다, 가져오다
□ 498	**manage** [mǽnɪdʒ]	타 경영하다, 관리하다, 어떻게든 해내다
□ 499	**withdraw** [wiðdrɔ́ː, wɪθ-]	자 철수하다, 쑥 들어가다 타 철수시키다, 취소하다(**withdrew, withdrawn**)

70　Johann Wolfgang von Goethe

□ 500	**friendship** [fréndʃìp]	명 교우관계, 교류, 우정
□ 501	**lawyer** [lɔ́ɪər, lɔ́ːjər]	명 변호사, 법률가
□ 502	**literature** [lítərətʃər]	명 문학, 문예, 문헌
□ 503	**memorize** [méməràɪz]	타 암기하다, 기억하다
□ 504	**pursue** [pərs(j)úː]	타 추구하다, …에 종사하다, 뒤쫓다

□ 505	ambition [əmbíʃən]	명 강한 바람, 염원, 야망
□ 506	barrier [bériər, bǽr-]	명 방벽, 장애, 장벽
□ 507	import 통 [impɔ́:rt, -́-] 명 [-́-]	타 수입하다, 들여오다, 끌어들이다 명 수입품, 수입
□ 508	occupation [ù:kjəpéiʃən]	명 직업, 점령, 점유
□ 509	peninsula [pənínsələ, -ʃələ]	명 반도

□a series of (☞33)　□collapse (☞1)　□commander (☞15)　□expedition (☞52)
□governor (☞16)　□influence (☞11)　□press (☞67)

□ 510	fix [fíks]	타 수리하다, 단단히 고정하다, 정하다
□ 511	formal [fɔ́:rml]	형 정식의, 엄격한, 형식적인
□ 512	income [ínkʌm]	명 수입, 소득
□ 513	operate [ú:pərèit]	타 조작하다, 운전하다, 경영하다 자 일하다, 영업하다, 운용되다
□ 514	passenger [pǽsəndʒər]	명 승객, 여객
□ 515	practical [prǽktikl]	형 실천적인, 현실적인, 실용적인
□ 516	railroad [réilròud]	명 철도
□ 517	railway [réilwèi]	명 철도
□ 518	repair [ripéər, rə-]	타 수리하다, 수선하다, 수복하다
□ 519	steam [stí:m]	명 수증기, 증기, 김

73 Simón Bolívar

p.168~169

□ 520	cope [kóup]	자 ···(with)를 처리하다, ···에 대처하다
□ 521	currently [kə́:rəntli]	부 현재, 지금
□ 522	defense [dɪféns]	명 방어, 방위, 국방
□ 523	fragile [frǽdʒəl]	형 부서지기 쉬운, 무른, 취약한
□ 524	independence [ìndɪpéndəns]	명 독립, 자립, 자활
□ 525	mutual [mjúːtʃuəl]	형 상호의, 쌍방의, 공통의
□ 526	propose [prəpóuz]	타 제안하다, 계획하다, 제의하다
□ 527	union [júːnjən]	명 노동조합, 동맹, 연방

74 Lin Zexu

p.170~171

□ 528	appointment [əpɔ́ɪntmənt]	명 약속, 예약, 임명
□ 529	blame [bléɪm]	타 ···(for)를 이유로 책망하다, 탓하다
□ 530	interest [íntərəst, -èst]	명 관심, 이자, 권익

75 Hong Xiuquan

p.172~173

□ 531	heavenly [hévnli]	형 천국의, 신의

□ 532	possibly [pɑ́:səbli]	부 혹시, 어쩌면, 어떻게 해서든지
□ 533	powerless [páuərləs]	형 권력이 없는, 무력한, 미덥지 못한
□ 534	prevent [prɪvént, prə-]	타 …가 …(from doing)하는 것을 막다, 저지하다

□capture (☞32) □claim (☞32) □commander (☞15) □incident (☞31)
□separate (☞20) □surround (☞15)

(76) Baha'i Faith

□ 535	background [bǽkgràʊnd]	명 배경, 내력, 경력
□ 536	believe in	…의 존재를 믿다
□ 537	leadership [líːdərʃɪp]	명 지도자의 지위, 리더십, 지도력
□ 538	messenger [mésəndʒər]	명 사자, 전령
□ 539	nationality [næ̀ʃənǽləti]	명 국적
□ 540	relief [rɪlíːf, rə-]	명 안도, 경감, 구제
□ 541	understanding [ʌ̀ndərstǽndɪŋ]	명 이해, 지식, 합의

□belief (☞10) □call on (☞16) □faith (☞67) □follower (☞7) □justice (☞6)
□race (☞30) □revolution (☞64) □require (☞25)

(77) Tecumseh
p.180~181

□ 542	cooperate, [koʊɑ́:pərèɪt]	자 …(with)와 협력하다, 협동하다, 협조하다,
□ 543	gather [gǽðər]	타 모으다, 수집하다
□ 544	settlement [sétlmənt]	명 해결, 합의, 정착지

| □ 545 | **shoot**
[ʃúːt] | 타 발사하다, 쏘다(**shot, shot**) |

□chief (☞36)　□continent (☞53)　□influence (☞11)　□resist (☞63)　□tribe (☞28)
□vision (☞10)

(78) Sitting Bull

| □ 546 | **disease**
[dɪzíːz, dəz-] | 명 질병, 질환 |
| □ 547 | **reservation**
[rèzərvéɪʃən] | 명 예약, 보류, 보류지 |

□arrest (☞19)　□as well (☞14)　□battle (☞17)　□demand (☞50)　□give up (☞52)
□officer (☞42)　□refuse (☞9)　□regard (☞13)　□shoot (☞77)　□struggle (☞27)
□treaty (☞15)　□unreasonable (☞6)

(79) Kingdom of Hawai'i

p.184~185

□ 548	**apologize** [əpáːlədʒàɪz]	자 사죄하다
□ 549	**cabinet** [kǽbənət]	명 내각, 각료, 수납장
□ 550	**officially** [əfíʃəli]	부 공식으로, 정식으로
□ 551	**resolution** [rèzəlúːʃən]	명 결의, 해결, 결단력

□authority (☞38)　□carry out (☞16)　□govern (☞63)　□gradually (☞17)
□influence (☞11)　□issue (☞2)　□illegal (☞53)　□occupy (☞39)　□republic (☞21)

(80) Ainu

p.186~187

□ 552	**advantageous** [æ̀dvəntéɪdʒəs]	형 …(to)에게 유리한, 이로운
□ 553	**distinction** [dɪstíŋkʃən]	명 구별
□ 554	**explode** [ɪksplóud, eks-]	자 폭발하다, 파열하다
□ 555	**incorporate** [ɪnkɔ́ːrpərèɪt]	타 합병시키다, 집어넣다, 편입하다

374 세계사로 배우는 교양 영단어

□ 556	**reside** [rizáɪd, rə-]	困 거주하다, 살다

□conflict (☞50)　□distinguish (☞17)　□gain (☞24)　□mainly (☞11)　□take place (☞27)
□territory (☞1)

(81) Ryukyu Kingdom

p.188~189

□ 557	**call off**	중지하다, 취소하다
□ 558	**disappear** [dìsəpíər]	困 보이지 않게 되다, 사라지다, 소실되다
□ 559	**identity** [aɪdéntəti, ɪdén-]	명 신원, 독자성, 개성
□ 560	**mission** [míʃən]	명 임무, 사절단, 전도
□ 561	**opportunity** [à:pərt(j)ú:nəti]	명 기회, 호기, 찬스
□ 562	**profit** [prá:fət]	명 이익, 수익, 이윤
□ 563	**unusual** [ʌnjú:ʒuəl]	형 특이한, 흔치 않은, 드문

□adopt (☞21)　□incorporate (☞80)　□invade (☞9)　□merchant (☞19)
□relationship (☞5)　□replace (☞45)　□rival (☞50)　□transform (☞44)

(82) Shô Tai
p.190~191

□ 564	**award** [əwɔ́:rd]	타 주다, 수여하다 명 상, 상품, 상금
□ 565	**funeral** [fjú:nərəl]	명 장례, 고별식
□ 566	**household** [háʊshòʊld, háʊsòʊld]	명 가족, 세대, 가정

□ bury (☞58)　□in order to (☞30)　□ministry (☞19)　□result (☞43)

(83) Thomas Glover
p.182~193

□ 567	**assist** [əsíst]	困 …(in doing)하는 것을 돕다, 조력하다 타 돕다, 거들다

학교 단어 800 **375**

□ 568	**creature** [krí:tʃər]	명 생물, 동물
□ 569	**imaginary** [ɪmǽdʒənèri]	형 상상 속의, 실재하지 않는, 가공의
□ 570	**mine** [máɪn]	명 광산, 광맥, 광상(鑛床)

□award (☞82) □cross (☞21) □import (☞71) □manage (☞69) □official (☞16)
□political (☞2) □set up (☞16) □treat (☞30)

(84) Louis Braille

p.194~195

□ 571	**institution** [ìnstət(j)úːʃən]	명 기구, 조직, 제도
□ 572	**invent** [ɪnvént]	타 만들어내다, 발명하다, 고안하다
□ 573	**international** [ìntərnǽʃənl]	형 국가 간의, 국제적인, 국제상의
□ 574	**slice** [sláɪs]	자 ···(into)를 베다 타 얇게 베다 명 얇게 자른 조각
□ 575	**slip** [slíp]	자 미끄러지다
□ 576	**surface** [sə́ːrfəs]	명 표면, 외면, 외견
□ 577	**workshop** [wə́ːrkʃàːp]	명 작업장, 워크숍, 공장

□as well as (☞14) □barrier (☞71) □create (☞17) □develop (☞11) □gradually (☞17)
□press (☞67) □raise (☞28)

(85) Charles Darwin

p.196~197

□ 578	**adapt** [ədǽpt]	타 적응시키다, 번안하다
□ 579	**biologist** [baɪálədʒɪst]	명 생물학자
□ 580	**evolution** [èvəlúːʃən]	명 진화, 발전, 발달

□ 581	**manufacturer** [mǽnjəfǽktʃərər , mǽnə-]	몡 제조자, 생산회사, 제조회사
□ 582	**origin** [ɔ́(ː)rədʒɪn]	몡 기원, 유래, 출신
□ 583	**survive** [sərváɪv]	재 살아남다, 존속하다 타 (위기 따위를)이기고 살아남다, …보다 오래 살다

□publish (☞59)　□set off (☞42)　□theory (☞7)　□work out (☞5)

86) Otto von Bismarck

p.198~199

□ 584	**acquisition** [æ̀kwəzíʃən]	몡 획득, 습득, 취득
□ 585	**tension** [ténʃən]	몡 긴장, 긴장 상태, 대립
□ 586	**triple** [trípl]	혱 세 부분으로 이루어진, 세 배의, 삼중의

□critical (☞19)　□create (☞17)　□defeat (☞17)　□development (☞11)　□minister (☞10)
□politician (☞6)　□resign (☞35)　□transfer (☞45)

87) Karl Marx

p.200~201

□ 587	**keep on**	계속 …하다, 몇 번이고 …하다, 반복해서 …하다
□ 588	**predict** [prɪdíkt]	타 예언하다, 예측하다
□ 589	**research** [ríːsəːrtʃ, rɪsɔ́ːrtʃ, rə-]	몡 연구 ⇒파 **researcher** 몡 연구자, 연구원, 조사원
□ 590	**scientific** [sàɪəntífɪk]	혱 과학의, 과학상의, 과학적인

□destroy (☞36)　□edit (☞10)　□friendship (☞70)　□publish (☞59)

88) Florence Nightingale

p.202~203

□ 591	**argue** [áːrgjuː]	타 논의하다, 주장하다, 　…(for)에 찬성하는 의견을 말하다 재 논의하다
□ 592	**advise** [ədváɪz]	재 …(on)에 대해 조언하다 타 …(ing)할 것을 권하다

☐ 593	**circumstance** [sə́:rkəmstæns]	명 상황, 경우, 환경
☐ 594	**frame** [fréɪm]	명 틀, 뼈대, 체격
☐ 595	**prevention** [prɪvénʃən, prə-]	명 막는 것, 예방, 방지
☐ 596	**realize** [ríːəlàɪz]	타 확실히 이해하다, 깨닫다, 실현하다
☐ 597	**reduce** [rɪd(j)úːs, rə-]	타 감소시키다, 줄이다, 환원하다
☐ 598	**revolutionary** [rèvəl(j)úːʃənèri]	형 혁명의, 혁신적인, 획기적인 명 혁명가

☐appoint (☞10)　☐found (☞1)　☐improve (☞16)　☐theory (☞7)

(89) Friedrich Nietzsche　　　　　　　　　p.204~205

☐ 599	**excellence** [éksələns]	명 우수함, 탁월
☐ 600	**intentional** [ɪnténʃənl]	형 의도적인, 고의의 ⇒파 **intentionally** 부 의도적으로, 고의로
☐ 601	**revise** [rɪváɪz]	타 고치다, 수정하다, 개정하다

☐advise (☞88)　☐complete (☞42)　☐phrase (☞2)　☐resign (☞35)　☐value (☞52)

(90) Ludwik Zamenhof　　　　　　　　　p.206~207

☐ 602	**artificial** [àːrtəfíʃl]	형 인공의, 모조의, 부자연스러운
☐ 603	**booklet** [búklət]	명 소책자, 작은 책자
☐ 604	**noun** [náʊn]	명 명사

☐adopt (☞21)　☐attempt (☞52)　☐complete (☞42)　☐describe (☞3)
☐international (☞84)　☐promote (☞11)　☐publish (☞59)

91 Muhammad Abduh

p.208~209

□ 605	**article** [áːrtɪkl]	명 기사, 논설, 조항
□ 606	**committee** [kəmíti]	명 위원회
□ 607	**curriculum** [kəríkjələm]	명 교과과정, 교육과정, 이수 과정
□ 608	**journal** [dʒə́ːrnl]	명 잡지, 회보, 정기간행물
□ 609	**liberal** [líbərəl]	형 관대한, 자유주의의, 진보적인
□ 610	**proposal** [prəpóuzl]	명 제안, 제의, 안(案)

□appoint (☞10) □among others (☞13) □court (☞37) □criticize (☞6) □enroll (☞59)
□promote (☞11) □reform (☞33) □scholar (☞37) □scientific (☞87)

92 Philippine Revolution

p.210~211

| □ 611 | **consult**
[kənsʌ́lt] | 타 …에 의견을 구하다, …와 상담하다, 조사하다 |

□break out (☞17) □capture (☞32) □declare (☞28) □establish (☞1)
□independence (☞73) □national (☞1) □promote (☞11) □recognize (☞28)
□revolutionary (☞88) □troop (☞45)

93 Ishi

p.212~213

| □ 612 | **forced**
[fɔ́ːrst] | 형 강제된, 강제적인, 억지로 하는 |
| □ 613 | **rush**
[rʌʃ] | 명 세차게 흐르는 것, 돌진 |

□as well as (☞14) □capture (☞32) □discovery (☞59) □disease (☞78)
□scholar (☞37) □survive (☞85) □tribe (☞28)

94 John Peabody Harrington

p.214~215

| □ 614 | **access**
[ǽkses] | 명 접근 방법, 접근, 권리 |

☐ 615	**appearance** [əpíərəns]	명 외견, 출현, 출연
☐ 616	**colleague** [kάːliːg]	명 동료
☐ 617	**numerous** [n(j)úːmərəs]	형 다수의, 많은
☐ 618	**primary** [práɪmèri, -məri]	형 주요한, 주된, 최초의

☐gather (☞77)　☐improve (☞16)　☐personality (☞25)　☐record (☞5)　☐result (☞43)
☐suspicious (☞55)　☐value (☞52)

(95) Woodrow Wilson   p.216~217

☐ 619	**appeal** [əpíːl]	명 항소, 매력, 호소
☐ 620	**financially** [fənǽnʃəli, faɪ-]	부 재정적으로, 금전적으로
☐ 621	**insist** [ɪnsíst]	자 요구하다, 주장하다 타 요구하다, 주장하다
☐ 622	**intellectual** [ìntəléktʃuəl]	형 지적인, 지성의, 지력의 ⇒ 파 intellectually 부 지적으로, 지성에 관해서는
☐ 623	**neutral** [n(j)úːtrl]	형 중립인, 공평무사한, 불편부당의
☐ 624	**prize** [práɪz]	명 상, 상품, 상금
☐ 625	**upgrade** [ʌpgréɪd]	타 개선하다, 승진시키다, 상위 등급으로 높여주다

☐award (☞82)　☐call for (☞51)　☐deliver (☞41)　☐dominate (☞15)　☐elect (☞22)
☐establishment (☞1)　☐governor (☞16)　☐league (☞65)　☐pass away (☞28)
☐policy (☞14)

(96) Mexican Revolution   p.218~219

☐ 626	**challenge** [tʃǽlɪndʒ]	타 …의 타당성을 의심하다, …에게 이의를 제기하다, …에 도전하다 명 시련, 도전, 이의
☐ 627	**election** [ɪlékʃən, ə-]	명 선거, 당선

| ☐ 628 | **initial**
[ɪníʃl] | 🔶 처음의, 최초의
⇒ 🔷 **initially** 🔶 처음에, 처음에는 |

☐arrest (☞19) ☐call for (☞51) ☐dominate (☞15) ☐movement (☞33) ☐policy (☞14)
☐reaction (☞45) ☐release (☞50) ☐revolutionary (☞88) ☐split (☞9)
☐suppression (☞17) ☐take place (☞27)

(97) Mustafa Kemal Atatürk

| ☐ 629 | **citizen**
[sítəzn, -sn] | 🔶 시민, 공민, 국민 |
| ☐ 630 | **clause**
[klɔ́:z] | 🔶 조항, 조문, 절(節) |

☐defeat (☞17) ☐direct (☞30) ☐divide (☞14) ☐formerly (☞21) ☐grant (☞24)
☐movement (☞33) ☐republic (☞21) ☐require (☞25) ☐territory (☞1)
☐treatment (☞51)

(98) Empress Dowager Cixi
p.222~223

| ☐ 631 | **crisis**
[kráɪsɪs] | 🔶 위기, 중대 국면, 중대한 기로 |
| ☐ 632 | **drown**
[dráʊn] | 🔶 익사시키다
🔶 물에 빠져 죽다, 익사하다 |

☐declare (☞28) ☐install (☞64) ☐nephew (☞14) ☐niece (☞25) ☐recognize (☞28)

(99) Sun Yat-sen
p.224~225

☐ 633	**democracy** [dɪmá:krəsi, də-]	🔶 민주주의, 민권주의, 민주제
☐ 634	**distribute** [dɪstríbjət]	🔶 분배하다, 배포하다, 판매하다
☐ 635	**platform** [plǽtfɔ:rm]	🔶 플랫폼, 연단, 강령
☐ 636	**revive** [rɪváɪv]	🔶 되살아나다, 부활하다 🔶 되살아나게 하다, 부활시키다

☐break out (☞17) ☐cancer (☞56) ☐defeat (☞17) ☐direct (☞30) ☐equally (☞30)
☐establish (☞1) ☐expedition (☞52) ☐league (☞65) ☐plot (☞45) ☐republic (☞21)
☐revolution (☞64)

☐ 637	**councilor** [káʊnsələr]	명 평의원, 의원
☐ 638	**negotiate** [nɪɡóʊʃièɪt]	자 …(with)와 교섭하다, 협의하다, 협상하다
☐ 639	**violently** [váɪələntli]	부 격렬하게, 맹렬히, 난폭하게

☐crush (☞47)　☐enemy (☞22)　☐establish (☞1)　☐influence (☞11)　☐oppose (☞29)
☐politician (☞6)　☐reform (☞33)　☐republic (☞21)

☐ 640	**behavior** [bɪhéɪvjər, bə-]	명 행동, 태도
☐ 641	**consciousness** [kά:nʃəsnəs]	명 의식, 생각, 자각
☐ 642	**emotion** [ɪmóʊʃən, ə-]	명 감정, 정서
☐ 643	**explore** [ɪksplɔ́:r, eks-]	타 탐험하다, 조사하다, 찾다
☐ 644	**interpretation** [ɪntə̀:rprətéɪʃən]	명 해석, 설명, 판단
☐ 645	**sexual** [sékʃuəl, sékʃəl]	형 성의, 성적인, 남녀의 ⇒ 파 **sexuality** 명 성
☐ 646	**unconscious** [ʌnkά:nʃəs]	형 의식을 잃은, 무의식의, 부지불식간의 명 <the->무의식
☐ 647	**utter** [ʌ́tər]	형 완전한, 순전한, 철저한

☐believe in (☞76)　☐cancer (☞56)　☐publish (☞59)　☐suffer (☞23)

☐ 648	**childhood** [tʃáɪldhʊ̀d]	명 어린 시절, 소년 시절, 유년기
☐ 649	**discipline** [dísəplɪn]	명 훈육, 통제, 분야

☐ **650**	**existence** [ɪgzístəns, egz-]	명 존재
☐ **651**	**primitive** [prímətɪv]	형 원시적인, 원시시대의, 태고의

☐article (☞91) ☐colleague (☞94) ☐devote (☞54) ☐emphasize (☞2)
☐influence (☞11) ☐prominent (☞38) ☐publish (☞59) ☐range (☞8) ☐shoot (☞77)
☐set up (☞16) ☐social (☞14)

(103) Eliezer Ben-Yehuda

☐ **652**	**accord** [əkɔ́ːrd]	타 부여하다 명 일치, 합치, 조화
☐ **653**	**crazy** [kréɪzi]	형 정상이 아닌, 말도 안 되는, 정신이상인
☐ **654**	**engage** [engéɪdʒ]	타 사로잡다, 끌다, 고용하다
☐ **655**	**prison** [prízn]	명 교도소, 감옥, 구치소
☐ **656**	**resentment** [rɪzéntmənt]	명 분함, 억울함

☐accuse (☞18) ☐along with (☞50) ☐era (☞11) ☐holy (☞27) ☐independence (☞73)
☐initially (☞96) ☐movement (☞33) ☐official (☞16) ☐revive (☞99) ☐status (☞14)

(104) Vladimir Lenin
p.234~235

☐ **657**	**badly** [bǽdli]	부 서투르게, 심하게, 나쁘게
☐ **658**	**democratic** [dèməkrǽtɪk]	형 민주주의의, 민주적인; <D->민주당의 ⇐파 democracy 명 민주주의
☐ **659**	**labor** [léɪbər]	명 노동, 일

☐break out (☞17) ☐demand (☞50) ☐encourage (☞6) ☐injure (☞13) ☐politician (☞6)
☐retire (☞58) ☐revolutionary (☞88) ☐secretary (☞29) ☐split (☞9) ☐strength (☞15)
☐suffer (☞23)

Lev Trotsky p.236~237

| | 660 | charge
[tʃɑ́ːrdʒ] | 타 청구하다, 고발하다, 비난하다 |

□consult (☞92) □defeat (☞17) □democratic (☞104) □labor (☞104) □murder (☞32)
□politician (☞6) □split (☞9) □struggle (☞27) □succession (☞25)

---

106 **Marie Curie** p.238~239

	661	bone [bóʊn]	명 뼈
	662	chemist [kémɪst]	명 화학자 ⇐파 chemistry 명 화학
	663	physics [fízɪks]	명 물리학 ⇒파 physicist 명 물리학자
	664	seriously [síəriəsli]	부 진지하게, 심각하게

□crowd (☞19) □crush (☞47) □collapse (☞1) □cross (☞21) □expose (☞51)
□prize (☞95)

---

107 **Chen Duxiu** p.240~241

| | 665 | protest
[prətést, proʊ-, ´-] | 자 …(against)에 항의하다, 이의를 제기하다
타 …에 항의하다, 반대하다 |
| | 666 | retain
[rɪtéɪn] | 타 보유하다, 유지하다 |

□arrest (☞19) □call for (☞51) □collapse (☞1) □criticize (☞6) □distribute (☞99)
□interest (☞74) □jail (☞6) □morality (☞10) □release (☞50) □resign (☞35)
□revolutionary (☞88) □secretary (☞29)

---

108 **Kim Ok-gyun** p.242~243

| | 667 | anxious
[ǽŋkʃəs] | 형 걱정스러운, 염려가 되는, 불안해하는 |
| | 668 | increasingly
[ɪnkríːsɪŋli] | 부 점점 더, 더욱더, 점차 |

□flee (☞23) □independence (☞73) □invitation (☞22) □occupy (☞39) □option (☞71)
□politician (☞6) □pursue (☞70) □restore (☞23) □treat (☞30) □troop (☞45)

109 Chulalongkorn the Great

| □ 669 | **ban**
[bǽn] | 타 ···(from -ing)하는 것을 금지하다, 금하다 |

□colonial (☞48) □manage (☞69) □occupy (☞39) □peninsula (☞71) □promote (☞11)
□realize (☞88) □reform (☞33) □threat (☞36)

110 Phan Bội Châu

| □ 670 | **flood**
[flʌd] | 명 홍수, 쇄도 |

□arrest (☞19) □continue (☞40) □governor (☞16) □influence (☞11)
□independence (☞73) □invade (☞9) □launch (☞9) □military (☞6) □reduce (☞88)

111 Rastafari

□ 671	**association** [əsòusiéiʃən, -ʃi-]	명 협회, 조직, 단체
□ 672	**consume** [kəns(j)úːm]	타 소비하다, 소모하다, 섭취하다
□ 673	**destiny** [déstəni]	명 운명, 숙명
□ 674	**improvement** [ɪmprúːvmənt]	명 개량, 개선, 향상
□ 675	**stand for**	···를 나타내다, 의미하다, 상징하다

□aim (☞57) □follower (☞7) □popularity (☞58) □recognize (☞28) □supposed (☞23)
□wealth (☞24)

112 Navajo

□ 676	**altogether** [ɔ̀ːltəgéðər, ∠-∠-]	부 완전히, 전적으로, 모두 합쳐
□ 677	**hawk** [hɔ́ːk]	명 매
□ 678	**instance** [ínstəns]	명 예, 실례, 사례

학교 단어 800 **385**

| □ 679 | **marine** [məríːn] | 형 바다의 명 <M->해병대원 |
| □ 680 | **select** [səlékt] | 타 고르다, 선택하다 |

□artificial (☞90) □code (☞2) □military (☞6) □motion (☞26) □as well (☞14)
□suit (☞31) □term (☞60) □tribe (☞28)

(113) Albert Einstein

p.256~257

| □ 681 | **confirm** [kənfɔ́ːrm] | 타 사실임을 보여주다, 확인하다, 실증하다 |
| □ 682 | **observation** [ùːbzərvéɪʃən, -sər-] | 명 관찰, 관측, 정찰 |

□achieve (☞11) □complete (☞42) □continue (☞40) □settle (☞5) □solar (☞21)
□theory (☞7)

(114) Benito Mussolini

p.258~259

□ 683	**dismiss** [dɪsmís]	타 해산시키다, 떠나게 하다, 해임하다
□ 684	**explosion** [ɪksplóuʒən, eks-]	명 폭발, 파열, 폭파
□ 685	**shortage** [ʃɔ́ːrtɪdʒ]	명 부족
□ 686	**substitute** [sʌ́bstət(j)ùːt]	명 대신, 대용, 대리

□advance (☞9) □editor (☞10) □election (☞96) □escape (☞6) □injure (☞13)
□minister (☞10) □recognize (☞28) □strike (☞36)

(115) Raoul Wallenberg

p.260~261

| □ 687 | **diplomatic** [dìpləmǽtik] | 형 외교의, 외교상의, 외교관의 |
| □ 688 | **refugee** [rèfjudʒíː] | 명 난민, 피난민, 망명자 |

□arrest (☞19) □diplomat (☞65) □document (☞10) □honor (☞27) □import (☞71)
□issue (☞2) □occupy (☞39) □opportunity (☞81) □regard (☞13) □status (☞14)

116 Winston Churchill

p.262~263

□ 689	**consistently** [kənsístəntli]	🔳 끊임없이, 항상, 일관되게
□ 690	**deny** [dɪnáɪ]	🔳 부정하다, 인정하지 않다
□ 691	**description** [dɪskrípʃən, də-]	🔳 기술, 설명, 묘사

□anniversary (☞52)　□as well (☞14)　□as well as (☞14)　□brilliant (☞65)
□clause (☞97)　□defend (☞39)　□lord (☞63)　□imperial (☞16)　□independence (☞73)
□jail (☞6)　□literature (☞70)　□politician (☞6)　□value (☞52)　□vision (☞10)

117 J. Robert Oppenheimer

p.264~265

□ 692	**academic** [æ̀kədémɪk]	🔳 학교의, 교육의, 학문의
□ 693	**atomic** [ətá:mɪk]	🔳 원자력의
□ 694	**chairman** [tʃéərmən]	🔳 의장, 위원장, 이사장
□ 695	**halt** [hɔ́:lt, há:lt]	🔳 멈추게 하다, 중지시키다 🔳 멈추다, 중지하다
□ 696	**laboratory** [læ̀bərətɔ̀:ri]	🔳 실험실, 연구실, 연구소
□ 697	**nuclear** [n(j)ú:klɪər, -klɪər]	🔳 핵에너지의, 핵병기의
□ 698	**regret** [rɪgrét, rə-]	🔳 후회하다, 안타깝게 생각하다, 유감스럽게 생각하다
□ 699	**technical** [téknɪkl]	🔳 기술적인, 기술의, 전문의
□ 700	**throat** [θróʊt]	🔳 목

□accuse (☞18)　□committee (☞91)　□development (☞11)　□invitation (☞22)
□intellectual (☞95)

(118) Joseph Stalin

| □ 701 | involved [ɪnvɑ́ːlvd] | 형 …(in, with)에 참가하는, 관여하는, 연루된 |
| □ 702 | prominence [prɑ́ːmənəns] | 명 두드러짐, 중요성, 유명함 |

□emerge (☞66) □enroll (☞59) □labor (☞104) □launch (☞9) □organize (☞16)
□personality (☞25) □politician (☞6) □revolutionary (☞88) □secretary (☞29)

(119) Charles Chaplin

| □ 703 | lean [líːn] | 자 기대다, 기울다 |
| □ 704 | producer [prəd(j)úːsər] | 명 생산자, 제작자, 프로듀서 |

□artistic (☞44) □childhood (☞102) □convert (☞26) □era (☞11) □foundation (☞17)
□grant (☞24) □give up (☞52) □height (☞39) □poverty (☞54) □skillful (☞34)
□successful (☞28)

(120) Ibn Saud

| □ 705 | concession [kənséʃən] | 명 양보, 면허, 이권 |
| □ 706 | handful [hǽnddfùl] | 명 한 줌의 양; (a handful of)소수의, 약간의 |

□accuse (☞18) □collapse (☞1) □conflict (☞50) □consist (☞25) □crush (☞47)
□modest (☞55) □organize (☞16) □poverty (☞54) □regain (☞32) □religious (☞4)
□standard (☞68) □wealthy (☞24)

(121) Franz Kafka

□ 707	attention [əténʃən]	명 주의, 주목, 배려
□ 708	attract [ətrǽkt]	타 매혹하다, 끌어들이다, 끌다
□ 709	contain [kəntéɪn]	타 포함하다, 갖고 있다, 들어 있다
□ 710	fantastic [fæntǽstɪk]	형 굉장한, 터무니없는, 환상적인

□ 711	fiction [fíkʃən]	명 소설, 픽션, 허구
□ 712	insect [ínsekt]	명 곤충, 벌레
□ 713	instruct [ɪnstrʌ́kt]	타 지시하다, 명령하다, 가르치다
□ 714	insurance [ɪnʃúərəns]	명 보험
□ 715	mixture [míkstʃər]	명 혼합물, 혼합
□ 716	uneasy [ʌníːzi]	형 불안한, 우려되는, 불안정한

□destroy (☞36) □fame (☞29) □lifetime (☞27) □novel (☞17) □transform (☞44)

(122) Rachel Carson

p.274~275

□ 717	agency [éɪdʒənsi]	명 대리점, 기관, 국(局)
□ 718	chemical [kémɪkl]	명 화학제품, 화학약품, 화학물질 형 화학의, 화학적인
□ 719	courage [kə́ːrɪdʒ]	명 용기, 배짱, 대담함
□ 720	environmental [ɪnvàɪərnméntl, en-, -vàɪrən-, -rəmén-]	형 자연환경의, 환경과 관련된, 환경보호의
□ 721	frighten [fráɪtn]	타 깜짝 놀라게 하다, 겁먹게 만들다
□ 722	protection [prətékʃən, prou-]	명 보호, 원호

□accuse (☞18) □award (☞82) □biologist (☞85) □insect (☞121) □marine (☞112)
□praise (☞64)

(123) Mahatma Gandhi

p.276~277

| □ 723 | harmony
[háːrməni] | 명 조화, 일치, 융화 |

□ 724	medium [míːdiəm]	명 정보 전달 수단, 매체, 수단
□ 725	painful [péɪnfl]	형 아픈, 고통스러운, 괴로운
□ 726	racial [réɪʃəl]	형 인종의, 민족의, 종족의
□ 727	seek [síːk]	타 찾다, 얻으려 하다, …하려고 시도하다 (sought, sought)
□ 728	violence [váɪələns]	명 폭력

□absolutely (☞67) □justice (☞6) □political (☞2) □politician (☞6) □translate (☞10)
□raise (☞28)

(124) Bhimrao Ambedkar
p.278~279

□ 729	bare [béər]	형 벌거벗은, 노출된, 최소한의

□aim (☞57) □article (☞91) □connection (☞5) □convert (☞26) □devote (☞54)
□criticize (☞6) □election (☞96) □labor (☞104) □majority (☞38) □politician (☞6)
□prove (☞45) □secure (☞25) □seek (☞123)

(125) Chiang Kai-shek
p.280~281

□ 730	impose [ɪmpóʊz]	타 부과하다, 지우다, 강요하다
□ 731	in turn	차례차례, 결국

□complete (☞42) □elect (☞22) □expedition (☞52) □launch (☞9) □occupy (☞39)
□regain (☞32) □replace (☞45) □revolution (☞64) □succeed (☞3)

(126) Aisin Gioro Puyi
p.282~283

□ 732	detail [díːteɪl, dɪtéɪl]	타 상술하다, 열거하다 명 세부 사항, 상세
□ 733	management [mǽnɪdʒmənt]	명 경영, 관리, 경영진
□ 734	prisoner [príznər]	명 죄수, 수형자, 포로

□article (☞91) □badly (☞104) □cancer (☞56) □collapse (☞1) □criminal (☞19)
□install (☞64) □invitation (☞22) □settlement (☞77)

(127) Aung San
p.284~285

| □ 735 | **agreement**
[əgríːmənt] | 몡 협정, 계약, 동의 |
| □ 736 | **shortly**
[ʃɔ́ːrtli] | 뷔 간단히, 곧, 이윽고 |

□defense (☞73) □independence (☞73) □name after (☞7) □plot (☞45)
□politician (☞6)

(128) Hồ Chí Minh
p.286~287

□ 737	**conscious** [kɑ́ːnʃəs]	혱 의식하는, 의식이 있는, 의식적인
□ 738	**division** [dɪvíʒən, də-]	몡 분할, 부문, 사단
□ 739	**negotiation** [nɪgòuʃíeɪʃən]	몡 교섭, 절충, 담판
□ 740	**recognition** [rèkəgníʃən]	몡 승인, 인가, 인식

□agreement (☞127) □command (☞47) □declare (☞28) □earn (☞69) □fame (☞29)
□negotiate (☞100) □occupy (☞39) □recognize (☞28) □revolutionary (☞88)
□seize (☞9)

(129) Charles de Gaulle
p.288~289

| □ 741 | **widen**
[wáɪdn] | 쟈 넓어지다, 넓게 되다 |

□command (☞47) □diplomatic (☞115) □elect (☞22) □explode (☞80) □flee (☞23)
□issue (☞2) □nuclear (☞117) □secure (☞25) □social (☞14) □relationship (☞5)
□resign (☞35)

(130) Mao Zedong
p.290~291

| □ 742 | **countryside**
[kántrɪsàɪd] | 몡 시골, 지방, 농촌 |

□ 743	**ladder** [lǽdər]	명 사다리, 출세의 계단

□ 744	**vote** [vóut]	타 투표하다, 투표로 뽑다, 선출하다 명 투표, 채결, 평결

□ban (☞109)　□focus (☞2)　□influence (☞11)　□pursue (☞70)　□relatively (☞26)
□suffer (☞23)

(131) Sukarno
p.292~293

□authority (☞38)　□break out (☞17)　□claim (☞32)　□conflict (☞50)　□declare (☞28)
□embassy (☞66)　□peak (☞56)　□plot (☞45)　□reverse (☞15)　□withdraw (☞69)

(132) Kwame Nkrumah
p.294~295

□ 745	**involve** [ɪnvá:lv, -vɔ́:lv, -vá:v]	타 필요로 하다, 연루시키다, 관련시키다

□absolute (☞67)　□approve (☞26)　□attempt (☞52)　□cancer (☞56)　□concept (☞4)
□increasingly (☞108)　□launch (☞9)　□plot (☞45)　□survive (☞85)　□union (☞73)

(133) Margaret Mead
p.296~297

□ 746	**casual** [kǽʒuəl]	형 건성의, 태평스러운, 무심한 ⇒ 파 casualness 명 무심함
□ 747	**critic** [krítɪk]	명 비평가, 평론가, 비판자
□ 748	**encounter** [enkáuntər]	명 만남, 조우, 경험 타 …와 조우하다, 직면하다, 만나다
□ 749	**frequently** [frí:kwəntli]	부 자주, 빈번하게, 흔히
□ 750	**make up**	구성하다, 지어내다, 만들어내다

□affair (☞33)　□cultural (☞14)　□committee (☞91)　□confirm (☞113)
□description (☞116)　□formal (☞72)　□improve (☞16)　□range (☞8)

(134) Kurt Gödel
p.298~299

□ 751	**appreciate** [əprí:ʃièɪt, -si-]	타 …의 가치를 인정하다, 고마워하다, 제대로 인식하다

| □ 752 | **fixed**
[fíkst] | 혱 고정된, 일정한, 정착된 |

□advanced (☞66) □circumstance (☞88) □contain (☞121) □direct (☞30)
□enroll (☞59) □fix (☞72) □formal (☞72) □increasingly (☞108) □obtain (☞44)
□personality (☞25) □prove (☞45) □withdraw (☞69)

(135) Peter Scott
p.300~301

□ 753	**charity** [tʃérəti, tʃǽr-]	몡 자선 행위, 자선사업, 자선단체
□ 754	**observe** [əbzə́ːrv]	탄 목격하다, 관찰하다, 지켜보다
□ 755	**pole** [póul]	몡 극(極)
□ 756	**sail** [séil]	쟈 항해하다, 범주하다, 출범하다

□chairman (☞117) □childhood (☞102) □enroll (☞59) □found (☞1)
□international (☞84) □involve (☞132)

(136) Gamal Abdel Nasser
p.302~303

| □ 757 | **positive**
[pá:zətɪv] | 혱 적극적인, 긍정적인 |

□association (☞111) □declare (☞28) □expand (☞1) □invade (☞9) □leadership (☞76)
□officer (☞42) □revolution (☞64) □withdraw (☞69)

(137) Ernesto "Che" Guevara
p.304~305

| □ 758 | **global**
[glóubl] | 혱 전 세계의, 세계적인, 지구적 규모의 |

□attempt (☞52) □capture (☞32) □complete (☞42) □revolutionary (☞88)

(138) Martin Luther King, Jr.
p.306~307

| □ 759 | **avenue**
[ǽvən(j)ùː] | 몡 대로, 거리, ~가(街) |
| □ 760 | **boycott**
[bɔ́ɪkɑːt] | 몡 불매운동, 보이콧
탄 …의 구매를 거부하다, 보이콧하다 |

| □ 761 | chest
[tʃést] | 몡 가슴 |
| □ 762 | surgeon
[sə́ːrdʒən] | 몡 외과의사 |

□anniversary (☞52) □approach (☞7) □organize (☞16) □violence (☞123)

(139) Malcolm X
p.308~309

□ 763	organization [ɔ̀ːrgənəzéiʃən]	몡 조직, 단체, 조직화
□ 764	profile [próufail]	몡 옆얼굴, 소개, 주목도
□ 765	responsible [rispáːnsəbl, rə-]	혱 …(for)에 책임이 있는, 책임을 져야 할, …의 원인이 되는

□jail (☞6) □popularity (☞58) □race (☞30) □release (☞50) □transform (☞44)
□understanding (☞76) □value (☞52)

(140) Richard Nixon
p.310~311

□ 766	conversation [kàːnvərséiʃən]	몡 대화, 회화, 대담
□ 767	headquarters [hédkwɔ̀rtərz]	몡 본부, 사령부, 본서
□ 768	inquiry [ínkwəri, inkwáiəri]	몡 질문, 조사, 수사
□ 769	overwhelming [òuvərhwélmiŋ]	혱 엄청난, 저항하기 힘든, 압도적인
□ 770	prospect [práːspekt]	몡 가능성, 가망, 예상
□ 771	retirement [ritáiərmənt, rə-]	몡 퇴직, 은퇴, 여생
□ 772	vanish [vǽniʃ]	쟈 사라지다, 없어지다, 소멸하다

□consume (☞111) □democratic (☞104) □elect (☞22) □evidence (☞5)
□majority (☞38) □release (☞50) □resign (☞35) □supreme (☞4) □vote (☞130)

(141) Fela Kuti

p.312~313

□ 773	**broadcasting** [brɔ́:dkæ̀stiŋ]	명 방송
□ 774	**condemn** [kəndém]	타 책망하다, 비난하다, 규탄하다
□ 775	**corporation** [kɔ̀:rpəréiʃən]	명 주식회사, 대기업, 법인
□ 776	**unpopular** [ʌnpá:pjələr]	형 인기 없는, 평이 좋지 않은, 유행하지 않는

□conscious (☞128) □influence (☞11) □root (☞56) □slave (☞43) □suffer (☞23)
□troop (☞45)

(142) John Lennon

p.314~315

| □ 777 | **composition** [kà:mpəzíʃən] | 명 구성, 작품, 창작 |
| □ 778 | **performance** [pərfɔ́:rməns, pə-] | 명 상연, 연주, 업적 |

□continue (☞40) □disappear (☞81) □organize (☞16) □record (☞5) □release (☞50)
□successful (☞28) □surround (☞15)

(143) Ruhollah Khomeini

p.316~317

□ 779	**dispute** [dɪspjú:t, ´--]	명 논쟁, 말다툼, 분쟁
□ 780	**resolve** [rɪzá:lv]	타 해결하다, 결심하다, 결의하다
□ 781	**separation** [sèpəréiʃən]	명 분리, 이탈, 분류

□advance (☞9) □crowd (☞19) □policy (☞14) □revolution (☞64) □settle (☞5)
□supreme (☞4)

(144) Mother Teresa

p.318~319

□charity (☞135) □declare (☞28) □focus (☞2) □found (☞1) □increasingly (☞108)
□mission (☞81) □poverty (☞54) □prize (☞95) □recognize (☞28) □saint (☞20)

145 Michel Foucault

p.320~321

| □ 782 | conduct
[kəndʌ́kt] | 타 하다, 경영하다, 지휘하다 |

□academic (☞117) □discipline (☞102) □fame (☞29) □international (☞84)
□institution (☞84) □opportunity (☞81) □philosophy (☞7) □publish (☞59)
□relationship (☞5) □research (☞87) □sexuality (☞101)

146 Deng Xiaoping

p.322~323

□ 783	merely [míərli]	부 …에 지나지 않는, …뿐인, 그저…
□ 784	timetable [táimtèibl]	명 예정표, 일정표, 시간표
□ 785	undertake [ʌ̀ndərtéik]	타 떠맡다, 착수하다, 기도(企圖)하다 (undertook, undertaken)

□carry out (☞16) □citizen (☞97) □criticism (☞31) □criticize (☞6) □decade (☞48)
□incident (☞31) □income (☞72) □leadership (☞76) □maintain (☞40)
□negotiate (☞100) □policy (☞14) □secretary (☞29) □shoot (☞77)

147 Mikhail Gorbachev

p.324~325

| □ 786 | deputy
[dépjəti] | 명 대리, 대행 |
| □ 787 | steadily
[stédəli] | 부 확고하게, 착실하게, 순조롭게 |

□appoint (☞10) □as well as (☞14) □be faced with (☞47) □break out (☞17)
□collapse (☞1) □democratic (☞104) □foundation (☞17) □prevent (☞75)
□resign (☞35) □secretary (☞29) □unable (☞49)

148 14th Dalai Lama

p.326~327

□ 788	alive [əláiv]	형 살아 있는, (생기, 활기 등이)넘치는, 존속하는
□ 789	direction [dərékʃən, dai-]	명 방향, 쪽 형 전방위의
□ 790	drag [dræg]	타 끌다, 질질 끌다

□ 791	**identify** [aɪdéntəfàɪ, ɪdén-]	타 ⋯(as)임을 확인하다, 특정하다, 동일시하다
□ 792	**mention** [ménʃən]	타 거론하다, 언급하다
□ 793	**spiritual** [spíritʃuəl]	형 정신적인, 정신상의, 종교상의

□according to (☞7) □bury (☞58) □call for (☞51) □install (☞64) □invade (☞9)
□set up (☞16)

(149) Ngũgĩ wa Thiong'o

p.328~329

□ 794	**contribute** [kəntríbju:t]	자 ⋯(to)에 기부하다, ⋯에 공헌하다 타 기고하다, 공헌하다
□ 795	**devil** [dévl]	명 악마, 마왕, 악령
□ 796	**primarily** [praɪmérəli]	부 주로, 첫째로
□ 797	**reputation** [rèpjətéɪʃən]	명 평판, 세평, 명성
□ 798	**richness** [rítʃnəs]	명 비옥함, 풍부함, 풍요로움

□cross (☞21) □currently (☞73) □include (☞1) □jail (☞6) □literature (☞70)

(150) Indian gaming

p.330~331

□ 799	**commercial** [kəmɔ́:rʃəl]	형 상업의, 통상의, 영리적인
□ 800	**concern** [kənsɔ́:rn]	명 걱정, 우려, 관심 타 관계하다, 걱정시키다

□argue (☞88) □arrest (☞19) □conduct (☞145) □court (☞37) □era (☞11)
□invest (☞24) □organization (☞139) □profit (☞81) □recognize (☞28)
□reservation (☞78) □supreme (☞4) □tribe (☞28)

이 책의 인덱스와 참고 문헌은
로그인 출판사 홈페이지의 도서 자료실에서 로그인 후 파일로 다운로드할 수 있으며,
QR코드를 찍으면 해당 사이트로 연결됩니다.
http://www.loginbook.com/data/resource_list.asp

세계사로 배우는 교양 영단어

초판 1쇄 발행일 2024년 11월 12일

지은이 나가이 타다타카
옮긴이 곽범신
펴낸이 유성권

편집장 윤경선
책임편집 조아윤　　　　**편집** 김효선
홍보 윤소담　　　　　　**디자인** 박채원
마케팅 김선우 강성 최성환 박혜민 심예찬 김현지
제작 장재균　　　　　　**물류** 김성훈 강동훈

펴낸곳 ㈜이퍼블릭
출판등록 1970년 7월 28일, 제1-170호
주소 서울시 양천구 목동서로 211 범문빌딩 (07995)
대표전화 02-2653-5131　　**팩스** 02-2653-2455
메일 loginbook@epublic.co.kr
포스트 post.naver.com/epubliclogin
홈페이지 www.loginbook.com
인스타그램 @book_login

로그인 은 ㈜이퍼블릭의 어학·자녀교육·실용 브랜드입니다.